植民地朝鮮

その現実と解放への道

趙　景　達［編］

東京堂出版

植民地朝鮮

その現実と解放への道

目次

付録

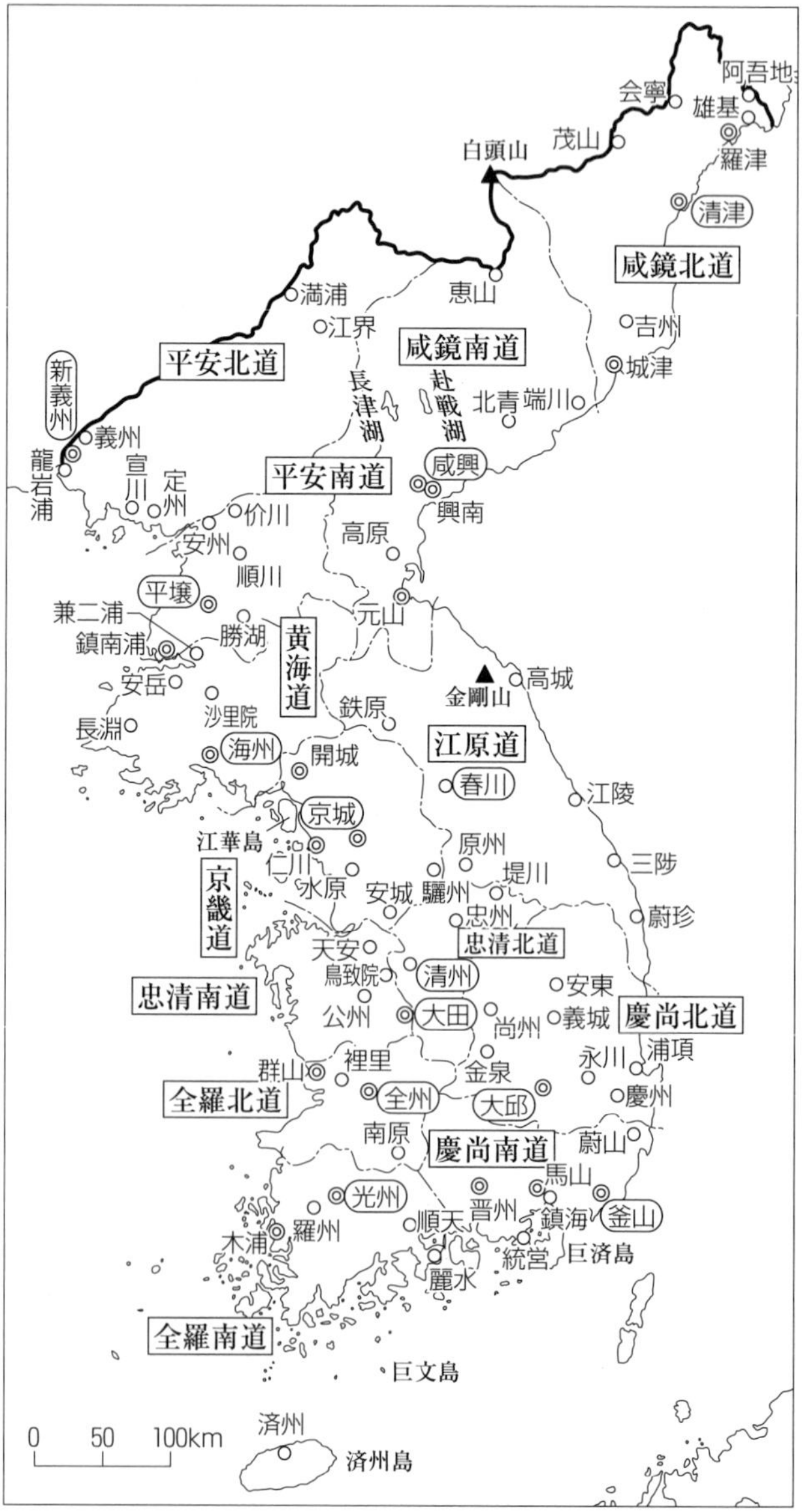

—·— 道　界　◎ 府　○ 邑（一部のみ）（春川）道庁所在地

武田幸男編『朝鮮史』（山川出版社、2000 年）所収の「植民地期末期の朝鮮全図（1945 年）」をもとに作成。

総論　植民地朝鮮

趙　景　達

はじめに

戦後の朝鮮史研究は、停滞史観や他律性史観などの植民地史観を克服することに最大の課題を設定してきた。その結果、内在的発展論が声高に提唱される時期が、一九六〇年～七〇年代にあった。それは、朝鮮にも独自の封建制があったとか、資本主義萌芽があったとかというような西欧的発展法則を見出そうとする作業となって表れた。しかし、冷戦体制の崩壊と戦後歴史学の終焉にともなって、内在的発展論には大きな疑義が提出されるに至った。何よりも内在的発展論は、世界システム論やアナール学派的な社会史、ポストモダンの歴史認識などには耐えられない認識枠組みであった。内在的発展論では、一国史的発展が重視されるとともに、民族運動が王道的位置づけを与えられていたが、世界史的視座に立って多様な観点から歴史を見ようとする新しい歴史の見方は、内在的発展論を桎梏と見なすしかなかった。

韓国経済のめざましい発展と、それとは裏腹に社会主義建設につまずいた北朝鮮の停滞も、内在的発展論に再考を促す要因となった。内在的発展論は近代日本批判を前提としていたがゆえに、展望としてはややもすれば、資本主義近代化の先に社会主義への道筋を見通そうとする欲求があったが、現実はその逆を行ってしまったのである。こうした状況にあって、一九九〇年前後から徐々に力を増してきた議論が植民地近代化論である。これは社会経済的な発展のさまざまな数値や指標から、植民地においても資本主義や近代が実現されたということを強調する議論である。日本の帝国主義は確かに苛酷な支配を行ったにせよ、さまざまな面で朝鮮を資本主義化・近代化させたことも認めなければならないというわけである。この議論は確固とした近代主義に立脚しつつ、民族主義を相対化するところに特徴があるが、内在的な資本主義近代化の道を否定した点において停滞論的認識が色濃い。

しかもこの議論は、帝国主義批判や植民地主義批判を希薄にする論理を持っており、「先祖返り」的性格が垣間見える。「先祖返り」については、内在的発展論の最も熱心な提唱者であった梶村秀樹が晩年に強く懸念していたところであった。こうした議論に対して、現在最も隆盛している議論が植民地近代性論である。これは植民地近代化論とは違って近代を是とするのではなく、それを批判する立場からなされる議論であり、社会経済的発展指標よりは近代的制度や規律規範の浸透性に着目し、近代的な主体形成や同意形成、さらには植民地権力との協力体制がいかに形成されたかなどを解き明かそうとするものである。そこでは、支配—抵抗という二項対立的図式が明確に批判され、植民地権力のヘゲモニーが成立したとされる［松本武祝二〇〇二、並木真人二〇〇三、板垣竜太二〇〇四］。

ポストコロニアル理論の影響を受けている植民地近代性論には、植民地近代化論以上に民族主義を相対化しようとする問題意識が濃厚であり、二項対立的図式を克服しようとする試みは一面理解し得る点もある。しかし、植民地権力のヘゲモニーの成立を過大評価し、近代的主体形成や同意形成に過剰な関心を注ぐあまり、疎外された民衆への関心が希薄な点が問題である。二項対立を排するというのは当然の議論のように見えるが、二項対立の排除を無限定に推し進めていくと、親日派はおろか、日本人植民地支配者さえ弁護するような議論に行き着かざるを得ない。それは、最末端で重層的に暴力を振るわれた民衆の生を蔑ろにすることになると同時に、その本来の意に反して植民地主義批判を弱める結果になりかねない〔趙景達二〇〇八〕。

筆者が何よりも主張したい点は、「植民地性の重層性」を認識すべきであるということである。二項対立を排するという立場から植民地下における人々の生を一括してグレーゾーンとするような議論〔尹海東二〇〇二〕は、暴力と収奪の移譲の問題から目を背けることになり、かえって平板な植民地像しか提示できない。植民地権力は植民地民族にさまざまな分断工作を講じ、その結果植民地民族はさまざまな矛盾を背負わされ、しかも複雑な対立の渦に陥れられるのを通例としている。また、植民地近代性論は植民地性を近代性一般に解消してしまうような乱暴な議論を展開するが、それは現在、「植民地責任」が歴史学的に強く問われている営みのなかにあって、甚だ疑問とせざるを得ない。以上のような主張を、筆者は近年ことあるごとに展開しているが、「植民地性の重層性」を解き明かすためには、「下から」の認識＝民衆史的視点をどこかに持つことが重要である。本書は、必ずしも民衆史を専論とした内容にはなっていない。しかし執筆者の間では「下から」の認識だけは共有されている。

本書は、韓国併合から解放前後までの植民地朝鮮の通史を問題別に講座形式で叙述しようとしたものであるが、各論に入る前にまず、総論的に植民地朝鮮を三期に分かって各期の概観をしておきたい。ただしこの総論は、あくまでも編者個人の見解であって、各論の展開を拘束するものではない。いわば、参考的総論というような位置づけであることをあらかじめ断っておく。

I　武断政治期

一九〇四年二月六日、日露戦争の開始に先立って日本軍は鎮海湾を占領するとともに釜山と馬山の電信局を制圧した［和田春樹二〇一〇］。日露戦争は二月八日の仁川と旅順における海戦に先立って、朝鮮を軍事占領することから始まった。これより先一九〇四年一月二一日に大韓帝国政府は局外中立を宣言し、英・独・仏・伊・デンマーク・清国などはこれを承認した。日本はこれを無視して、二月一〇日に「韓国ノ保全」を大義とした対露宣戦布告をし、次いで二三日韓国政府に日韓議定書を強要するに至る。そして日本は、七月に朝鮮全土に軍律体制を敷き、首都漢城には軍事警察を配置した。これは韓国併合後に実施される武断政治の原型となるものであった。

朝鮮に対する日本の軍事支配はこの時から始まり、それは一九四五年八月まで間断なく続く。朝鮮の植民地化は一九一〇年八月の韓国併合より始まると見るのが一般的であるが、それは朝鮮の植民地化がどこまでも日本による軍事侵略であったという点を見過ごさせるものであり、正しい理解とは思われない。日本は日露戦争下において過酷な収奪を朝鮮民衆に対して行い、日韓議定書や第一次日韓協約（一九〇四年八月）などによって大韓帝国の主権を無視し、戦争協力を強いた［趙景達二〇〇五］。それは朝鮮が文字通り植民地になったことを意味するものと考えなければならない。一九〇五年一一月の第二次日韓協約は、朝鮮を正式な保護国＝植民地としたという意味で特記され、その後の韓国併合は領土上日本の一部としたという意味で画期であるに過ぎない。保護条約を契機に反日義兵運動が本格化するが、それは義兵戦争というべきであり、また植民地戦争として正しく理解されるべきである［愼蒼宇二〇一〇］。

もちろん、韓国併合の意味は決して小さいものではない。韓国併合の画期性は大きく二つの点に求めることができる。一つには、日本は朝鮮を正式に領土の一部にしたことによって朝鮮に同化政策を実施したことである。時期によって質量の違いがあるにせよ、それは以後朝鮮支配の不動の基調となった。しかし、朝鮮は帝国憲法を施行しない異邦域のごとく見なされ、同化と皇民化のスローガンとは裏腹に、差別は構造的に再生産された。血統主義の立場から内地戸籍に対するに朝鮮戸籍を作成し、朝鮮人の内地戸籍への編入を許さなかったのはその最たる事例である。また、日本人官吏のみを支給対象とした在勤加俸制は、日本人と朝鮮人の賃金差別を正当化する根拠にもなり、一視同仁にはほど遠かった。

韓国併合のいま一つの画期性は、政治文化の変容を強要したという点である。朝鮮社会のパラダイム転換という意味では、こちらの方がより重要である。朝鮮王朝の統治理念は一君万民思想に基づく儒教的民本主義であった。現実には、大韓帝国期を含め朝鮮王朝においては、民衆は過酷な収奪にさらされてはいた。しかし、国王も両班官僚も在地士族も、原理のうえでは仁政を当為とし、公論政治を標榜していた。直訴も容易に行うことができた。支配者たる彼らは、時には民衆保護も行う両義的な性格を帯びていたのである。そこには「徳治と誅求の不明瞭な統治空間」が存在していた。それは、朝鮮社会が教化主義を基調とし、規律主義を従的とする社会であったことを意味している。朝鮮はまさに儒教国家であった［趙景達二〇〇九］。しかし韓国併合は、こうした政治文化を持つ朝鮮社会に一大転換を迫った。すなわち武断政治は、小天皇のような朝鮮総督の下に憲兵警察制度を敷き、朝鮮民衆を厳烈な規律主義の下に置いたが、それは朝鮮民衆がいまだ経験したことがない暴力的な政治文化であった。

もとより規律主義の厳格化は、日露戦争時における軍律体制の施行以降のことであるが、日露戦後は統監政治の下、法制的に明確なものとなった。すなわち、統監府の意を受けて韓国政府は保安法（一九〇七年七月）を施行し、また警務総監部は集会取締に関する件（一九一〇年八月）を発布したが、これによって結社が解散させられ、政治集会や野外の「多衆聚合」が厳禁された。そして併合後、警察犯処罰規則（一九一二年三月）に基づき、実に八七条目にわたるさまざまな日常行為が拘留と科料の対象にされた。すなわち、面会・寄付の「強請」や「流言浮説」「祈禱」「石戦」「闘犬」「刺文」などが禁止され、道路掃除を怠ることや牛馬を電柱・橋梁などに繫ぐことさえも罪とされた。中でも、生活苦ゆえであっても「徘徊」することの自由を奪い、「多衆聚合」という名目の下に「請願」や「陳情」の権利までも剝奪したことは深刻であった。王朝時代の公論政治は真っ向から否定されたのである。朝鮮人には服従のみが強いられたが、官吏や教員が制服を着用し、サーベルの着剣を義務づけられていたのは、そのことを象徴している〔趙景達二〇一〇〕。

こうした厳烈な規律化は、近代的法令に則って行われてはいるが、近世日本的な支配を彷彿させるものがある。近世日本では、百姓は徒党・強訴・逃散を厳禁され、刀狩りによって武士とそれ以外の身分の差違が明確にされていた。端的にいって、武断政治は日本近世的な支配原理の上に近代的規律を上から一方的かつ暴力的に強要しようとするものであった。実は近世日本においても、仁政イデオロギーが機能しており、決して武威だけの支配が標榜されていたわけではなかった。武断政治とは近世日本以上の武威支配を目指したものであり、朝鮮は兵営半島化したということができる。

総督府は、まさに絶対の暴力機関として朝鮮人の前に聳立していた。旧慣破壊は総督府のいうがままに進んだ。温突（オンドル）のための山林伐採や埋葬の自由を奪われたことはその最たるものであった。また、武断農政によってモノカルチャー化を強いられ、農民は自給の途を奪われて商品貨幣経済の深みにはまり、貧窮化が進行した。民衆は軍用道路や鉄道建設などのインフラ整備にも問答無用で賦役動員されたが、民衆の怨嗟は実に悲痛に満ちたものであった。その上、道路や鉄道の建設は卓上において恣意的に決められ、計画上にある民家は「寄付」という名目によって強制的に土地を奪い取られた。

さらに、徴税は王朝時代より厳しくなった。有名な土地調査事業は大韓帝国が進めていた光武量田を継承するものであり、その主眼は近代的土地所有を確定することにあった。それは朝鮮社会が停滞していたから行われたのではなく、むしろ朝鮮民衆が近代的な土地観念を持っていたからこそ、大韓帝国によって先鞭をつけられ、総督府が継承できたものであった［宮嶋博史一九九一］。私的土地所有が確定強化されたことによって、調査事業を歓迎する声も一般民衆の中にはあった。しかし、そのことを根拠に行われた徴税は仮借ないものであった。「徳治と誅求の不明瞭な統治空間」が消失して規律化が厳烈になったことによって、徴税に手心が加えられる余地がなくなったからである。徴税に耐えられない農民は、鍋釜さえ供出させられるような生活危機に直面した。

朝鮮民衆はまさに閉塞状況に喘いでいた。武断政治期、朝鮮民衆は総督府と政治文化を共有し得ず、またその厳烈な支配を受ける中にあって、公論を集約することも公論に訴えることもなし得なかった。一九一九年の三・一運動は、何よりもこうした政治文化の転換と、それによる閉塞感の進行を背景に惹起されたものであった。武断政治期民衆は反抗＝垂直暴力を封じられ、それは民衆間の水平暴力として転移させられていた。この時期、山林伐採（草刈）権をめぐる民衆間抗争が目立っているが、それは山林伐採の自由が禁止されるなかで引き起こされた事件であり、武断政治期の民衆暴力のあり方を象徴している［趙景達二〇〇八　第五章］。三・一運動は、一〇年近くにもわたって垂直暴力の衝動を抑えた民衆がその鬱憤を一挙に噴出したものであり、そのナショナリズムは始原的でありつつ、かえってそうであればこそ、そのエネルギーはまことに甚大なものであった。

Ⅱ　文化政治期

挙族的に展開された三・一運動は、朝鮮統治のあり方の変更を迫るに十分なものであった。時の首相原敬は、ここに内地延長主義を施行することを決意するに至る。原は、来るべき将来において帝国憲法を完全敷行する方針を示したのである。原によれば、日本と朝鮮は本来同一人種、同一民族であり、それゆえに欧米が行う植民地統治のようなものであってはならないという（『原敬日記』一九一九年四月一五日）。ここには、韓国併合の合理化のために使われた言説である「日鮮同祖論」が前提されている。日本の朝鮮支配は「罪悪意識なき植民地支配」であったといわれるが、原の議論はまさにそうした意識を生むにたるものであった。しかし原は、内地延長主義というのは、「文明の程度、生活の程度」に規定されて急激になされてはならないともいう。ここには内地延長主義の詭弁性を見て取ることができる。朝鮮民族の独自性を認めず、朝鮮の自治さえも決して認めようとしないのが、帝国主義政治家原敬の朝鮮論の特徴であった。

こうして内地延長主義の旗幟の下、新総督斎藤実によって文化政治への転換が図られていく。文化政治の下では、民族的な新聞・雑誌の発行や各種団体の結成などが認められた。その結果、実力養成運動が起こり、啓蒙主義的な青年会運動も全国的に活発化した。また、労農運動・宗教運動・女性運動などの各種社会運動も展開されるに至った。それはいわば、百家争鳴的な文化運動といえるものであった。

こうした文化運動の許容は、総督府が武断政治の反省を踏まえ、朝鮮人との間に共有の政治文化を創出しようとしたものだと見ることができる。大韓帝国期にはすでに、さまざまな新聞・雑誌が誕生し、儒教的公論の延長線上に近代的公論が誕生していたが、総督府はそれを復活させたのである。しかしこれは、あくまでも総督府支配を否定しない限りにおいて認められた異議申し立ての政治文化であり、近代的規律が暴力的に担保されていた。すなわち、憲兵警察制度が廃止され普通警察制度に移行したとはいえ、一府郡一警察署、一面一駐在所主義がとられ、武断政治期に比べて警察官署数と警察官数はかえって数倍した。文化政治の美名の下に、その実は、厳烈な警察支配は決して緩むことがなかった。

植民地近代性論では、文化政治期に総督府のヘゲモニーが成立したと見るのが一般的だが、ヘゲモニーとは同意を前提とした強制を意味し、社会的文化的なコンセンサスが支配者と被治者の間にあることによって成立する秩序関係である［柴田三千雄一九八三］。発動の機会が減少したとはいえ、武断政治期以上の暴力的威脅をもって容認された近代的公論は、果たして総督府のヘゲモニー成立の指標になるのであろうか。

確かに、総督府は協力体制の構築を推し進めた。その結果、同化主義の協力運動に加え、自治主義の協力運動が台頭した。三・一運動の指導者たちも、必ずしも即時独立を求めたわけではなく、とりあえずは自治の実現を目指そうとする向きがあった［趙景達二〇〇二 第七章］。三・一運動の主軸を担った天道教は、運動後大きく新派と旧派に分立するが、前者はまさにそうであり、東亜日報社などもそうである。また、植民地下において唯一合法的に成立した統一戦線組織の新幹会は、即時の独立を目指して総督府と対立する姿勢をとったが、総督府はその活動を容認した。

しかしここで問われるべきは、そうした動きがあくまでも知識人や上層朝鮮人を中心に行われたに過ぎないという点である。天道教は巨大な宗教教団として多数の民衆を傘下に収めてはいたが、民衆にはどこまでも啓蒙的に臨み、民衆世界の伝統や文化を否定しようとした。朝鮮農民社を中心とした天道教の農村啓蒙運動は、どこまでも愚民観に立ち、迷信世界に生きる民衆を自立心のない退嬰的な存在と見なしていた。朝鮮農民社は、勤労精神を鼓吹して奢侈批判を行い副業励行も説いたが、その基調は総督府の植民地農政を根本から批判し得るような論理を持たなかった［趙

景達二〇〇八　第六章］。また、新幹会は急進的方向を目指しはしたが、新幹会が民衆的接点を持とうとしたとき、総督府はそれを断じて許しはしなかった。すなわち、一九二九年一二月、新幹会は光州学生運動に連帯すべく民衆大会を組織しようとしたが、この時総督府は新幹会の主要幹部を大挙逮捕した。

総督府の方針は明確である。総督府は、自らが容認する「総督府的公共＝言説空間」に止まっている限りにおいて、民族運動を安心して見守りはしたが、それが民衆的接点を持とうとしたときには断固とした処断に出た。多くの民衆は「総督府的公共＝言説空間」から排除された存在であり、総督府は民衆を自らの手の内に入れておけないがゆえに、そうした民衆を愚昧視する一方で、知識人以上に恐れたのである。民衆は一面、近代の文明や文化に憧憬を抱きはしたが、近代知を持たない民衆は近代と直面するごとに侮蔑の対象とされ、暴力的な啓蒙にさらされた。

たとえば、総督府は近代的衛生医療の浸透を図ろうとしたが、それは植民地権力の立場から暴力的に行われたがゆえに朝鮮民衆の反発を買い、その結果朝鮮人の衛生状況は日本人に比べ劣悪であった［辛圭煥二〇〇七］。また、一九三〇年に行われた国勢調査によれば、全人口に対する非識字率は七七・七四％（男子六三・九二％／女子九二・〇五％）にも上っており（『朝鮮国勢調査報告』朝鮮総督府、一九三四年、七四〜七五頁）、圧倒的多数の民衆は近代の「恩恵」を享受できなかった。さらに、植民地朝鮮では普天教を始めとして数多の終末的な新興宗教が誕生し、巫覡《ふげき》信仰も執拗に持続した。新興宗教は近代化した天道教などを除き、武断政治下では多く禁圧されていたが、文化政治下では地下から地上へと引き上げられ、それらは暴力的な植民地近代からの民衆の格好の避難所となっていた。そして、一面きらびやかな都市的様相を呈した京城においても、土幕民（スラム民衆）は不可欠な存在としてあった。モボモガの存在などは、ごく一部の上層階層の姿でしかなかった。

このことは「内地」においてさえ、さほど変わるものではない。「内地」では圧倒的な勢いをもって近代文化が氾濫していた。そうした中で、知識人にあっては日本人として振る舞うことも可能であったが、一般の在日民衆にあっては自らの言葉と文化に固執するしかなかった。日本全国に散在した朝鮮人部落はそのことを象徴している。朝鮮人部落には、朝鮮文化がそのままに移入され、それはあたかも日本の公共空間を拒否するがごとくに牧歌的に存在していた〔趙景達二〇〇八　第九章〕。

以上のことは、総督府のヘゲモニーが成立しがたかった状況を示唆するものである。そもそも、植民地において支配権力のヘゲモニーが成立したと見るのは、国民国家の論理を拡張したものであり、本来的にあり得べからざることである。それはせいぜいのところ、内国植民地に当てはまる議論でしかないであろう。植民地支配の本質とは、あくまでも宗主国総体――国家権力はもとより国民的にも社会的にも――から近代性をめぐって多様になされる収奪・差別・抑圧と、それを担保する暴力の体系性にこそある。朝鮮では、圧倒的少数の日本人が常に朝鮮人に君臨するような形で存在しており、そのことを不思議に思う心性は日本人の間ではまったくといってよいほどに育つことがなかった。朝鮮に渡る者は、官公吏以外であっては「食いつめ者」や「一旗組」が多かったが、彼らは日本人であることの光栄を背負って朝鮮人に侮蔑的に対し、「成功者」になり上がった。彼らは、「内地人」以上に「忠良なる帝国臣民」としての自覚を持っていたが、そうであるがゆえに、容易に「忠良」たり得ない朝鮮人に対して愛情を育むことは困難を極めた。朝鮮の民芸とそれを作り出した朝鮮人を心から愛した浅川巧のような存在は稀である。金子文子も朝鮮人を心から愛したが、彼女は無籍の子として育てられ、いわば日本から排除されたような存在であった。近代天皇制の抑圧移譲の論理（丸山真男）の下にあっては、朝鮮人・沖縄人・アイヌなどは、天皇制国家の最底辺、ないしは埒外のものとして認識されたが、在朝日本人の世界はまさにそうした事情を端的に示している〔趙景達二〇〇二〕。さらにいえば、一九二三年九月の関東大震災時における日本官憲が関与した朝鮮人虐殺事件は、そうした抑圧移譲の暴力に安穏としつつ、そうであるがゆえに恐怖にも駆られた日本人の心性をよく表している。虐殺はまさに朝鮮人に対する恐怖の裏返しであった。

植民地の問題を近代の問題一般に解消することはできない。差別体制を本質的属性とする異民族支配下の植民地では、そうしたヘゲモニー関係は成立しているように見えても、その実は常にほころびを見せている。文化政治のかけ声とは裏腹にあった植民地朝鮮の現実は、まさにそうした事情を如実に語っていた。

Ⅲ　一五年戦争期

朝鮮民衆の生活はまことにやるせないものであり、植民地行政に同意を与えることなど到底できるようなものではなかった。植民地農政は無田農民を再生産し、彼らは小作競争に疲れていた。村々では昼間でも手持ち無沙汰に飲酒して外を歩き回るような人々の姿が往々にして見られたが、そこには深刻な農村過剰人口の問題が示されていた。春窮民は植民地朝鮮の風物詩みたいなものであった。こうした状況を打開すべく、宇垣一成の総督治世下でなされた運動が農村振興運動（正式名称農山漁村振興運動、一九三二年一一月～一九四〇年一〇月）である。この官製運動の目的は、朝鮮農民に「適度にパン」を与えることによって、社会主義運動の農村社会への浸透を抑止しようとするところにあった。しかしそこでは、農民の生活向上を標榜しながらも、物質的な支援はまったく行われなかった。運動は終始精神主義的に展開された。すなわち、色服着用・断髪実行・迷信打破などの合理主義的生活慣習が奨励されるとともに、勤勉・節約・貯蓄・禁酒禁煙・副業励行などの清貧主義的生活態度が推奨された。総督府にとっては、朝鮮農民の貧困の要因は自らの農政の失敗にあるのではなく、朝鮮人自身の生来の懶惰性にあるのだと認識されていたのである。

こうした運動が成功するはずもないのは明らかであったが、問題は知識人が指導した農村啓蒙運動も、前述したようにあくまでも愚民観の立場から民衆を退嬰的な存在と見なしていた点である。そのような農村啓蒙運動の論理は、農村振興運動とさして変わらない。民衆は挟撃される立場にあったといえよう。民族主義者は意図せずして総督府権力と敵対的共犯関係を取り結んでいたことになる。その意味では、同意暢達とヘゲモニーの確保を目指した総督府の目論見は、もとよりの親日派のほかに、そうした知識人＝民族主義者に対しては、一面成功したと見ることができる。そのような知識人の中には社会主義者なども含まれよう。

知識人＝民族主義者・社会主義者がわけても攻撃対象としたのは、新興宗教や巫覡信仰などの民間信仰・迷信などであった。彼らは近代文明に帰依すればするほどに、朝鮮の伝統的な文化を否定しようとし、その格好の攻撃対象がそうした民間信仰や迷信であった。彼らは、自らは近代文明を内面化したエリートであり、日本人から何ら非難されるいわれのない者たちであると自処した。そして、そのように自処すればするほどに、朝鮮民衆への愛憎も深まった［趙景達二〇〇二　第八章］。

このような中で、総督府はついに新興宗教や迷信を真剣に撲滅する作業に乗り出していく。終末的な新興宗教は、終末の到来とともに総督府支配の終焉を予告するものであっただけに、民衆（始源）的な民族主義の温床であったが、宇垣一成はそれらの撲滅を決意する至る。一九三五年四月のことである。それは、同年一月より開始された心田開発運動と連動していた。心田開発運動とは、農村振興運動の一環として、儒教をも包括した神道・仏教・キリスト教の公認宗教の復興を標榜しつつ、その実は国家神道体制にそれらを組み込んで、国体観念を内面化させようとするものであった［青野正明一九九六］。

もとより総督府支配を否定することは許されなかったが、文化政治下にあっては、総督府は心の自由までは露骨に奪おうとはしなかった。文化政治は一九三一年六月の斎藤実治世下までをいうのが一般的だが、斎藤の後任である宇垣の治世下にあっても、なお文化政治的様相は持続していた。しかし心田開発運動は、朝鮮人の心の自由をも束縛しようとしたものである。筆者は、文化政治の終焉は心田開発運動の開始と、それに連動して行われた新興宗教の撲滅方針の実施によって画されると考えている。文化政治は、知識人＝民族主義者・社会主義者にとって一面歓迎すべき統治政策であったが、民衆を愚昧視して新興宗教の撲滅を訴えていた点で、文化政治の終焉には皮肉にも知識人自らも手を貸したということができる。

こうして時代は総力戦体制へと近づいていくが、総力戦体制構築の画期はいうまでもなく一九三七年七月の日中戦争勃発である。朝鮮半島にいた知識人にあっては、民族主義者と社会主義者を問うことなく、日中戦争の勃発前後から転向者が増え出した。日本帝国の強大性を今更ながらに実感し、独立への諦念が生じ始めていた。「内鮮一体」のスローガンとともに「大陸兵站基地化」が叫ばれ、朝鮮人は日本帝国下において二級の帝国臣民になれるという幻想が生み出されたことも大きい。それには、東亜新秩序建設を謳った一九三八年一一月の第二次近衛声明を契機に提唱された、昭和研究会の東亜協同体論や石原完爾の東亜連盟論などの議論の影響が無視できない。それらは朝鮮の独立を提唱するものでは決してなかったが、日本帝国内における日本人と朝鮮人の平等を謳ったものとして理解された。いやむしろ、転向知識人たちは疑心の念を抱きながらも、自らに都合よくそのようなものとして積極的に理解しようとしたといった方が適切かも知れない。その結果彼らは、実業界や宗教界、文化界の人士たちとともに戦争協力の道をひた走っていくことになる。またそうした行為は、総督府の皇民化政策を支援するものでもあった。神社参拝や日本語の常用、創氏改名などにおいて、彼らは苦悶しながらも、それを推し進める主役となっていく。それに対して民衆は、ひたすらに動員される側として困苦を強いられた。志願兵制や徴兵制を始め、労務供出・食糧供出などを逃れるすべは、もはや逃亡以外にはなかった。服従以外は抵抗と見なされるような総力戦体制期は、ある意味では武断政治への回帰でもあったという側面を持っている［趙景達二〇〇八　第七章・第八章］。

まさに朝鮮人は、二者択一を強要されたといえる。ただ武断政治期と違うのは、「自発性」の名目の下に、皇国臣民であることの光栄を語ることを強要された点である。精神的葛藤は、自己欺瞞をともなうがゆえに、武断政治期以上に深刻なものとなった。しかし、「自発性」というのは心の内面の問題である。総督府の為政者はそれを真には確認しようがない。そこで致し方なく陥っていったのが形式主義と数値主義である。総督府は、儀礼の形式が整い、動員数の数値が高くさえなれば満足した。かくして、学校・官庁などでの「国語」（日本語）常用や神社参拝などが、執拗に強要されたが、しかし「自発性」を検証することはできなかった。動員する側の知識人は次第に従順になっていったが、動員と収奪で疲れ果てていった一般民衆にあってはそうではない。民衆は朝鮮語を放棄することなどできるわけがなく、日本的敬神観念を内面化できるよしもなかった。労働供出や食糧供出については徐々に抵抗の姿勢を見せていき、決して皇民化しようとしない民衆は総督府にとって大きな脅威となっていく［趙景達二〇〇八　第八章］。総督府は、日本帝国の崩壊と朝鮮の独立を云々する流言飛語に最後まで悩まされた。わけても新興宗教の動きは不気味であった。心田開発運動以来総督府は躍起になって新興宗教を弾圧するが、新興宗教は解散を命じられてもなお執拗に教団を再建した。日本帝国の崩壊を呪詛する新興宗教の活動は、解放の日までやむことがなかった［趙景達二〇〇二　第八章・第一〇章］。「内地」でも、アジア太平洋戦争の長期化とともに、在日朝鮮人の解放願望が強まっていったが、彼らは流言飛語のみならず、徐々に労働忌避や労務逃亡に打って出るようになり、また関東大震災時における朝鮮人虐殺の記憶を呼び覚まして帰国熱にうなされるようになっていく［趙景達二〇〇八　第九章］。

朝鮮人に二者択一を迫った総力戦体制期は、朝鮮人の心の内戦を引き起こしたといえる。それは知識人であればなおさらのことであり、人々は精神的懊悩にさいなまれた。しかし、動員する知識人や民衆上層の立場と、一般の民衆とでは明らかに戦争協力の度合いは違っていた。植民地期を通じて総力戦体制期ほど、朝鮮人が民族的に引き裂かれた時期はない。そのことは、解放後親日派問題となって朝鮮人を苦しめることになる。

おわりに

解放後、親日戦争協力者たちは処罰に脅えた。分断後韓国では、一九四九年一月に反民族行為特別調査委員会の活動を本格化した。しかしその活動は、間もなくして親日戦争協力者を重用する李承晩《イスンマン》政権によって停止させられた。それ以降彼らは、韓国社会の上層を占め続け、解放前における自らの親日行為を覆い隠すかのように、今度は逆に民族主義を声高に叫ぶ存在となる。民族意識は濃厚でも国民国家の原理を知るはずもない民衆は、ここでは民族主義が希薄な愚昧な者たちとして啓蒙の対象にされ、凄まじい暴力をもってその運動は弾圧された。反民族行為特別調査委員会の活動が本格化する前のことであるが、一九四八年四月の済州島民衆蜂起に対する無慈悲な弾圧こそは、そうした暴力の典型である。民衆は、解放前も解放後も引き続き暴力的な啓蒙の対象となり、苦難にさらされた。

解放後においては、「亡命者史観」が幅をきかし、親日派に対して「異端審問権」を行使してきたという議論がある［並木真人二〇〇三］が、これは錯覚である。少なくとも韓国においてナショナリズムをむやみに鼓吹してきたのは、解放前に親日活動を行ってきた者たちである。何しろ彼らは解放後もエリートとして、官界・政界を始め経済界・軍界・学界・文化界などに分厚く盤踞した。二〇〇四年三月二日韓国では、日帝強占下反民族行為真相究明特別法が成立し、解放前の親日行為がようやく暴かれるようになった。この法律は多分に民族主義的であり、政争の具になった感もある。しかしその是非はともかく、今もなお韓国社会は解放以前の親日をめぐる問題の後遺症にさいなまれていることだけは事実である。

従軍慰安婦問題や強制連行問題、ＢＣ級戦犯問題、サハリン残留朝鮮人問題など、植民地責任は今もさまざまに問われている。加害と被害が明確なそれらの問題に比して、確かに親日派問題は可視化の困難性がともなう。さまざまにあるポストコロニアルな問題の中にあって、その最たるものは親日派問題といえるかもしれない。植民地支配の後遺症とはかくも深刻である。本書が植民地主義を批判するうえにおいて、ささやかではあるが、意味ある問題提起になればと切に思う。

〈参考文献〉

青野正明「朝鮮総督府の神社政策」(『朝鮮学報』第一六〇輯、一九九六年)
板垣竜太「〈植民地近代〉をめぐって―朝鮮史研究における現状と課題」(『歴史評論』第六五四号、二〇〇四年)
尹 海 東《ユンヘドン》「植民地認識の『グレーゾーン』―日帝下の『公共性』と規律権力」(『現代思想』三〇―六、二〇〇二年)
柴田三千雄『近代世界の民衆運動』(岩波書店、一九八三年)
辛 圭 煥《シンギュファン》「二〇世紀前半、京城と北京における衛生・医療制度の形成と衛生統計」(『歴史学研究』第八三四号、二〇〇七年)
愼 蒼 宇《シンチャンウ》「植民地戦争としての義兵戦争」(『岩波講座　東アジア近現代通史』二、二〇一〇年)
趙 景 達《チョキョンダル》「近代日本における朝鮮蔑視観の形成と朝鮮人の対応」(三宅明正・山田賢編『歴史の中の差別』日本経済評論社、二〇〇一年)
〃　『朝鮮民衆運動の展開―士の論理と救済思想』(岩波書店、二〇〇二年)
〃　「日露戦争と朝鮮」(安田浩・趙景達編『戦争の時代と社会―日露戦争と現代』青木書店、二〇〇五年)
〃　『植民地期朝鮮の知識人と民衆―植民地近代性論批判』(有志舎、二〇〇八年)
〃　「政治文化の変容と民衆運動―朝鮮民衆運動史研究の立場から」(『歴史学研究』第　八五九号、二〇〇九年)

〃　「武断政治と朝鮮民衆」（『思想』第一〇二九号、二〇一〇年）
並木真人「朝鮮における『植民地近代性』・『植民地公共性』・対日協力」（『国際交流研究』五、フェリス女学院大学、二〇〇三年）
松本武祝「朝鮮における『植民地的近代』に関する近年の研究動向」（『アジア経済』四三―九、二〇〇二年）
宮嶋博史『朝鮮土地調査事業史の研究』（東京大学東洋文化研究所、一九九一年）
和田春樹『日露戦争　起源と開戦　下』（岩波書店、二〇一〇年）

第一章　「武断政治」と三・一独立運動

愼　蒼　宇

はじめに

日本が韓国を併合して後、三・一独立運動をきっかけに長谷川総督が退任するまでの植民地支配のあり方を「武断政治」という。武断政治の特徴は、憲兵警察による力の支配を前提とした、徹底した同化主義政策（言論・運動・宗教・教育統制）、土地調査事業に代表される土地政策、桑苗強制などの農政、会社令に代表される産業統制などにあるとされる。

しかし、武断政治については依然として論議が尽くされていない点が多い。そこで、本章は三つの着眼点から、「武断政治とは何か」について考察を深める素材を提供したい。第一に、武断政治における朝鮮社会の再編の位相である。近年は日本・韓国双方で植民地支配による近代化、近代性の拡張を強調して、そこで生じる矛盾や暴力の諸相をあいまいにしようとする（抵抗と協力の二元法を超えるという批判理論でコーティングしつつ）歴史観が台頭しつつある。彼らのいう、植民地における物量としての近代性の拡張の強調がいかに一面的であるかという点と、その再編過程も朝鮮王朝末期~大韓帝国期の歴史的文脈を無視した外在的契機のみで論じることはできない点、そしてそれは朝鮮社会における農民層分解等の社会変動のさらなる進展や、日本への従属・差別体制を強化する暴力的契機になっている面を無視できないことを改めて確認しておく必要がある。

第二に朝鮮社会からの視座の重視である。近年の植民地研究は、第一の視座とも関連して民衆からの視座が欠落しており、「植民地不在」というパラドキシカルな状況を出現させている［小川原宏幸二〇〇六］。武断政治の歴史過程を考える上で、「下から」の視座を軽視すれば三・一運動の背景も考えることができない。

それらの論議を踏まえ、最後に武断政治から文化政治を統一的に展望したい。文化政治への転換は、日本の「武断派」と「文治派」の朝鮮支配構想の違いに端を発している面があるとされるが［海野福寿二〇〇四］、それはあくまで日本の中の対立軸にすぎず、朝鮮社会から見れば、両者は共通基盤に立った植民地主義のなかでの差異にすぎない面がある。その共通点にこそ、日本による朝鮮植民地支配の根幹が存在するのではないだろうか。

次に三・一独立運動については、国際的視座・近代日本の視座・民族運動の視座という三つの次元から論じる。とりわけ、民族運動の視座については、「思想」「心情」「運動」という三つの次元からその性格を浮き彫りにした小谷汪之の視座を参考に［小谷汪之一九八六］、従来の民族運動との違い・共通点を明らかにしたい。

I　武断政治の思想

植民地の政治は天皇にのみ直隷する「小天皇」朝鮮総督と朝鮮総督府・所属官署によって遂行される専制を基礎とする。総督は陸海軍大将の中から選ばれ、憲法に直接束縛されず（朝鮮は内地と異法域）、朝鮮駐箚軍の統率権・制令を発する権限・行政一般の政務統理権・下級官庁に対する指揮監督権など、内地の首相以上の絶大な権限を持った。

武断政治は朝鮮人の抗日運動弾圧など、軍事警察の職務を主としてきた憲兵隊が警察官とともに普通警察業務を担当する憲兵警察制度を根幹とする。憲兵警察は従来通りの抗日運動弾圧の軍事警察業務に加えて、国境税関事務・戸籍事務・日本語普及・道路改修・農事改良・副業奨励・農作物の作付強制・法令普及・納税義務の説諭など、一般行政にまたがる広範な権限を行使し、朝鮮民衆の生活全体を厳しく統制した。

そして、それに対する絶えざる不満を武力で威圧するために、さらに陸軍一〜二個師団、海軍二分遣隊を常駐させるようになった。こうした「力」の支配が武断政治の性格である。

1　武断政治の肖像〜明石元二郎と長谷川好道

武断政治を支えたのは初代総督寺内正毅に代表される武官であり、朝鮮総督府の人事も山県有朋・寺内正毅の系列が強い影響力を持った〔大江志乃夫一九九三〕。寺内は陸相時代に義兵戦争の弾圧のために日本から軍隊や憲兵隊を増派する役割を演じたが、一貫して朝鮮社会の抵抗力の強さに鈍感であり、義兵の時にはすぐに収束するであろうという甘い見通しを持つとともに〔愼蒼宇二〇〇八〕、その反動としてその後軍事力・憲兵力増強による朝鮮社会の徹底抑圧を推進して総督に君臨したという意味で武断政治の典型的存在であった。寺内は朝鮮総督を退任後首相となり、藩閥・軍閥政治の中心として、日本国内の「デモクラシー」勢力と対立し、大正デモクラシーへの動きを誘発する存在となったことは周知の事実である。

ところで、武断政治を象徴する武人は誰であろうか。私は迷いなく明石元二郎憲兵隊長と長谷川好道総督（寺内の後任）の二人を挙げる。明石は日露戦争時代の「明石工作」でも有名な治安維持・諜報の「プロ」であり、少佐時代に台湾やベトナムを視察し、植民地における治安維持についてよく知っていったといわれる。彼は義兵弾圧時に韓国駐箚憲兵隊隊長を務め、朝鮮人「土兵」=憲兵補助員を導入するなど、長年の知見をいかした暴力支配のあり方を実践し、併合後には初代警務総監となった。

明石は憲兵を主体にして、治安維持に止まらない徴税・拓殖等の職務を遂行する直接地方支配構想を持っていた［松田利彦二〇〇九］。実際、それが武断政治においてかなり具現化されている。また、武人であるがゆえに、朝鮮社会の不満や訴えには耳を貸そうとしなかったところも明石の特徴である。例えば、一九一一年頃に朝鮮民衆の間で憲兵補助員による無数の暴力とそれを生み出している総督府の不義を指摘する投書が憲兵隊に相次いでなされた際、明石はその騒動に対する談話を発表したが、その内容は憲兵補助員を告発する民衆を逆に批判するものであり、憲兵補助員はむしろ民衆の過ちを正しているのであって、それへの私怨が憲兵補助員批判になっているにすぎない、悪評の大半はねつ造であるとして全く取り合わなかった。このように民衆の「訴え」を疑い、力で退けるのが武断政治家の本質であったといえるのではないか［愼蒼宇二〇〇八］。

長谷川好道は日露戦争・義兵戦争時の朝鮮駐箚軍司令官として、三・一運動では軍統率権を持つ朝鮮総督として、常に残虐な民衆弾圧の中心的役割を演じた人物である。その長谷川の朝鮮観をよく表しているのが、釈尾東邦「**長谷川総督と語る**」（史料1）である。長谷川はここで朝鮮は日本の徳川時代のような遅れた状況にあり、民権などを要求するのは早い、明治維新の時と同様、圧制は必要悪だと述べる。その一方で「別に圧制をやる考はない」が、朝鮮人に評判の悪い悪政はあくまで悪質な個人の資質によるものであって、総督府自体に責任があるものではない、それに一番悪質なのは朝鮮人であるとも述べている。ここでは朝鮮人の遅れ、質の悪さという蔑視と、悪政=必要悪、しかもそれをやっているのは一部悪徳官吏にすぎないという形で、武断政治自体は正当化されている。こうした朝鮮観

【コラム❶】笞刑の思想

朝鮮では『大明律』に基づいた刑罰（五刑）の一つとして、軽微犯罪に適用される笞刑が浸透していたが、大韓帝国期に『刑法大全』が実施され、自由刑の適用が増えるなかで（七〇％）、笞刑は「野蛮」な刑として減らされていった。日本は統監政治下で当初笞刑を廃止する方針であったが、武断政治下では犯罪即決例の公布、朝鮮人にのみ適用される朝鮮笞刑令等の公布のもとで笞刑を憲兵分隊長の即決権限で適用し、笞刑執行の数は一九一一～一九一六年にかけて約五倍に増大した。笞刑は総刑罰の約四六・六％を占めた。ちなみに台湾は笞刑の割合が朝鮮より少ない（二〇％）。

笞刑は賭博・窃盗犯に対する適用が圧倒的であったが、他にも失火、住居侵犯、阿片、文書偽造、猥芸姦淫重婚、傷害、詐欺恐喝、横領、賄賂、森林令、墓地火葬場埋葬及火葬取締規則違反など多岐にわたる。これは従来の笞刑適用（「十罪」は三綱五倫の違反が中心）よりも適用範囲が広く、適用年齢も二〇～四〇代男子に集中し不満の温床となった。

なぜ、朝鮮総督府は笞刑を増やしたのか。司法部監獄課「笞刑に就て」「笞刑に就て（承前完）」（『朝鮮彙報』一九一七年一〇・一一月）によると、笞刑適用は「相当の理由無くむばあらず」というものであった。その理由とは、①自由刑も人の権利、自由を制限する、②一国刑罰の要は「国情に鑑み、犯罪の予防、鎮滅に付最も有効適切なる方法を発見」するものである、③現今の時代情勢を鑑みれば、狂暴な犯罪者、労働嫌忌者、少年浮浪者には笞刑が妥当という認識は世界的に勃興の気運がある、④留置一カ月以内の者に対する笞刑によって、節約、拘禁密度の緩和、すなわち監獄費の合理化が進む、⑤劣等の民族には体罰が妥当、台湾は朝鮮より民度が高いので罰金が有効である、⑥劣等者（罪囚者）は無教育で栄誉心・羞恥の観念がなく、精神的苦痛が鈍いので、迅速に痛苦を実感し得る体刑を科する外ない、という植民地主義的な蔑視観であった。

笞刑は三・一運動後廃止されるが、内地と外地の刑罰執行体系のあいだには差別があり続け［李鐘旼一九九八］、その精神は形を変えて残り続けた。

は、笞刑の適用など武断政治下の「文化政策」にも反映されている。

2 姓名改称にみる「同化」と「異化」の構造

武断政治において朝鮮人の同化と差異化（異化）はどのように図られたのか。同化政策として挙げられるのは、言論・出版・集会・結社取締（日本語・日本人発行の雑誌中心、それ以外は規制）、教育政策（一九一一年第一次朝鮮教育令—教育勅語にのっとった「忠良ナル国民」育成。日本語普及と天皇崇拝。私立学校（民族教育）の否定、公立では朝鮮語・漢文に厳しい規制）、宗教統制（寺刹令によって寺院を総督府の監督下に。経学院規定で儒教を統制。宗教科目・儀礼の禁止。布教規則による類似宗教規定、公認制度など）である。しかし、同化とは単なる日本人化ではなく異化（差異化）を必要不可欠の要素としている。日本人との同質化は否定しつつも、伝統的な朝鮮の慣習は「悪習」として再編成しようとする朝鮮総督府の意図をいくつかの政策の中から読み取ることができる。

例えば、姓名改称の問題がある。朝鮮人の名前は本貫・姓・名の三要素で構成されているが、名前が登録される公的文書が戸籍である。朝鮮では一八～一九世紀ごろから本貫・姓・名を持つ者が民衆にまで拡大していったが、身分制が廃止された大韓帝国前期においても一部の奴婢は相変わらず主家の戸籍に名前だけ登録されている事例がみられ、女性は結婚しても父姓を名乗り続ける慣習が残った。

日本はこうした朝鮮の名前をめぐる慣習を大きく編制替えしようとした。それは社会の監視・統制を強化し、社会構成員の個的把握を推進するためであった。保護国下で統監府は一九〇九年から一〇年にかけて民籍法の公布・施行に基づいて日本の戸籍を模倣した民籍の編制とそのための調査を進めた。他方、朝鮮在住の日本人や他の外国人は当民籍法の適用を受けなかった。こうして、戸籍によって朝鮮（外地）・内地を区別（異法域化）する植民地主義的な法秩序が築かれ、婚姻と養子縁組を除いて日本人が朝鮮に、朝鮮人が日本に戸籍を移すことが禁じられたのである。

また、民籍に登録する朝鮮人の名前は「一人一名の原則」に沿うものへと変えられた。その結果、幼名から成人名への改名をはじめ、複数の名前を持つことが一般的である朝鮮の慣習が厳しく抑圧された。一九一一年一〇月に公布された「姓名改称取締ニ関スル府令」によって姓名の改称は警務部長（ソウルでは警務総長）の許可制となり届出制よりも厳しい裁量がなされる仕組みとなった。名前の内容についても、日本では名前に関する制限がほとんどなかったのに対し、朝鮮ではハングルで姓名を登録することや、朝鮮語の固有語彙で名をつける（幼名や奴婢の名前など）ことが禁止された。さらに、併合後、朝鮮人巡査補や官吏の一部に見られた日本式姓名への改名を禁じ、「内地人に紛らわしい姓名」に改めることも厳しく制限された［水野直樹二〇〇八］。「朝鮮人ハ事ニ触レ軽シク改名ヲ為スノ習癖アリ殊ニ併合後内地人ト紛ハシキ姓名ヲ附スル者続出セルハ一面喜フヘキ現象ナルカ如キモ内地人ト朝鮮人トハ身分取扱上今尚著シキ差異アリ」（『朝鮮総督府施政年報』一九一一年）とあるように、あくまで日本人と朝鮮人の間を差別化することが重要であり、これは植民地支配下で官吏などの処遇をめぐって日本人と朝鮮人の格差をつけていたことなど、他の植民地政策とも合致するものであった。

Ⅱ　武断政治における在来秩序の再編

1　地方支配体制の再編

朝鮮の地方制度は、一三道の下に三〇〇を超える地方行政単位邑（府・郡など）があり、その下部単位には行政村である面、さらにその下に自然村落である洞・里があった。保護国以前の地方社会は道の長官観察使、邑の長である守令（郡守など）に裁判・税務・警察等の権限が集中していたが、統監政治で地方官のこうした権限が奪われ、官吏の多くも淘汰されたため、多くの官吏が反発をした。

武断政治下ではさらに地方支配体制の再編が行われた。道では長官の半数、職員の大半を日本人が占め、府・郡では郡守は朝鮮人だが実務を担当する書記に複数の日本人官吏が配置された。一九一四年には府郡、面の統廃合が実施され、一二府三一七郡は一二府二二〇郡へ、四三二二面は二五二二面へと大幅に整理縮小された。

その一方で面は末端行政単位としてその役割を大きくしていった。一九一七年には面制が施行され、面は保護国下で確立された徴税事務のほか、土木・産業・衛生に関する事務も取り扱うようになった。こうした事業のいくつかは従来、洞契をはじめとする「伝統的」共同組織が担うことが多かったが、こうした共同体の事業・共有財産を面が統合していき、そうした地方支配の再編と対応するように総督府中枢院は地方の契などの朝鮮の「伝統的」慣習調査を行っていった［板垣竜太二〇〇八］。

また、府と近い状態と判断された二三の面は、総督の指定を受けて指定面となった。ここには面長の諮問機関として相談役が置かれ、日本人面長が任命できるようになった。

2　土地調査事業

植民地期の農村においては日本に従属する形での商品経済の進展がより一層本格化し、農民層分解が進んでいく。土地調査事業はそうした方向をより規定づける政策であった。土地調査事業とは土地所有権・土地価格・土地形貌の三つの調査を直接的な目的とし、全国の土地（耕地、市街地が主）を測量、土地所有者を確定、地価を定めて地税徴収制度の基礎を確立する事業である。事業は一九一〇年三月～一九一八年一一月まで二〇〇〇万余円の巨費をかけて実施され、土地の実面積は事業の当初の予想よりもはるかに大量に把握された（一・六倍）。それは朝鮮時代の量田における土地把握単位の「結」が面積と土地の肥沃度から算出して土地を等級化するものであり、量案には個々の土地の面積は記録されず「結」だけが記録されていたことに起因する。土地調査事業の結果、地税は一九一一年の約二倍に増大し（一九一九年）、土地所有権の確定、土地登記制度整備は土地の売買を促進し、農民層分解を推進する基盤となった。

ところで土地調査事業については長い間、民有地の所有者を決定するに際して「申告主義」の方法がとられたことと地主総代の存在によって多くの農民が土地を取り上げられたとされてきた。土地調査事業の結果は、農民層分解を一層進行させる暴力的契機となったが、申告主義、地主総代の存在が権利意識の低い農民に不利に働き、地域の有力者に有利に働いた結果、農民が土地を奪われたという過程の把握は見直しがなされてきた。土地所有者を決定する方法には法定主義（複数の権利所有者の中であらかじめどの権利を有している者を所有者とするか法律で定める）と申告主義があり、沖縄は法定主義、台湾は法定主義と申告主義の中間、朝鮮では申告主義がとられた［宮嶋博史一九九四］。これは朝鮮においては民有地の土地所有者がこれらの地域に比べ明確であったからであり、全国規模で展開された光武量田・地契発給事業において土地制度改革への動きが始まっていたことに大きく規定されることでもあった［宮嶋博史一九九二］。土地調査事業においては土地所有関係の変革よりも地税改革の厳格化に大きな再編があった。

土地調査事業において紛争地や不服の申告対象となったのはその多くが国・民有をめぐる紛争であった。国有地はその土地所有権をめぐって、国有か民有か特定しにくい複雑な権利関係が存在したからである。国有と民有の区別の曖昧さを解消する目的で一九〇九〜一九一〇年に国有地調査（駅屯土調査）を行ったが、事業当初から国・民有地紛争が多発する事態となった。駅屯土とは宮庄土（王室関係の土地）・屯土（政府機関関係の土地）、駅土（交通の要衝に設置された駅という施設関係の土地）の総称であり、これらの土地には明確に国有地・民有地と定義しうる土地と所有権のあいまいな土地がある。光武量田は皇帝権力の強大化を支える大量の駅屯土把握を重大な目的として、一部無土の地（民有）まで駅屯土として登録したため所有権紛争を惹起した。国有地調査も光武量田の方法を引き継いだため紛争も当然引き継がれることになり、土地調査事業においてもこれらの土地は最終的に国有地と確定され、総督府自身が巨大地主となった。中間地主、耕作農民の権利は否定されたため、国・民有地紛争は解決を困難にし、一九二〇年代にも問題は継続されて行った。このように土地調査事業をめぐる紛争は主に国・民有紛争問題にあり、こうした土地調査事業の性格のなかに朝鮮時代末期に淵源を持つ土地政策の矛盾と、日本人移民奨励のために多大な国有地を確保しようとした日本の植民地的土地政策がもたらした暴力の問題をみてとることができるのである。

3 武断農政

一九一〇年代の総督府の農政は朝鮮農民にとって外在的かつ極めて暴力的なものであった。具体的には日本型の改良農法の導入、改良品種の普及を基軸として、米・繭・棉花などの増産と日本への移出を中心とした、朝鮮を日本の食糧・原料供給地化する政策がとられたのである。米作においては日本品種の普及が強制され、一九一九年には全体の生産高の六三・五％を占めるまでになった。日本人の嗜好に合う米の生産と移出をはかる体制が強化されたのであり、米穀の対日輸出は一九一二年～一九一九年にかけて一〇倍以上急増している。

これらの農事改良、増産政策を担ったのが憲兵警察、あるいは彼等の武力を背景とした農業技術系官吏であった。これらの農政を拒否する農民に笞刑を適用することもあり、こうした農政は「武断農政」「サーベル農政」と評されるものであった。なかでも桑苗の強制は農民の大きな反発をもたらし、三・一運動の温床になった。また、土地調査事業において、改良農法・品種の普及が図れている区域では、収穫高を実際よりも低く見積もって、地価を相対的に廉価にし、さらに普及を促す方針がとられた。

一九一〇年代中葉から日本向け米輸出の本格化と、一〇年代後半の好況と二〇年代の不況という経済的激動の中で土地取引数は急増する。土地調査事業が終了した一九一八年には小作地は耕地総面積の五〇％を占め、農家総戸数の三・一％にすぎない地主の手に土地が集中した。自作農は一九・七％に過ぎず、自小作農は三九・四％、小作農は三七・八％であり、日本人所有地は拡大した。このように武断政治期に行われたさまざまな土地政策・農政が重層的に作用した結果、地主制の発達と農民層分解の進展が進み、一九二〇年代以降それはより深化をたどることになったのである。

4　林野調査事業と埋葬・墓地統制

他方で林野の所有権をめぐっても紛争が引き起こされた。統監府の時代である一九〇八年一月に森林法が公布・施行され、それに際して農民が林野に対してもっていた権利を否定・制限して、広大な国有林を創出するための所有権確定事業が行われたのである。森林法では施行日より三年以内に森林山野の所有者は略図を添付して申告する義務を課され、申告しないものはすべて国有とされた。

しかし、期限内に申告された林野は全体の一三・七％に過ぎなかった。その結果、農民の共同利用林であった「無主公山」を含め、林野の大半が国有林に編入された。一九一一年六月には森林令公布で国有林の造林貸付制度（造林に成功すれば譲渡される）が設けられたが、こうした方法は内地モデルではなく従前の利用関係や前史を白紙に戻す植民地型（北海道）モデルに基づいたものであった［李相旭二〇〇八］。

一九一七～二四年に林野調査事業が行われ、申告主義を原則として、民有林所有者及国有林の縁故者（森林法規定に従って申告せず国有林にされた従前の所有者など）に申告書を提出する義務を課した。ただし、縁故者には所有権は認められず、使用・収益権（縁故権）だけが認められた。

林野調査事業に対する反発は大きかった。不服申し立ては七万八〇四六件もあり、その多くが縁故林であった。北部ではとくに造林貸付が多く反発も大きかった。

なぜ林野調査事業に対する反発が大きかったのであろうか。それは墓地問題（山林への入葬慣行）と深く関わるからであった。墓地問題は、三・一運動に結びつく反発の大きな要因の一つであった。

朝鮮には墓地にまつわる土着的信仰が存在した。風水に基づいた吉地信仰と、宗族儀礼・祖先崇拝の基盤としての土葬信仰である。朝鮮総督府は、土葬の慣習について、「多年濫葬ノ風ヲ為シ或ハ国土ヲ荒廃シ或ハ公衆衛生ニ障害ヲ及ホシ或ハ家産ヲ傾ケテ塋域ヲ争フ等之ニ伴フ弊害極メテ甚シキモノアリ」（『朝鮮総督府施政年報』一九一七年、三一三頁）と否定し、「墓地火葬場埋葬及火葬場取締規則」を一九一二年に制定して、火葬への転換を図ろうとした。また、火葬を一般化するに当たって、よほどの家系（爵位を持つ朝鮮貴族）か、特別の事情が無い限り墓地の新設を禁止、公共団体が経営する共同墓地に火葬することを定めた。

火葬・共同墓地に一元化しようとする施策は、ほんの一握りの親日派を除き、「伝統」的な埋葬文化を生きてきた朝鮮社会に重層的な反発を惹起し、三・一独立運動の大きな要因の一つになった。そのため、一九一九年九月三〇日には私設墓地を届出墓地・許可墓地の二種類に定める前記規則の「大改正」に至った。

ところで、火葬・共同墓地への反発と私設墓地への願望が三・一独立運動の社会的原動力の一つになったこともあり、従来は私設墓地＝朝鮮人の伝統的埋葬文化と画一的に位置づける見方が強かったが、三・一運動後の植民地主義が一部私設墓地を認めていくその内容を視野に入れると、墓地慣行の「伝統」は朝鮮社会において一枚岩ではなく、植民地支配に適合的な「伝統」と排斥される「伝統」に分別されていったことが浮き彫りになる［李相旭二〇〇七］。すなわち、従来朝鮮社会で「伝統」的な葬法といえるものは、「正礼的葬法」＝宗山を有し朱子家礼に従う葬法、「変礼的葬法」＝全羅道に多い朱子家礼にはない草墳葬（一種の洗骨葬）、「民衆的葬法」＝草墳葬という三種類が存在し、士族層の中に前者二つの位相が存在したが、一九一九年における規制の大改正のなかで、由緒ある家を中心とした「正礼的葬法」が私設化され、「正礼」が伝統として承認される一方、草墳をめぐる「伝統」的諸慣行＝土着信仰は抑圧されたのである。

こうした視点は、植民地主義と「伝統」の差別的な再編関係を浮き彫りにするだけでなく、植民地主義と一部上層階級の朝鮮人とのバーゲニングが多数の民衆の埋葬慣習を抑圧する暴力性を孕んでいたことを示唆するものである。

5　迷信打破と朝鮮民衆

民衆の土着的な信仰を統治者は秩序を紊乱させる「迷信」と呼ぶ。朝鮮総督府朝鮮嘱託として朝鮮の民間信仰について調査した村山智順は、「墓地風水信仰」「鬼神信仰」「新都信仰」を朝鮮の土着的信仰と位置づけた。墓地風水信仰は、前述した複数の葬法慣習を規定づける「吉地獲得」の欲求であり、鬼神信仰とは、生活の障害となるものを恐れ免れんとする除災的信仰である。鬼神の種類は、天上・空中・地上・水中、無数に所在するとされた。新都信仰は、易姓革命的な終末思想『鄭鑑録《チョンガムノク》』信仰のことである。

村山智順は、民衆の思考を規定する民間信仰の基礎は「除災招福」にあり、民衆の安心の基礎は理性の満足よりも感情の満足にあるという。政府がそれを秩序紊乱の要因と見なし弾圧すれば、却って信仰心の強化につながり逆効果であり、統治者にとって厄介な存在であった〔「民間信仰と犯罪対策」『朝鮮総攬』〕。村山が民間信仰の力を恐れたのは、日本が「迷信打破」を強化し、却って反発を惹起したことの裏返しでもあった。

朝鮮と日本では民衆の「迷信」に対する対応で違いがあった。儒教的支配のもとでは、風教維持に反すると見なされる土着的信仰は野蛮と見なされつつ、取締りにおいては厳しい統制はなるべく回避され、文治的な教導を柱にして、民衆の生活諸慣習に対して比較的寛容性があった。それは朱子家礼にそぐわない変礼的葬法が在地社会のレベルで事実上容認されてきた点にも表れている。開化派官僚の中で合理主義的な勤倹思想と進歩主義的思考が広まると、迷信の打破を厳格化しようとする動きが強まったが〔崔吉城一九九〇〕、それでも民衆は末端警察に支配層から悪習と規定された諸慣習を、したたかに庇護するよう期待し、末端警察も「大事」には厳罰で対処し、「小事」には寛容であった。

しかし、日本は民衆の日常生活に過剰な介入をし、日本の考える「文明化」にそぐわない民衆の生活諸慣習〔民間信仰・賭博など〕には「小事」にも介入し、朝鮮人警察官の淘汰を強化した。その結果、朝鮮の人情・風俗に通じる朝鮮人警察官でなければ、秩序維持は出来ないという心情が植民地化過程で出てくるようになった〔愼蒼宇二〇〇九〕。

慣れた生活諸慣習を抑圧された鬱屈したエネルギーは、三・一運動で爆発した。日常の憂さを晴らす賭博・酒・石戦、徐災招福のための巫覡信仰、祖先崇拝と墓地・吉地信仰、着なれた白衣を着る慣習など、植民地官僚や知識人から「迷信」としてその打破が目指され続けた慣習は、戦争末期に至るまで大きな力を民衆世界で持ち続けることになる。

Ⅲ　三・一独立運動の歴史過程

本節では朝鮮三・一独立運動について論じる。「はじめに」で述べたように、①国際社会と民族運動、②日本の「国民国家」と植民地支配、③包括的な民族運動の形成と展開、という三つの次元からアプローチする。

簡単に概略すれば、①三・一独立運動は、「民族自決」の時代における、東アジア最初の民族独立運動であったが、列強諸国には重視されなかった、②三・一運動は日本の諸階層に衝撃を与え、朝鮮に対する対応にも大きな影響を与えた、③三・一独立運動は、全民族的な規模の運動であると同時に、知識人・民衆との違い、地域による違いを内包した複合的な運動であり、三・一運動の指導層の一部からは、その後「親日派」が形成されるようになった、ということである。②は主に次章の大正デモクラシー・文化政治のところを参照していただくとして、本章では①③を中心に述べていくことにする。

1　民族自決の機運と現実

一九末〜二〇世紀初頭の世界は帝国主義の時代であり、列強の領土獲得・無差別戦争は植民地、あるいは領土問題に揺れる地域において反帝国主義的な民族運動を勃興させるに至った。加えて第一次世界大戦は、連合国側・中欧諸国側双方によって植民地出身者を兵士として戦争に駆り出して多くの犠牲を出しており、植民地出身者が求める独立の要求に一定妥協する必要性に列強は迫られた。

さらに、ツィマーヴァルト運動の中にいたレーニンが一九一七年一一月ボリシェヴィキの政権を獲得し、「平和に関する布告」の中で無併合・無償金・民族自決の原則に基づく交渉による講和を提言した。それに対抗する形で、一九一八年一月にアメリカのウィルソン大統領が公海の自由・秘密外交の廃止・民族自決などから構成される有名な「一四か条」を表明する。こうした民族自決をめぐる国際政治の動きは、後述するように朝鮮社会にも広がり、三・一運動を展開させる大きな原動力となった。

しかし、帝国主義諸国にとっての民族自決は、被抑圧民族の望むそれとは全く異なるものであった。一九一九年一月一八日に行われたパリ講和会議では、ロシア革命やその他の革命運動に具体化された「ボリシェヴィズム」に対する防壁、あるいはドイツに対する安全保障という意味で東ヨーロッパの民族自決が構想されたに過ぎず、非ヨーロッパ諸国に民族自決は適用されなかった。

また、中国を中心とした東アジア問題を国際的に解決しようとするワシントン会議がパリ講和会議の約三年後（一九二一年一一月一二日）に開かれたが、俗に言うワシントン体制はヴェルサイユ体制の東アジア版であって、アメリカが自らの指導の下に中国を巡る列強の対立を調整、列強の既得権益を守り、自らの経済的進出をはかれる条件をつくる、東アジアの諸民族の頭ごしにつくられた列強間の妥協に過ぎなかった。

ウィルソンの民族自決は、自治能力を持った文明民族であるとウィルソンがみなし、しかもその独立が世界の平和・アメリカにとって有益と見なされる場合承認する可能性があるというものであり、三・一運動だけでアメリカが朝鮮の独立を承認するということはありえなかった。アメリカ政府にとって朝鮮問題は基本的に日本の「国内問題」という評価であったのである［長田彰文二〇〇五］。

2　三・一運動への機運

三・一独立運動発生の直接要因は、主に三つある。第一に日本の植民地支配（武断政治）への不満と独立願望、第二に元皇帝高宗の死、第三に国際的な民族自決の気運（ウィルソンへの過大な期待など）である。

一九一九年初頭に高宗皇帝が亡くなったことも、三・一独立運動の大きな起爆剤となった。朝鮮では一九世紀以降の民衆運動を通じて、階層を超えて国王幻想が広まっていた。高宗皇帝の死をめぐってさまざまな風説、例えば世子と日本の皇族との結婚に憤慨して服毒自殺を遂げた、あるいは売国人士による毒殺といった風説が流布され、総督府は脳溢血による死亡と発表したが、「上下一般驚愕」といわれるほど、朝鮮社会が大きな悲しみに覆われ、二〇万人がソウルに上京、哀悼服喪するだけでなく、全国でも望哭式が展開された。高宗の死を哀悼する作業を通じて、「民族感情の一致」といわれるほどの空気が形成されたのである〔趙景達二〇〇二〕。

【コラム❷】武断政治と『鄭鑑録』信仰

武断政治に対する民衆の不満は終末思想の新たな展開という形で静かに広がっていった。朝鮮の終末思想たる『鄭鑑録《チョンガムノク》』が再び流行し始めたのである。

例えば、青林教は異端東学の系譜で多神教でありながら、「玉皇上帝」「七星聖君」などとの直接的感応を目指そうとする神秘主義的宗教で、東学教徒、天道教徒、旧一進会会員を中心に王朝国家＝「祖国」回復を目指したが、そこでは「大聖人」の出現による徳の政治回復という、予言書『鄭鑑録』の影響を見て取ることができる。一九一七年頃には終末が到来して日本王朝が打倒され、青林教のみが鄭真人の出現で救済されると布教した。

また、姜一淳《カンイルスン》が創始した、後に普天教となるフンチ教（甑山教）も東学の影響を受けながら独自の終末思想を展開した。李王家が絶滅した後、世子（英親王）を朝鮮国王に哀願して国権回復を果たし、回復後、教徒は重用されるという、『鄭鑑録』を利用した国権回復の論理を標榜して多くの信者を獲得したのである。

このように皇帝崇拝を残しながら、それに代位する易姓革命の真人信仰が復活の兆しを見せ、終末と救済を求める素朴な民衆のナショナリズムの土壌（民俗的信仰と民族意識）を提供したのである〔趙景達二〇〇二〕。こうした土壌は三・一独立運動の民衆的展開を支える基盤になったといえる。

国外でも民族運動と国際連携の形成を通じて、民族独立の機運が高まった。一九一八年一一月に上海で呂運亨《ヨウニョン》とウィルソンの特使クレインの会談が行われ、独立への支援が表明された。呂等によって結成された上海新韓青年党は、パリ講和会議に代表金奎植《キムギュシク》を派遣すると同時に綱領を発表し、独立・人類平等・世界大同を掲げた。彼等は孫文ともつながり、上海臨時政府創立に向けて動き出していった〔姜徳相二〇〇二〕。これらの動きは、間島、ウラジオストックでのロシア革命を評価する民族運動指導者とも連携を深めていくことになった。こうした国外での動きも広義の三・一独立運動といえるものである。

3　民族代表とその思想

ウィルソンの民族自決が広まると、宗教者と知識人のあいだで独立宣言書発表に向けた動きがはじまった。一九一九年二月八日には東京ＹＭＣＡで李光洙《イグァンス》が起草した独立宣言書が発表され、宣言書は警察の監視を潜り抜けて学生服のなかに隠して海を渡った者によって朝鮮半島に伝えられ、一九一九年三月一日には後述する三三人の民族代表が署名した**三・一独立宣言書**（史料２）が全国に発送された。

二つの独立宣言書には、共通した論理を見出すことができる。まず、侵略主義・強権主義が明確に否定され、「正義、人道をもって世界を改造するこの時にあたり」（二・八）、「威力の時代は去りて道義の時代が来たれり」（三・一）という形で、ウィルソンの民族自決が正義の時代の到来として楽観的に受け入れられている。第二に、信義による東アジア連帯を標榜する崔益鉉《チェイッキョン》、安重根《アンジュングン》以来の「東洋平和論」を基軸に、それを威力＝暴力でゆるがせにする日本への批判が展開されている。

しかし、二・八宣言の「決議文」と三・一独立宣言書の「公約三章」のあいだには大きな違いがある。それは暴力に対する起草者の認識である。「決議文」では、もし日本が朝鮮青年独立団代表の独立要求に応じなければ、「わが民族は日本に対し永遠の血戦をなすのみ」と対抗暴力の発動を示唆しているが、公約三章では「決して排他的行動に逸走してはならない」「一切の行動はもっとも秩序を尊重し」と対抗暴力の行使を否定しているのである。これをガンディの非協力・不服従を伴う非暴力主義と比較する見方があるが［朴慶植一九七六］、朝鮮の民族代表の暴力批判の矛先はむしろ民衆に向いており、徹底した不服従を構想し民衆を信頼するガンディのそれとは似て非なる部分が大きかった［趙景達二〇〇二］。

実際、三・一独立宣言書の民族代表三三人は朗読後自首してしまった。その後、パゴダ公園で代表を待っていた群衆の独立万歳示威運動が拡大、暴動へと展開していくことになるのだが、孫秉熙《ソンビョンヒ》や崔麟《チェリン》は民衆の暴動を恐れて非暴力を標榜した面があった。また、逮捕後の三三人の民族代表の行動とその後の植民地下での行動を展望してみると、確固たる独立志向を持たず、中には「親日派」としてアジア・太平洋戦争の時期には戦争協力していく者も出てくる「背理」の民族代表と、「親日派」を批判して独立志向を貫く代表に二分化されていったことがわかる。

東学第三代教主であり天道教創始者である孫秉熙は韓国併合に対する感想も「賛成でも不賛成でもなく中立」と述べており、天道教幹部である崔麟・呉世昌《オセチャン》も類似した姿勢であった。彼等は独立と自治のあいだで葛藤をしたが、崔麟は仮釈放後、宋鎮禹《ソンジヌ》等と朝鮮社会から支持の低い自治運動を展開、総力戦期には親日派へと「転落」した。独立宣言書を起草した崔南善《チェナムソン》や二・八宣言を起草した李光洙も同様の道を歩んでいった。

他方、三・一運動後も徹底した独立志向を貫いた民族代表もいる。その代表的存在といえる韓龍雲《ハンヨンウン》は、獄中で「朝鮮独立の書」を書き、総力戦体制期にも「親日派」を批判した。権東鎮《クォンドンジン》も併合不賛成であり、独立を志向し続けた。しかし、この二人でさえ、民衆を信頼せず、三・一運動の際には民衆の「愚昧」＝暴力を迷惑視した［趙景達二〇〇二]。

このように、三・一独立運動は最初から民族代表とその後運動を展開していく諸階層の間で大きな齟齬を抱え込んでいたのである。

4 三・一独立運動の展開

三・一独立運動はソウルや釜山・平壌などの都市でほぼ同時に起こった。続いてキリスト教・天道教関係民族代表の出身地である朝鮮半島北部の諸地域に広がり、三月一〇日前後にはほぼ全国に波及していった。独立宣言書は全体で数十万、数百万刷られ、宗教団体や私立学校生徒などがその伝達と運動の展開で大きな役割を果たした。他方、後述するように、農村ではソウルの騒擾や高宗の国葬が伝聞として伝えられ、都市とは異なる様相を帯びた自律的運動が展開されていった。運動自体はその後三ヵ月続くことになる。

ソウルでは三月一日に民族代表が自首した後、パゴダ公園から学生を中心に太極旗を先頭にして独立万歳の示威運動が広がっていった。三～四日は高宗の国葬が営まれたが、その後も示威運動は続き、憲兵警察に厳しく弾圧された。その結果、運動はかえって暴動的様相を帯びるとともに、学生は同盟休校、商人は閉店示威＝「撤市」という朝鮮王朝時代から存在する伝統的な示威運動、労働者・職工はストライキを展開した。民衆の暴力行使の対象は、面事務所・電車、憲兵派出所などであったが、特に駐在所と面事務所に民衆の憎悪は集中した。

憲兵警察の駐在所はいうまでもなく武断政治の象徴であり、派出所襲撃・破壊や衝突が相次いだ。総督府は義兵弾圧の時と同様に、文治的に秩序回復を行おうとはせず、基本的に軍事・警察力による示威と弾圧によって運動を収束させようとしたため、さらに暴力は激しさを増し、巡査の惨殺や朝鮮人巡査補の乱打などの事件も起こった。また、面事務所や面長宅が襲撃・放火され、面長が拉致されたり、書類の焼棄が行われたが、それは面事務所が末端行政機関として徴税等の職務を担い、民衆の怨恨の対象となったからであった。

とはいえ、武断政治下における厳格な「刀狩り」（銃器・刀剣類の団束）の影響で、三・一運動における民衆の暴力の手段は、鎌・棍棒・鋤・鍬・ナイフ等を凶器とし、瓦礫で投石するなど限定されたものにならざるをえなかった。

5　農村での三・一運動の展開とその政治文化

他方、農村部では独自の異なる独立万歳運動が展開された。それは一九世紀後半以降本格化した民衆運動の政治文化に基づいて展開される様相を帯びた［趙景達二〇〇二］。

その特徴をかんたんに整理すると、第一に、教養と人格を備えた徳望家の両班を立てた村落運動として展開された点であり、第二に、地方では独立宣言をめぐる情報が流言と化し、独立を前提とした祝祭的騒擾にまで発展するケースがあった点である。それは、「最初は平和的に万歳、もうその末端のほうは朝鮮側でも本当に独立したものと思って、それをお祝いのつもりでやった、地方はね。上部のほうはちゃんと目的あってやったんでしょうけれども、末端のほうの命令は、朝鮮は独立されたんだと、そのお祝いだというつもりで回ったんですね」（「日本統治下の朝鮮民族運動」〈『未公開資料　朝鮮総督府関係者録音記録（四）』東洋文化研究五、二〇〇三年三月、三六七頁〉）と総督府官僚が振り返っているところにも表れている。

第三に、万歳運動の多くは伝統的な作法に基づいて展開されていた。運動は場市での飲酒から出発し、人々の酩酊状態を伴いながら祝祭のように騒擾が展開されていくケースや、夜間に烽火を挙げる示威や篝火行進、山に登って官を侮辱する山呼といわれる民俗慣行が見られたのである。第四に、日本軍・官憲に弾圧された犠牲者への喪の作業として運動がさらに広がっていった点である。一九一九年四月三日に全羅南道南原では弾圧による死傷者が発生した。すると、「一般民ハ之ヲ独立運動ノ犠牲的代表者トシテ満腔ノ同情ヲ寄セ、葬儀費等ハ各里民之ヲ負担シ、盛大ナル葬儀ヲ執行セントシ、甚シキニ至リテハ、銘旗ニ『義勇ノ柩』ト記シ、或ハ義捐金ヲ募集セントスルカ如キ挙動アリシヲ以テ厳重警告ヲ與ヘ、中止セシメタル事実アリ」という不穏な動きが広がった。それだけではなく、「又死亡者ノ遺族ハ一般民ノ同情アルヲ奇貨トシ益激昂シ、埋葬ニ当リ官憲カ殺害セシ者ニ対シ埋葬ノ認許ヲ受クル必要ナシ等不穏ナ言辞ヲ弄シタルヲ以テ、其不心得ヲ諭シ手続ヲ履行セシメタルコトアリ」(朝鮮憲兵隊司令部編『朝鮮三・一独立騒擾事件』巌南堂書店、復刻、一九六九年、一三八頁、句読点は引用者。以下、『騒擾事件』と略記)とあるように、武断政治下で行われた評判の悪い「埋葬許可制」を無にしようとする動きさえ現れたのである。

6 三・一独立運動における民衆の「心情」

こうした三・一運動の展開を規定した民衆の「心情」はどのようなものであったのだろうか。大まかに整理すれば、そこにはいくつかの特徴がある。

まずは、伝統的な慣習・礼式破壊への反発である。すでに述べたとおり、共同墓地制・埋葬許可制と火葬に対する両班層を中心とした反発は大きく、天安郡守主催官民懇談会では朝鮮人有力者五六名が参会して、「吾等朝鮮人ハ尊族崇拝ノ念最深ク、父母墓地ノ如キ萬般ノ事情ヲ顧ミス、其ノ地ヲ選定シ子孫ノ繁栄ヲ希フ慣習アリシニ、新政以来共同墓地ニ関スル規則発布セラレ為ニ、吾等ハ一朝ニシテ久シキ旧慣ヲ打破セラレ、最尊フヘキ父母ノ死体ヲ地勢極悪ナル共同墓地ニ埋葬スルハ甚タ遺憾トスル所ナリ。将来ハ自己所有山アル者ニ対シテハ、其山ニ埋葬スルモ差支ナキコトニ改メラレタシ。是吾人少数者ノミノ意見ニアラスシテ朝鮮人一般ヲ通シテノ希望ナリ」(『騒擾事件』、一三二頁)

という意見を表明している。平安北道でも、「日常ノ生活ハ一ニ法規ニ依テ律セラレ、為ニ願届ヲ要スルモノ多ク煩累ニ堪ヘス。殊ニ死者アリタル場合ノ如キ家族ハ悲哀ノ裡ニアリテ、尚診断書ニ埋葬願ニ種々ノ費用ト手続ヲ要スルハ貧者ニ於テ一層苦痛トスル所ナリ」(『騒擾事件』一七九頁)とあるように、貧困層に一層の負担を感じさせる埋葬許可制への批判は高かった。

また、林野の統制に対する反発も顕在化した。陜川郡では朝鮮は既に独立したため、日本の法規は効力無効であり、林野の官民有の区分消滅したがゆえに林産物の採取等は勝手であると称する行動が確認される(『騒擾事件』一五九頁)。

第二に、三・一運動のなかに、『鄭鑑録』のような終末思想に裏付けられた独立万歳の論理を確認することができる。例えば、京畿道交河地方では、「鶏龍山ノ岩中ヨリ一枚ノ紙現ハレ、陰二月一五日(陽暦三月一六日:引用者注)ハ万歳ヲ唱フル日ニシテ、十回唱フレハ一家ヲ保チ、二十回唱フレハ祖国ヲ復シ、此ノ趣ヲ書シ二枚伝フレハ一身ヲ保チ、八枚伝フレハ忠臣孝子トナリ、之ヲ伝ヘサレハ天罰ヲ受ク云々ト記シアリタリトノ迷説流布セラレ、之ヲ信シテ万歳ヲ高唱セシモノアリ」(『騒擾事件』一一九頁)との報告がなされている。鶏龍山とは『鄭鑑録』にある、鄭氏来迎の聖山である。

興味深いのは、『鄭鑑録』信仰がウィルソンの米国を朝鮮独立の救世主と見なしうるか否かの判断材料にもなっていた点である。ウィルソンが飛行機で朝鮮に飛来し、朝鮮の民族独立を助けてくれるという流言蜚語によって、北漢山に民衆が毎日のように登って飛行機が来るのを待つ現象が見られた一方で(「三一事件後の朝鮮に赴任して(秘話体験談)」〈前掲『未公開資料　朝鮮総督府関係者録音記録四』、二八六頁〉)、全羅北道群山地方では『鄭鑑録』にあるなどの字句「殺我者小頭無足」はアメリカのことを指しており、アメリカの扇動にのると朝鮮は滅亡するという説が流されていたことが確認される(史料3)。

第三に、下層民のなかに平均主義的世界像が見られる点である。忠清南道の下層民階級においては、「今尚独立万歳ヲ高尚スル者アルカ彼等ノ間ニハ朝鮮ハ既ニ独立セリ而シテ大統領選出ノ暁ニハ国民全般ニ渉リ財産ノ均分ヲ得ラルヘシト称シ稍共産主義的言辞ヲ弄スル者アリ」（『騒擾事件』一五二頁）と報告され、全羅南道潭陽郡では民族独立と財産平等を「無上の幸福」とする言辞が見られたという（『騒擾事件』一四〇頁）。こうした心情は、顕在化した地域性も含め、東学的な平均主義の延長線上で捉える事が出来るのではないだろうか。他方で、両班・儒生は両班社会の復権（平等は不可）を志向する傾向があった。

第四に、武断政治への反発である。とりわけ、墓地問題・武断農政・重税に対する批判は大きく、各地で土地に適さない桑苗を強制的に配布して、代金を強制徴収した農政や、地税に加えて、日常生活に必要な酒・煙草・自家用家畜の屠殺にまで課税がされたことなどに対する苦痛が三・一運動への大きな原動力となった。

おわりに

三・一独立運動の広がりに対し、憲兵警察、各地駐屯の日本軍による過酷な弾圧が加えられた（第一九・二〇師団）。朝鮮人の被害者数について、総督府側の統計は死者三六〇名としているが、朴殷植のまとめた情報によれば、死亡者七五〇九名、被傷者一万五九六一名、被囚者四万六九四八名にのぼる（朴殷植『朝鮮独立運動の血史』二、東洋文庫、一九七二年、五五〇頁）。

弾圧には在住日本人の団体（防衛団）も参加し、四月四日に原敬内閣は「断固たる処置」を名目に、歩兵・憲兵の増派遣を行った。その過程で日本軍はさまざまな虐殺事件を引き起こした。特に水原郡堤巖里の教会における虐殺事件は有名である。

三・一運動の衝撃は、日本に植民地統治のあり方の転換を促すことになった。いわゆる武断政治から文化政治への転換である。とはいえ、武断政治とは、あくまで後に文化政治を推進した文治派によって定義づけられた政治概念である。文化政治の詳細については第二章を参照いただくとして、簡単には憲兵警察制度から普通警察制度へ、比較的上層の朝鮮人の言論・宗教の「自由」の許容など、民族主義の高揚に対する多少の配慮が加わった政治である。しかし、支配観の根幹は武断政治から根本的に変わっておらず警察力も却って拡大している。優遇される余地のない大半の朝鮮民衆から見れば武断政治も文化政治も同質の明確峻烈な権力体であったと見るのが妥当と考える。

日本の支配層は朝鮮という「他者」からの批判に対し、根本的な自己批判を可能とする論理を持たなかった。長谷川の認識に示されたように武断政治は朝鮮王朝に比べ「進歩」と認識され、文化政治も武断政治に比べ「進歩」と認識される。方法の多少の転換はあれ、遅れた朝鮮を進歩に導くのは常に皇国であるとされるのである。総督府官僚穂積真六郎は武断政治を「俺についてくりゃよくなる政治」、文化政治を「説明してわかった上でついてこさす政治」と述べているが（「日本統治下の朝鮮民族運動」〈『未公開資料　朝鮮総督府関係者録音記録四』〈『東洋文化研究』五、二〇〇三年三月〉）、両政治は日本の支配によって朝鮮がよくなるという、「恩恵」的文明化論が共通の前提である。つまり、朝鮮人の独立を認める論理が存在しないのである。

「恩恵」的文明化論は、斎藤実の言葉にならえば「皇化」という名称になる。「皇化」の特徴は、第一に徹底して独立は認めないという点、第二に「文明」側を疑う論理の不在である。日本の文明賛美は、常に「野蛮」な朝鮮を従属的な位置に置く、すなわち内地と外地の序列化・差別化によって成立する。ここには朝鮮人を徹底して「異化」（差別化）すると同時に帝国臣民として「同化」させるという矛盾があるように見えるが、「同化」も朝鮮人が帝国臣民と同等のレベルになれば差別解消するという論理であり、そこには永久に埋められない朝鮮の「遅れ」を一等国日本が叱咤し続ける「異化」の論理が不可分に埋め込まれている。第三に植民地権力が創出しようとする秩序の敵に対する徹底した厳罰主義である。例えば、斎藤総督の諭告（一九二〇年六月一〇日）を見てみると、一視同仁の大義のもとに「文明的政治の基礎」を確立せんと強調するが「不逞の徒」が人心を惑わし公益を阻害すれば厳罰に処す、と明確に闡明している。このように、「武断」と「文明化」は武断政治であれ、文化政治であれ、植民地主義にとって不可欠の両輪だったのである。

史料

(1) 釈尾東邦「長谷川総督と語る」

「内地のやうに政治を望むのは無理だぞ、君等は明治の御世に生まれたので何でも民権とか自由とか云うて居るが、わし等は徳川時代の末に生まれた者で、随分圧制政治には慣れたものだ、明治に入つても人民の自由とか何とか云ふことは二十年後の話で、明治二〇年頃迄は随分圧制でやつたものだぞ、民権とか自由とかを唱ふる者は有無を言わせず牢にぶち込んだものだ、朝鮮はまだ徳川時代から明治の初年に遷りかけた頃の時代であらうと思ふのー、まだ自由とか民権とは云ふのは早いぞ、殊に朝鮮人と云ふ人間は言はして置くとどんなことでも言ひ出すからのー、口は日本人よりは達者な方だから中々物騒だぞ」（朝鮮及満州社編纂『朝鮮之研究』一九三〇年、一六頁）。「別に圧制をやる考は無い、悪い奴はどしどしやつつけるし、善い人間は出来る丈保護する、悪いことはどしどし取締るし、善い事は可成助長して行くという方針だ」（同右、一六頁）。

（義兵のとき）「中には随分ヒドイ日本人もあった、平生から朝鮮人の怨みを買うて居つた日本人もその中には居つたらしい、五十か百かの小資本で俄に金持ちにならうと云ふような野心を持つのだから、どうしても無理な事や詐偽見たやうな事をする、どうも朝鮮の田舎に散在して居る日本人の中には質の善くないのが多くて困る、尤も京城でも今は紳士顔をして居る連中の中にも元を洗へば随分ヒドイのがあるからのー」「朝鮮人も随分悪いのー朝鮮人は日本人に比べると子供だとか、弟だとか云うて居るが、悪いことや嘘を付くことにかけては日本人より上手かも知れんのー、中々油断のならぬ人間が多いのー」（同右、一三～一四頁）。

（2）三・一独立宣言書

われらはここにわが朝鮮国が独立国であること、および朝鮮人が自由民であることを宣言する。これをもって世界万邦に告げ、人類平等の大義を克明し、これをもって子孫万代におしえ、民族自存の正当なる権利を永遠に有せしむるものである。半万年の歴史の権利によってこれを宣言し、二千万民衆の忠誠を合わせてこれを明らかにし、民族の恒久一筋の自由の発展のためにこれを主張し、人類の良心の発露に基づいた世界改造の大機運に順応し、並進させるためにこれを提起するものである。これは天の明命、時代の大勢、全人類の共存同生の権利の正当な発動である。天下の何ものといえどもこれを抑制することはできない。旧時代の遺物である侵略主義、強権主義の犠牲となって、有史以来千年をかさね、はじめて異民族による箝制の痛苦を嘗めてからここに一〇年が過ぎた。かれらはわが生存の権利をどれほど剝奪したであろうか。精神上の発展にどれほど障礙となったであろうか。民族の尊厳と栄光をどれほど毀損したであろうか。新鋭と独創によって世界文化の大潮流に寄与、補裨できる機縁をわれらはどれほど遺失したであろうか。

ああ、旧来の抑鬱を宣揚せんとすれば、時下の苦痛を擺脱せんとすれば、将来の脅威を芟除せんとすれば、民族的良心と国家的廉義の圧縮、銷残とを興起、伸張せんとすれば、各個人の人格の正当な発達を遂げんとすれば、憐れむべき子弟たちに苦恥的な財産を遺与せざらんとすれば、子々孫々永久、完全な慶福を尊迎せんとすれば、その最大急務は民族の独立を確実のものとすることにある。二千万人民のおのおのが方寸の刃を懐にし、人類通性と時代の良心が正義の軍と人道の干戈とをもって援護する今日、吾人が進んで取ればどんな強権でも挫けないものがあろうか、退いて事をなせばどんな志であれ、のばせないことがあろうか。

丙子修好条規以来、種々の金石の盟約をいつわったとして、日本の信のないことをとがめようとするものではない。学者は講壇で、政治家は実際において、わが祖宗の世業を植民地的なものとみなし、わが文化民族を野蛮人なみに遇し、もっぱら征服者の快楽を貪っている。わが久遠の社会の基盤と卓越した民族の心理とを無視するものとして、日本の少義を責めんとするものではない。自己を策励するのに急なわれわれには、他人を怨みとがめる暇はない。現在を綢繆するのに急なわれわれには、宿昔を懲辨する暇はない。今日われわれがなさなければならないことは、ただ自己の建設だけである。決して他を破壊するものではない。厳粛な良心の命令によって自家の新運命を開拓しようとするものである。決して旧怨および一時的な感情によって他を嫉逐、排斥するものではない。旧思想、旧勢力に束縛され日本の為政者の功名心の犠牲となっている、不自然でまた不合理な錯誤状態を改善、匡正して、自然でまた合理的な正経の大原に帰そうとするものである。当初から民族的要求としてだされたものではない両国併合の結果が、畢竟、姑息的威圧と差別的不平等と統計数字上の虚飾のもとで、利害相反する両民族間に永遠に和合することのできない怨恨の溝を、ますます深くさせている今日までの実績を見よ。勇明、果敢をもって旧来の誤りを正し、真正なる理解と同情とを基本とする友好の新局面を打開することが、彼我の間の禍いを遠ざけ、祝福をもたらす捷径であることを明知すべきではないか。憤りを含み恨みを抱いている二千万の民を、威力をもって拘束することは、ただに東洋永遠の平和を保障するゆえんでないだけでなく、これによって、東洋安危の主軸である四億の中国人民の日本に対する危懼と猜疑とをますます濃厚にさせ、その結果として東洋全局の共倒れ、同時に滅亡の悲運を招くであろうことは明らかである。今日わが朝鮮の独立は朝鮮人をして正当なる生活の繁栄を遂げさせると同時に、日本をして邪道より出でて東洋の支持者としての重責を全うさせるものであり、中国をして夢寐にも忘れえない不安や恐怖から脱出させるものである。また東洋の平和を重要な一部とする世界の平和、人類の幸福に必要なる階梯となさしめるものである。これがどうして区々とした感情の問題であろうか。

ああ、新天地は眼前に展開せられた。威力の時代は去り道義の時代がきた。過去の全世紀にわたって練磨され、長く養われてきた人道的精神は、まさに新文明の曙光を人類の歴史に投射しはじめた。新春は世界にめぐりきて、万物の回蘇をうながしつつある。速氷、寒雪に呼吸を閉蟄していたのが一時の勢いであるとすれば、和風、暖陽に気脈を振いのばすこともまた一時の勢いである。天地の復運に際し、世界の変潮に乗じたわれわれは何らの躊躇もなく、何らの忌憚することもない。わが固有の自由権を護り、旺盛に生きる楽しみを享けられるよう、わが自足の独創力を発揮して春風に満ちた大界に民族的精華を結紐すべきである。

われらはここに奮起した。良心はわれらとともにあり、真理はわれらとともに進む。男女老少の別なく陰鬱な古巣から活発に起来して、万民群衆とともに欣快なる復活を成し遂げようとするものである。千百世の祖霊はわれわれを陰ながらたすけ、全世界の気運はわれらを外から護っている。着手がすなわち成功である。ただ前方の光明に向かって邁進するだけである。

公約三章

一、今日われわれのこの挙は、正義、人道、生存、尊栄のためにする民族的要求、すなわち自由の精神を発揮するものであって、決して排他的感情に逸走してはならない。

一、最後の一人まで、最後の一刻まで、民族の正当なる意思をこころよく発表せよ。

一、一切の行動はもっとも秩序を尊重し、われわれの主張と態度をしてあくまで光明正大にせよ。

朝鮮建国四二五二年三月一日

朝鮮民族代表

孫秉熙　吉善宙　李弼柱　白龍城　金完圭　金秉祚　金昌俊　権東鎮　権秉悳　羅龍煥　羅仁協　梁甸伯　梁漢黙　劉如大　李甲成　李明龍　李昇薫　李鍾薫　李鍾一　林礼煥　林準承　朴煕道　朴東完　申洪植　申錫九　呉世昌　呉華英　鄭春洙　崔聖模　崔麟　韓龍雲　洪秉箕　洪基兆

（『騒擾事件』五〜九頁）

（3）「騒擾ト民心」

鄭鑑録ニ「殺我者小頭無足」ノ句アリ従来其ノ意味不明ナリシカ今回ノ騒動ニ依リ判明セリ即チ「米」ノ字ハ上下左右何レヨリ見ルモ同一ニシテ足ナク頭ノミナリ是レ小頭無足ナリ故ニ之ヲ現在ノ事実ニ当テ嵌ムレハ鮮人カ米国人ノ煽動ニ乗シ万歳ヲ唱フルモ何等ノ利益ナキノミナラス自滅ニ陥ルヘシトノ意ニシテ則チ我ヲ殺ス者ハ米人ナリ我々朝鮮人ハ今ニ於テ自覚セサレハ滅亡ヲ免レサルヘシトノ説盛ニ流布セラレツツアリ（『騒擾事件』一三九頁）

〈参考文献〉

小川原宏幸「日露戦争期日本の対韓政策と朝鮮社会」（『朝鮮史研究会論文集』第四四集、二〇〇六年）

海野福寿『伊藤博文と韓国併合』（青木書店、二〇〇四年）

小谷汪之『大地の子』（東京大学出版会、一九八六年）

板垣竜太『朝鮮近代の歴史民族誌―慶北尚州の植民地経験―』（明石書店、二〇〇八年）

大江志乃夫「山県系と植民地武断統治」（『岩波講座近代日本と植民地四　統合と支配の論理』岩波書店、一九九三年）

松田利彦『日本の朝鮮植民地支配と警察』（校倉書房、二〇〇九年）。

李鍾旼《イジョンミン》『植民地下近代監獄を通じた統制メカニズム研究』（延世大学校大学院社会学科博士論文、ソウル、一九九八年）

水野直樹『創氏改名』（岩波新書、二〇〇八年）

宮嶋博史『朝鮮土地調査事業史の研究』（東京大学東洋文化研究所、一九九一年）

〃「東アジアにおける近代的土地改革―旧日本帝国支配地域を中心に―」（中村哲編『東アジア資本主義の形成』青木書店、一九九四年）

李相旭《イサンウク》「植民地朝鮮と墓の系譜学―私設墓地問題の分析を中心に―」（『朝鮮奨学会学術論文集』第二六集、二〇〇七年）

〃「植民地朝鮮における林野所有権確定過程と墓地問題」（『朝鮮史研究会論文集』第四六集、二〇〇八年）

愼蒼宇『植民地朝鮮の警察と民衆世界』（有志舎、二〇〇八年）

崔吉城《チェギルソン》「迷信打破に対する一考察」（民俗学会編『衣食住・冠婚喪祭・民俗理論〈韓国民俗学叢書七〉』教文社、ソウル、一九九〇年）

長田彰文『日本の朝鮮統治と国際関係』（平凡社、二〇〇五年）

趙景達《チョキョンダル》『朝鮮民衆運動の展開』（岩波書店、二〇〇二年）

姜徳相《カンドクサン》『呂運亨評伝一―三・一独立運動』（新幹社、二〇〇二年）

朴慶植《パクキョンシク》『朝鮮三・一独立運動』（平凡社、一九七六年）

第二章　「文化政治」と朝鮮

李　省　展

はじめに

日本の植民地主義は義兵による抵抗運動を武力で封じ込め「韓国併合」を断行、強圧的な施策を次々と展開していった。軍事力と警察が一体化した憲兵警察制度を背景に、言論・集会・結社の自由は著しく制約され、朝鮮社会の健全な発展は大きく阻害されていった。また土地調査事業などにより、朝鮮内での階層分化が深化するとともに、会社令により朝鮮人資本家の発展は抑制され、日本人資本家・地主の利権が拡大していった。一九一〇年代の朝鮮は政治・経済環境が激変し、朝鮮語使用の規制、習俗を蔽風とするなど文化的な抑圧も加わり様々な矛盾が折り重なり、「武断政治」に対する民衆の不満が高まり、結局それが独立運動への大きな流れを形成していったといえる。

一九年の三・一独立運動は帝国日本の朝鮮統治に大きな影響を与えざるを得なかった。それは、独立運動を契機とした国内外からの「武断政治」に対する批判として表出することとなる。独立運動発生の経緯には、さまざまな要因が考えられるが、第一次世界大戦後の国際環境の変化にもその一因を探ることができる。パリ講和会議、ウイルソン米大統領の「民族自決主義」などにより、この時代はもはや、公然とした新たな植民地獲得を困難とするような雰囲気に満ちており、イギリス、フランスなどの植民地帝国も、直接統治から、より「文明的」とされる間接統治へと移行しつつある時代でもあった。植民地支配を合理化する「文明化の使命」という命題、その内実がより強く意識されたのである。したがって、三月一日より三ヵ月以上にわたり朝鮮全土で粘り強く展開された独立運動の発生と官憲による弾圧、夙に軍隊による堤岩里教会における天道教徒、キリスト教徒虐殺事件の全容が、ノーブル（W. A. Noble）、アンダーウッド（H. H. Underwood）などのアメリカ人宣教師による詳細な真相究明がなされ、軍隊による虐殺がアメリカ、イギリスの公使館など通じて世界へと発信され、西洋諸国からの批判を浴びることとなり、帝国日本の植民地支配そのものを揺るがす事態となった。

また日本国内からも朝鮮統治に対する疑念の声が挙がった。それは当時の藩閥政治から政党政治への移行と、デモクラティックな時代の雰囲気を反映したものでもあったといえる。三・一独立運動を契機として、吉野作造、麻生久らが黎明会で連続講演会を開催、また吉野は『中央公論』で如実に武断政治変更の提言をなしている。柳宗悦、三宅雪嶺などの一部知識人からも、「武断統治」に対する批判を展開するなどの動きを見せ、また京都大学教授の末広重雄は『太陽』で朝鮮自治論を主張した。帝国政府内でも「武断政治」の継続が困難であるという認識が急速に高まっていった。

したがって「武断政治」から「文化政治」への移行は、独立運動が帝国政府に与えた衝撃とともに、国内外からの日本の植民地支配の正当性に対する疑念より生じることとなったといえよう。

このような時代背景を踏まえ、本章では「文化政治」がどのようにして成立したのか、そしてその政策はどのようなものであり、植民地期の朝鮮社会にどのような影響を与えたのか、また変更された統治形態のもとでの朝鮮人の思想と行動を主として見ていくものとする。

Ⅰ 「文化政治」の成立とその本質

三・一独立運動後の八月一二日、第二代朝鮮総督長谷川好道は原敬首相により更迭され、第三代朝鮮総督として斎藤実が登場した。二〇日の植民地官制改変のもとで、朝鮮総督府官制において総督武官制を廃止したが、総督文官制が世論、議会から待望される中での、武官総督登用は、旧官制の規定によったために、現役の陸海軍大将でなければならなかった。しかし総督府の英文広報誌は海軍大将斎藤を日本におけるもっとも自由主義的で民主主義的な政治家として紹介している［李省展二〇〇六］。これは日本の植民地経営に対する海外からの批判を和らげる意図をもつものと考えられる。斎藤は後藤新平と同じく岩手県水沢の出身であり、海軍兵学寮で徹底した英語教育を受け、その語学力もかわれ、アメリカのワシントンで大使館付きの武官として赴任した経歴をもつ、幅広い見識をもつ軍人政治家であったということもまた事実である。同じ岩手県の盛岡出身の原敬は、カトリックの神学教育を受け、ジャーナリストの経歴も持ち、外務次官、内務大臣、そして一八年に首相に上り詰めた開明的な政治家であり、長州閥を打破し政党政治の確立に尽力した政治家であった。原は制度としての文民統治の可能性を切り開いた中心人物でもある。実際、原は韓国副統監、「併合」後は政務総監を務めた山縣伊三郎を総督にすることを考えていたが、山縣有朋の反対もあり、一挙に文官制に移行することを断念し、かろうじて陸軍大臣田中義一の勧めにより、陸軍閥を排して斎藤を抜擢したという経緯がある。

秋田県出身の水野錬太郎の政務総監就任要請は、武官制のもとでの政務総監職に消極的な内務大臣経験者の水野を困惑させ、当初水野は固辞したが、斎藤からの要請であることに加え、原首相からの朝鮮の現況は国務大臣級の人を要すると口説かれ、結果として人事権一任の約束を原から取り付け、政務総監親任を受諾することとなっている。水野錬太郎は政友会系で内務省官僚としてのキャリアが長く、内務官僚としては、総督秘書官に守屋栄夫、また警察関係者との関係も深く、赤池濃、丸山鶴吉、千葉了などの若手警察関係者を伴って朝鮮に赴任した〔松田利彦・やまだあつし二〇〇九〕。

先に述べたように「文化政治」の成立には、弁明的な要素が含まれている。水野の「統治方針」(「朝鮮行政」編集局編『朝鮮統治秘話』)にもそのことがよく表れている。水野はアメリカ本土、ハワイ、上海臨時政府など、朝鮮人の海外における独立運動の展開にも留意し、そして「日韓併合」時期尚早論、民族自決などの国内外の思想潮流にも言及している。しかし水野が統治方針の第一に掲げたものは「独立は許さないこと」であった。水野は「併合」当初より確立した国策であり、独立は絶対に許さないことを正確に宣明することが必要であり、曖昧な態度は示さないと言明している。

したがって「文化政治」の本質は、独立阻止を前提とし、その枠内で内外の要求を吸い上げ、朝鮮人の高まる不満を和らげ、その上で統治の継続を図るという、本質的には融和的、懐柔的な性格を持っていたといえよう。しかしながら場合によっては、強権的な体制へと戻りうる性格を有していたものといえる。このことは三七年の日中戦争勃発により、朝鮮半島は兵站基地化され、一挙に「皇民化政策」へと移行したことによっても明らかである。

しかし、朝鮮人の側からすると、独立運動は、独立は達成できなかったものの、各種の統治政策の変更を実現させるものであった。制限的であったにしても朝鮮文化の復権を達成し、相対的に自由な言論空間を創造することを可能にした。この「文化政治」期における朝鮮人の活発な文化・思想運動は、「皇民化政策」が日本の敗戦により比較的短期に終了したことにより、朝鮮の解放後への礎となったという側面も否めない。

Ⅱ 「内地延長主義」と普通警察制度の確立

原敬は「朝鮮統治私見」(『斎藤実文書』)を作成し、斎藤総督、水野政務総監に内示し、これに従って「文化政治」が展開されている。この「朝鮮統治私見」は「内地延長主義」と呼ばれ、朝鮮統治の原則として「内地人民を統治すると同主義同方針」が謳われており、文明の程度と生活の程度に内地との差があることを留保事項とし、「帝国領土の一部」として「内地化」を図りつつ、漸進的な「内地一体」化を目指すものであった。

この私見において、憲兵警察制度は従来から批判が多いことに言及したうえで、憲兵制度が徹底できないならばかえって不振をきたし、有害無益なものとなっていると指摘し、やむを得ない地方の外は、憲兵制度を改め、憲兵を廃して警察官に改め、内地と同様の制度に整備するよう提言している。これに従い普通警察制度へと改変した。これは一般行政機構から独立していた警務総監部・道警務部を廃止するものであり、総督直属の警務局が設置され、道知事に警察権が付与され、各道には、警察部が設置されている。

原がやむを得ない地方を想定しているように、独立運動後の治安対策は朝鮮統治において必須とされたのである。実際、独立運動後、大韓民国臨時政府が上海に設立され、国外における独立運動が活発化していた。特に国境近辺の中国東北部の満州、間島では武装独立運動が多発し、鴨緑江、豆満江を越え、行政機関を襲撃することもあった。二〇年には、吉林省汪制鳳梧洞と青山里で日本軍との戦闘が繰り広げられ、間島では朝鮮人虐殺事件が生起している。したがって普通警察制度が導入されたとしても、治安維持機能の低下は許されなかったといえる。警察力の減少をもたらさないように、「一府郡一警察署」、「一面一駐在所」が目指され、緻密な配置計画が実施され、警察官数も一九一九年の六三八七名から一九二〇年の二万一三四名へと急増しており、警察官は総督府所属官職員の半数以上を占めることとなっている。「内地」とは異なる大量の銃器の配備、軍隊的な訓練、民衆への監視体制の強化を特徴としていた［田中俊明二〇〇八］。さらに朝鮮軍司令官の宇都宮太郎との綿密な協議、連携の上で、治安維持対策が練られており、有事の際の軍隊の出動を可能とする体制が構築されていた［青柳綱太郎一九二八］。あくまでも暴力性を前提とした上での漸進的「内地延長主義」という制度面の同化が追求されていたといえる。

Ⅲ　協力体制の構築

朝鮮総督府は亀裂を修復し、統治の継続を可能にするために協力を取り付ける各種施策に努力を傾注した。三・一独立運動後の「参政権問題」にみられる、閔元植《ミンウォンシク》、沈天風《シンチョンプン》など一部朝鮮人が要求した自治や植民地議会の設置に関しては、地方制度の改革という、矮小化される形で二〇年七月に改正がなされた。これは当時イギリス、フランス、オランダなどが第一次世界大戦後に植民地議会を設置した世界の趨勢とは異なる動きである。日本の言論界は自治、朝鮮議会設置に関しての論評は限られていたが、『東洋経済新報』は総督を武官にするか文官にすることは枝葉末節なことだとして、速やかに自治を与えるほかないと論評している。また『太陽』においては末広重雄が「朝鮮自治問題」にふれ、同化の強行は愚行であるとし、朝鮮人の要求は「独立少なくとも自治である」と認めた。末広は帝国日本の安全という面からも「自治の結果政治的訓練を経て独立の能力が十分に出来た場合」、朝鮮人がこぞって独立を要望するならば独立を許しても差し支えないという論陣を張っている［姜東鎭一九七五年］。また総督府官僚の持地六三郎は辞職後すぐに意見書「朝鮮統治論」を斎藤実に提出しているが、イギリスの植民地統治を称賛し、末広と同様に同化政策を批判し、朝鮮議会設置論を展開した［駒込武二〇〇四年］。このように一部の知識人、官僚の自治または独立を許容する論議はあったものの、独立運動直後の政権中枢は、政務総監水野が指摘したように「独立は決して許さない」という立場に徹していたとみられる。

原敬の内地延長主義は、植民地を府県と同様の一地方として取り込もうというものであり、府県あるいは「四国、九州のごとき観を呈する域に到達」(大蔵省管理局『日本人の海外活動に関する歴史的調査』)させることを目指していた。原敬は、朝鮮人が総督府の圧迫を訴えることが甚だしいので、彼らに慰安の点でも一種の市町村制の制定として実施する、漸次に府県制まで達するという希望を持たせることが急務であると述べている。また国際世論の専制政治という批判をかわす意味で、諮問機関の設置を対外的な宣伝材料に用いた。政務総監の水野は諮問機関の設置は地方自治の一階梯であること、これが巧くいかないならば地方自治は施行できないと述べている。実際、総督府内では自治反対論が大勢を占めていた。高等法院検事局長の国分三亥は、自治論は独立へと発展するのは必至であるから絶対に認めないと述べ、総督府のブレインの阿部充家も独立運動直後は朝鮮人に関してはいかなる自治も与えてはならないとしている。地方制度の改革は道や府だけではなく、面にも諮問機関を設置するもので、府、指定面の諮問機関の構成員の選任に公選制が導入された。有権者は納税額で制限されていたため公選制が実施された道、府、指定面での人口は二六年の段階で朝鮮人が上回っていたものの、有権者数では日本人の方が三分の一程度上回っていた。「内鮮融和」が標榜されたものの、日本人優位の権力構造は維持されている。しかし府協議会員や指定面協議会員の選挙を通じて、設置された地方諮問機関が朝鮮人の上層、地主、資産家の多数を植民地権力の側に引き寄せることには成功している[糟谷憲一 一九九二]。また「武断政治」期には支配の網の目の外にあった、末端の洞里についても「模範部落」政策を展開し、制限的であったが、支配の内側へと取り込もうとしている。

一〇年に公布された「会社令」は、会社を設立する場合は、内地の届け出制と異なり総督府の許可を得ることを要求するものであった。二〇年の「会社令」の撤廃により、朝鮮人地主層の一部が企業経営者に転身していく過程が見られ、総督府の保護育成のもとで一部朝鮮人が産業資本家として成長した。東亜日報を設立した金性洙《キムソンス》とその一族はその代表的な例である、金は全羅北道の大地主出身であり、京城紡織を創立し、財をなし、民立大学設立運動などに参加し、後に普成専門学校の創設に尽力した。総督府はこの他にも、大地主であった漢城銀行頭取の韓相龍《ハンサンヨン》にも各種の便宜を与え保護育成をはかっている。

また宗主国に見られる原敬の政友会方式を踏襲した「地方エリート」への利益誘導政策をもとに、米騒動に見られる米不足を補う目的で産米増殖計画が展開されたのだが、二〇年より開始された第一次産米増殖計画は「戦後恐慌」により失敗し、緊縮財政下の二六年からの第二次産米増殖計画は増税により支えられたものであり、地主層に対する利益供与にはなったが、朝鮮農村を全体的に疲弊させることとなった。実際、二一年からの一〇年間で生産量は一・二倍になったが、朝鮮人の年間の米の消費量は二一年の〇・八石から〇・四石と半減した。「飢餓輸出」と称されるように、朝鮮米は日本の消費量の一五%前後を占めるようになった［許粹烈二〇〇八、田中俊明二〇〇八］。

二〇年代は上述したように総督府の政策により朝鮮人の協力体制を構築してく過程でもあったが、人材面でも様々な方面で、親日勢力の育成に腐心している。その最たるものは、職業的親日派の養成であった。彼らは総督府の巨額な機密費から俸給を受け取り、総督府の手先となって親日的な勢力の拡大を図った対日協力者であった。斎藤実は朝鮮統治の成否は親日的人物の確保であるとしている。親日派は親日世論の育成、親日団体の組織化、独立運動家の摘発、情報収集など広汎な活動を展開し、支配の維持と強化に貢献した。その中には閔元植、鮮于鍸《ソヌスン》など表面で活動したものと、表面には出ずに活動したものに分かれていたとされる。閔元植、高義駿《コイジュン》など「併合」前から親日派として親日団体に関連したもの、李寅秀《イインス》などの旧一進会系のもの、三・一独立運動前後に登場した柳一宣《ユイルソン》、鮮于鍸など、独立運動に関係してその後変節した、中泰鉉《シンテヒョン》、金義善《キムヒソン》など、二〇年代に登場し利用された盧正一《ノジョンイル》、朴錫胤《パクソギュン》などであった［姜東鎮一九七九］。柳一宣は日本の組合教会の牧師であったが、組合教会の朝鮮伝道の先駆者であった渡瀬常吉自身は総督府からの援助によって朝鮮伝道に従事していた。組合教会の朝鮮伝道は安中教会牧師の柏木義円により鋭く批判されている。

総督府は職業的親日派を利用し、親日団体の育成に努め、民族陣営の分裂を図った。閔元植の国民協会、反日的色彩の濃い平壌で活動した鮮于鎬の大東同志会、朝鮮人上層階級による大正親睦会、維民会、また儒生が中小地主であったことから、親日化の対象とされた、大東斯文会、儒道振興会であった。その他にも在日朝鮮人を対象とした相愛会などが存在した。このように、内地延長主義による政策展開とあわせて、朝鮮人の親日派育成により強固な協力体制の構築が目指された。そしてこれは、民族間の差異を利用し分断化を図った台湾統治とは異なり、階級を利用して民族の分断化を図る政策であったといえる［春山明哲一九九三］。

Ⅳ　民族改造論と自治論

二〇年代の民族主義運動は分裂を重ねていった。それは先に見たように総督府の懐柔政策との関連で理解されねばならない。この親日派育成政策は、独立から民族改造論、自治へと民族主義者を誘導し、さらに三〇年代になると「皇民化」へと一気に誘導していくこととなった。

李光洙《イグァンス》は東京に留学し、明治学院と早稲田で学んだ。神田の在日本朝鮮基督教会館で二・八独立宣言の起草に加わった李光洙は、朝鮮に戻り李昇薫の創立した五山学校の教員となり、また小説家として文壇で華々しく活躍したが、独立運動家から、民族改良主義者となり、最終的には香山光郎名で親日活動を展開しており、変遷を重ね転向した象徴的な人物像とされている。

李光洙は、上海臨時政府を離脱後の二二年、雑誌『開闢』に李春園の筆名で「民族改造論」を発表した。「民族改造論」において李は、民族改造の方法論を提示している。第一部では「民族改造の意義」と題して、なぜ、朝鮮民族に改造が求められているのか、を説明している。第二部の「民族改造というのは可能か」ではプロシアの例を引きながら、その可能性を検討している。第三部「改造の内容と方法」では朝鮮民族の改造を成し遂げるための方法を提示している。その中で、「約束を守り、経済的なものを重要視し、そして誠実に働くという道徳性がわれわれ民族にはないではないか。こういうものがない限り、独立後、絶対に事業を起こすことはできないし、教育も研究も、また政治もできない。だから、もし独立をするのであれば、それに向けての人物を養成しなければいけない」というようなプロテスタントのエートスにも類似した議論を展開し、民族を改造し、実力を養成したうえで、将来の独立に備えるという論理構造を有するものであった。また執筆中の二一年に李は修養同盟会を作っている。

李光洙は、独立運動を「無智蒙昧な野蛮民族が自覚なく推移していく変化の如き変化」と批判した上で「朝鮮民族衰退の根本原因は堕落した民族性にある……その腐敗した性格を放置すればいかなる努力をしてもすべてが失敗することは必至であるから、民族性の改造!これが吾人が生き残る唯一の道である」と述べ、「低劣な民族性を有している朝鮮民族」という否定的な民族観を「民族改造論」の前提としていた。このような民族性に関する李の否定的認識は、知識人としての民衆蔑視に当たるものであり、ある意味では朝鮮人の劣位を説く統治者の意図的な偏見を内面化しているともいえる。しかしそれゆえにまた、植民地主義の刻印はより複雑で深刻な問題を投げかけているといえる。このような李の「民族改造論」は民衆からの排撃を受け、李は東亜日報社からの退社を余儀なくされた。

当時の民族改良主義は、「民族性改造」「実力養成」「自治」からなっており、反独立・反社会主義という線にそって展開された。

李光洙は「民族的経綸」を『東亜日報』(二四年一月二日〜六日)に発表し「独立運動を日本が許容する自治運動へと転換」することを論じた。天道教新派の崔麟も合法的な範囲での政治・教育・産業の三大分野にわたる自治を主張し、隠密裏に東亜日報系グループと自治運動団体「研政会」を結成し、総督府もその育成を図ったが、自治論を利用した妥協的政治団体の結成は実現せずに、後にみる民族単一党・新幹会の結成をみることとなった[姜東鎮一九七九]。

V 朝鮮人による文化運動と社会改良運動

1 言論活動の活発化とハングル普及運動

先に述べた制度面での同化の「内地延長主義」とは異なり、文化面では一時的に異化の要素がこの時期に表出した。制度面での同化と、文化面での同化そして異化が共存する植民地空間が出現したといえよう。「武断政治」は、朝鮮語による言論活動は禁止し、集会結社の自由も著しく制約したが、「文化政治」のもとでは、制限的ではあったが、朝鮮語による言論活動が復活し、相対的に自由な言論空間での、文化運動が活発に展開された。

斎藤総督は、一九二〇年一月、『東亜日報』『朝鮮日報』『時事新聞』の民間新聞三社を許可した。その他にも『時代日報』、『中外日報』が続いた。

『東亜日報』は、朝鮮民衆の表現機関としての自任、民主主義の支持、文化主義の提唱を掲げ、発刊された。創刊辞「文化主義を提唱する」には次のように表現されている。

これは個人、社会の生活内容を充実するとともに豊富にする、すなわち富の増進と政治の完成と道徳の純粋と宗教の豊盛と科学の発達と哲学芸術の深遠奥妙である。言い換えれば朝鮮民衆をして世界文明に貢献させ、朝鮮江山を文化の楽園にすることを高唱するものである。このことが、すなわち朝鮮民族の使命であり生存の価値なるものであることと、思惟した。

中でも『東亜日報』は、総督府による統治の根本方針に対して批判的な傾向をもち、表面的には独立を掲げてはいないが、反語、隠語を巧妙に用いて、独立思想を鼓吹し、総督府の頭痛の種となった。しかし言論統制も厳しく、記事の削除、押収、発売禁止、発行停止などの処分が度々なされている。

月刊誌では新聞紙法に基づき、『開闢』が、出版法に基づき、『新生活』『新天地』『朝鮮之光』『東明』『東光』『三千里』『新東亜』などが発刊され、『農民』『農村』『朝鮮農民』『農民生活』『商工界』『産業界』などの専門誌、女性誌では『婦人』『新女性』『活婦人』『婦女世界』『女性之友』『女性時代』などが、少年誌では『子ども生活』『少年界』などが発刊されている。その他文芸では、初の詩専門誌の『薔薇村』さらに『詩村』『仮面』『朝鮮詩壇』、文芸誌では『芸術運動』、『習作時代』『大地』『文学』などが、左翼系では『無産者』『労働運動』『新階段』などがある。

また宗教系の雑誌には天道教系の『開闢』『曙光』『新女子』、キリスト教系では『基督申報』『我聲』『青年』『聖書朝鮮』などがあった。

またこの時期には、文化運動の一環として文字普及運動が展開されているが、キリスト教がこの重要な一翼を担っている。二一年一一月に朝鮮主日学校大会が開催され、四年ごとの大会が決議された。夏季児童聖経学校が最初に開催された二二年は、教師五名、学生一〇〇名であったが、一〇年後の三三年には、夏季学校数一一三九、学生数が一一万六〇〇〇を越えるまでになっている。「文盲打破歌」が唄われ、ハングルを歌で覚える工夫がなされた。

二九年に『朝鮮日報』は「知ることは力、学ぶことこそ生きること」という標語を掲げ、夏休みに帰郷した学生がハングル普及班を組織し、全朝鮮に散っていった。特に活躍した者には、報奨制度が設けられている。『東亜日報』は少し遅れ、三一年にヴ・ナロード運動を展開している。「民衆の中へ」というロシア革命前夜の民衆啓発運動の標語にならい文字普及運動を奨励、展開した。ヴ・ナロード運動は、後に当局の嫌疑を受け、「学生啓蒙隊」と改称、三三年の講習生は男性が一万四三五四名、女性一万二九九八名に上っている。運動は総督府に禁止される三四年まで継続した［趙容萬ほか一九八二］。

2　民立大学設立運動と専門学校昇格運動

大韓帝国期においては、朝鮮人の教育運動は私立学校が優勢な状況であった。大韓帝国政府が、国公立の学校教育体系を構築するよりも以前に、私立学校の設立が顕著であったからである。特に宣教師らによって設立された、ミッションスクールは、キリスト教系初等学校の設立と併せて、初等教育から高等教育までの一貫した教育制度を確立していった。その代表的なものが、ソウルの培材学堂、儆新学校、梨花学堂、平壌の崇実学堂である［李省展二〇〇六］。一九〇八年に大韓帝国政府から朝鮮最初の大学として連合崇実大学が認可され、翌年には梨花学堂にも大学科が設置されている。また保護国期においては愛国啓蒙運動が展開され、多くの民間人により私立学校が設立されていった。その代表的なものが、閔泳煥《ミンヨンファン》の設立した興化学校、李容翊《イヨンイク》の設立した普成専門学校であった。「韓国併合」当初は国公立の学校より数の面でも圧倒的に優位な状況が作られていった。朝鮮総督府は「朝鮮教育令」のもとで、「私立学校令」を廃し、「私立学校規則」により認可制を導入し、また「改正私立学校規則」による「宗教と教育の分離」政策により宗教教育を禁じ、植民地教育導入の一環として、宗教系ならびに一般私立学校の規制、弾圧に乗り出していった。

このような流れの中で民立大学設立運動は、愛国啓蒙運動で培われた実力養成論と三・一独立運動の精神を継承するものであったといえる。民立大学設立運動にいたる流れには三つの流れがあり、第一の流れは普成専門学校の流れであり、第二の流れは国債報償運動から発展した、尹致昊《ユンチホ》、梁起鐸《ヤンギタク》、南宮檍《ナムグンオク》、朴殷植《パクウンシク》などによる「第一次民立大学設立運動」である。第三の流れとして「学会」系の私立学校、畿湖学会が設立した畿湖学校とそれが発展した中央学校であった。この流れに加えて、朝鮮女子教育会、朝鮮青年会連合会などが加わっている。

二〇年六月に発足した朝鮮教育会は、朝鮮人の財力と努力による学校教育の振興を目指した。朝鮮教育会は二二年に総督府に認可され、朝鮮教育協会として発展していき、民立大学設立運動の母体となっていく。総督府はこの動きに対して、東洋大学の分校設立案を提示するが、朝鮮教育会は反対を決議した。『東亜日報』は二〇年九月一〇日から教育振興論を展開、その中で、京城、大邱、平壌に完全な大学の設立を要求する。それへの対応として総督府は、京城医科専門学校の大学昇格案などを提示するが、朝鮮教育令に大学の規定がないことから、先送りされた。総督府は二〇年一二月に、臨時教育委員会を設置し、教育令の改正を検討する中で、大学設立が既成事実となっていった。二二年二月に改正された「朝鮮教育令」において、専門学校令と大学令が規定されていった。朝鮮人の「教育熱」が高まる中、二二年一一月に「朝鮮民立大学」期成準備会が組織され、二三年三月に「朝鮮民立大学期成会」発起総会が中央基督教会館で開催された。趣意書ではヨーロッパにおける大学の歴史的役割に言及し、普遍的な立場から「朝鮮人も世界一隅における文化民族の一員として、他人と肩を並べてわれわれの生存を維持し文化の創造と向上を図ろうとすれば、大学の設立をおいて他に道はない」とその趣意を明かにしている。『東亜日報』社説（二三年三月三〇日）は民衆によって作られる大学は民衆のものであり、科学を民衆に還元するような大学でなければならないとの理念を力説している。構想された民立大学は、第一期事業として、法、経、文、理の四部と大学予科の設置、第二期事業として工科の設置と理科の拡充、第三期として医、農科の設置が計画され、総額で一千万円の壮大な事業計画であった。この運動に結集した民族運動家には、議長の李商在《イサンヂェ》、李昇薫《イスンフン》、南宮檍、兪星濬《ユソンジュン》などのキリスト教系人士と崔麟《チュリン》、李甲成《イガブソン》などの天道教人士が共存しており、三・一独立運動と同様に、この運動の中心となっている。

『朝鮮日報』も「一円喜捨運動」を呼びかけこの運動を後押ししたが、二三年夏の大水害、関東大震災による経済恐慌、旱魃、大水害など度重なる天災により基金が集まらず、この運動は停滞していく。結果的に財団法人の設置認可の申請すらできずに瓦解した。その原因は、当初から総督府はキリスト教系私学、民間人系私学の専門学校としての認可さえ拒んでいたなど、私立学校への消極的な教育政策に起因するものもあるが、無からの創造であったこと、また民衆運動ゆえに「大学」設立に拘わらざるを得ず、規模の縮小などの選択肢がなかったこと、カリキュラム、教授陣、学生の規模などの詳細な検討に欠け、運動側の実態が伴わなかったことにもあった。

このような中、総督府は二四年に京城帝国大学官制を公布、予科を開設し、二六年には法文学部、二八年に医学部を設置することとなった。しかし京城帝国大学は、台北帝国大学と同様に、宗主国の帝国大学をモデルとしており、植民地にありながら本質的には植民地大学といえない性格を有していた。朝鮮人学生も医学部では二七％止まりで、法文学部でも五割を超えることはなかった。朝鮮人卒業生の一部が総督府の下級官吏となっていったが、植民地行政の末端を補完する役割を担わされることとなっている。

民立大学設立運動と関係をもった金性洙が、その後、欧米各地を見学し、イエール大学の図書館に感銘を受け、デューク大学をモデルに、普成専門学校の設備を充実させ、総合大学へと向上を図り、「全朝鮮」のものとしようとした彼の働きに、民立大学設置運動の理念は継承されたといわれる。朝鮮民衆の浄財を結集し、「民族」の大学を作る、という朝鮮史上かつてない大学観が生まれたこと、普成専門学校は解放後に高麗大学となり解放後の大学形成の一つのモデルとなったことなど、この運動の歴史的な意義は小さくなかったといえる［馬越徹一九九五］。

この時期にまたキリスト教系の既存の専門学校から大学昇格運動が展開されている。これは帝国本土では一八年の「大学令」により、専門学校の多くが大学となった流れをうけるものであり、また第二次朝鮮教育令により大学設立の道が開かれたことによるうごきであった。二三年二月にアメリカ人宣教師を中心として梨花女子専門学校を昇格させる動きがあった。またセブランス医学専門学校、延禧専門学校、協成神学校を統合し大学昇格を図る案が浮上している。セブランス医科専門学校校長のエヴィソン（O. R. Avison）、延禧専門学校の副校長のアンダーウッド（H. H. Underwood）が計画実現のために二五年にアメリカで一定程度の成功を収めている。しかし総督府は京城帝国大学設立を推進していたことから、私立大学の設立は時期尚早として、不許可の方針を崩すことはなかった。

3　物産奨励運動

一九二二年に日本で加藤内閣が成立し、緊縮、節約を政策の基調とするのに呼応して、朝鮮では各地で自作自給、国産奨励、消費節約、禁酒断煙運動が展開された。この時期の世界経済は保護主義の傾向が強く、物産奨励運動はこの保護主義的な動きを逆手にとり、植民地下において、資本主義に基づく民族経済の強化を図り、経済・社会的な実力養成を図る動きであったといえる。またこれは三・一独立運動と「保護国」期に展開された愛国啓蒙運動、さらに実力養成運動の流れを継承するものである。

物産奨励運動は、三・一独立運動の翌年、平壌から始まっている。二〇年八月に趣意書には朝鮮の貧弱の原因は自作自給できないことにあるとし、欧米各国は商工業が発達しているが、自由貿易は皆無で、保護貿易主義だとし、朝鮮がこれを励行し実効を上げるために必要なものは、自衛上不可避の公徳心と公益心であるとしている。当時は、社会の産業発展のため物産の奨励とともに自らの手で生産力を高めることが何にもまして必要とされたといえる。

二二年六月に平壌で曺晩植《チョマンシク》が会長となり、正式に朝鮮物産奨励会が組織された。この運動は、ＹＭＣＡ（朝鮮基督教青年会連合）の人士が中心となり組織されたものであった。その発起人七〇名の構成は牧師、教育会、専門職、実業界からなっていた。ＹＭＣＡ幹部を中心として、安昌浩《アンチャンホ》の流れを受けた同友倶楽部、大韓国民会が加わっている。曺晩植は経済建設過程において、産業機関の保護、金融機関の創造並びに設置の自由、言論機関、教育機関の設置の自由、日本の財閥の侵入の制限、関税制の施行、税金と公課金の軽減、朝鮮人官公吏の登用など朝鮮人本位の政策を提示している。また経済運動の方法として各種組合運動の組織化、自作自給の物産運動、禁酒断煙、節制運動、農業の改良、灌漑、園芸、牧畜などの農村運動、工業の奨励と小規模な商業の保護などの商工業運動を提起し、堅固な団体の組織化により民族意識を啓発し、訓練と指導をなさなければならないと強調している。このような物産奨励運動は、植民地状況下における民族主義に基づく市民社会形成を目指したものであった。平壌での物産奨励運動は単なる知識層の観念的運動に止まらず、キリスト教系人士、青年、女性などを運動の中核とし、それに実業家や商人を巻き込み実質的な運動が展開されている。また二三年正月の示威行進には平壌労働連盟会が参加しており、民族主義陣営と社会主義陣営との亀裂が顕在化しつつあった当時としては、意味あることでもあった。平壌の運動は、三七年に総督府により解散させられるまで、毎年旧正月に示威行進を行い朝鮮物産の宣伝に努め、講演会を開催するなどの地道な活動を中心とした。

ソウルでは二三年一月二〇日に有志一五〇名により協成学校で朝鮮物産奨励会創立総会が開催され兪星濬が会長に就任している。その趣旨書には「真に人間らしい発展」を希望するとし、緊要な問題は衣食住すなわち産業問題であると主張、「第一に朝鮮人は朝鮮人が作ったものを使用し、第二に朝鮮人は団結し使用するものを自ら製作し、供給することを目的とする。このような覚悟と努力がなければ朝鮮人の生活を維持し、その社会を発展することができようか」と民衆に呼びかけている。

この日の午後、天道教堂で懇親会が開かれ、市街行進が挙行され、夜には中央基督教青年会館で講演会が開催された。三・一独立運動期にみられた天道教、キリスト教、仏教の人士の参加が見られる。ソウルと同時に展開された平壌の行進には妓生の参加も見られた。馬山、慶州、密陽、仁川、群山、開城、光州、麗水などの朝鮮各地で一斉に行事が持たれた。『東亜日報』『朝鮮日報』も社説で支援し、各地で物産奨励会、自作会が発起されている［張圭植二〇〇一］。

Ⅵ　社会主義運動の台頭と民族主義

1　社会運動と社会主義

「文化政治」下に多くの団体の設立が許可されたが、その中で影響力が大きかったのが一九二一年に創設された朝鮮青年会連合会と二〇年創設の労働共済会であった。一九年から組織化されていった青年会が全道で一三〇にも上り、連合組織を結成した。世界改造の機運に順応し、各人の権利を伸長し民族固有の生栄を発揮するとし、青年団体相互の親睦、風紀改良、講演、講習または夜学の開催、運動会の開催、産業団体の組織の奨励および調査研究、生活改善事業など各種の活動を展開した。機関紙『我聲』を発行し、民族主義的な文化運動を展開した。

労働共済会は、印刷職工、鉄道員、理髪員、縫製職工などの労働組合と小作組合を傘下に収める社会主義的な傾向をもつ労働運動団体であり、機関紙『共済』を発行した。

二〇年に「会社令」が撤廃されることにより、日本の資本が朝鮮に積極的に資本投下する事態が生じることとなった。このことにより、工場労働者が急増し、賃金労働者階級が鮮明となりつつあった。しかし第一次世界大戦前後の経済恐慌が植民統治下の朝鮮人労働者の賃金の低下をもたらすこととなり、生存権をかけての賃金闘争の対象は日本人企業家に向けられていき、経済闘争の過程で民族意識の高揚が労働者に見られる。このような事態は、農民たちにも当てはまることであった。一〇年代の土地調査事業、二〇年代の産米増殖計画が施行される中で、日本人の土地所有が増加し、日本人の大土地所有者と少数の朝鮮人土地所有者が出現し、自小作、そして小作へと転落を余儀なくされていく。このようなことから二〇年代の労働運動は労働者・農民運動の様相を呈していった。このような植民地経済における民族的な矛盾ゆえに、労働運動は民族解放運動へと発展していったが、その理論的支柱になったのが二〇年代になると徐々に朝鮮に流入していった社会主義思想であった。このことは他方で民族運動にも大きな影響を与えざるを得なかった。

青年会連合会は二二年には社会主義の影響を受けた金思國《キムサグク》、李英《イヨン》などが脱退し、ソウル青年会を組織した。申伯雨《シンベグ》、洪命憙《ホンミョンヒ》は新思想研究会を、洪瑠植《ホンフェシク》、朴憲永《パクホニョン》は火曜会を組織した。二四年にはソウル青年会と東京留学生系の一月会が朝鮮労農総同盟を組織し、また朝鮮青年総同盟も組織され、このことにより労働共済会と青年連合会は解散へと追い込まれ、労農総同盟と青年総同盟に形式的には統一されることとなったが、底流ではソウル青年会と一月会系は全朝鮮労働者教育大会を開催、全朝鮮民衆運動者大会を招集するなど、独自の動きを見せている。二五年四月に火曜会、北風会、無産青年会、労農党などが総督府を欺くために全国新聞記者大会を開催、雅叙園で朝鮮共産党を結成した。責任秘書を金在鳳《キムヂェボン》とし、火曜会から朴憲永、北風会から金若水《キムヤクス》、上海派から朱鍾建《チュヂョンゴン》、労農党から尹徳熙《ユンドクヒ》などが参加している。また朴憲永、金丹冶《キムタニャ》、林元根《イムウォングン》の指導下に朝鮮共産党共産青年会が結成された〔趙容萬ほか一九八二〕。

2 新幹会の結成 ―民族主義左派と社会主義者の合作―

総督府の機関紙の『京城日報』社長の副島道正は、二五年五月、「総督政治の根本義」という文を掲載し、朝鮮において自治制を実施しなければならないと主張した。副島は総督府と事前に協議し了解を得たうえで、崔麟を始めとする天道教新派と東亜日報グループ接触した上で自治論を展開した。『東亜日報』の宋鎮禹、金性洙などと崔麟が協議し、彼らは自治運動へと方向転換し、『東亜日報』天道教新派傘下の朝鮮農民社、修養同友会などを基盤として自治運動を展開した。このような動きに対抗して「朝鮮民族として政治・経済の究極的解決」、すなわち完全な独立を目指す新幹会の結成への動きは、二六年一二月に洪命憙と朝鮮日報社幹部の申錫雨、安在鴻の会談を通して準備された〔姜東鎮一九七九年〕。

社会主義運動は、二五年一月の第一次検挙と二六年の六・一〇万歳運動による検挙で実際的な社会主義運動は不可能となり、社会主義組織運動の新たな方向性を模索する状況に追い込まれていった。またコミンテルンは弱小国家の共産主義運動は民族主義陣営に入り、包摂し破壊しろという指令に対する実践として、民族主義左派との合作へと舵を切っていったが、当初は崔麟など妥協的民族主義者を含め、天道教をベースにしての合作すら志向していた〔李均永一九九六〕。

二七年一月一九日に『朝鮮日報』系、興業倶楽部系、キリスト教系、天道教旧派、仏教系、儒林系、朝鮮共産党系、学会系の人士が発起人を構成、申錫雨（『朝鮮日報』系）が議長に、会長に李商在（キリスト教系）、副会長に権東鎮《クォンドンジン》（天道教系）が就任している。「政治経済的覚醒」と「堅固な団結」「機会主義の否認」などによる綱領発表した。これに呼応して朝鮮共産党の下部組織であった正友会が統一した政治戦線を解体し、ソウル青年会の新派と物産奨励会系列の合作で発足した朝鮮民興会が、新幹会との合同を決議した。二月一五日に朝鮮基督教青年会中央会館で新幹会創立大会が開催されている。

初代会長の李商在は民族主義と社会主義に関して次のように述べている。

現今、思想界の複雑性が日に日に増しており、民族主義だ、社会主義だと言ってあれこれを反駁している。……民族でなければどうして社会が組織されようか、社会を無視して民族だけが存立するだろうか。……おおよそ民族主義であれ、社会主義であれ、人類生活上無くてはならないものであるのだが、本物の民族主義であるならば、これを推し量り社会に普及させるであろう。本物の社会主義であるならばこれを民族よりまず始めなければならないだろう。民族主義はまさに社会主義の根源であり、社会主義はまさに民族主義の支流である。〈青年よ〈『青年』一九二六年五月〉〉。

新幹会発起人で修養同友会の改造運動を指導した趙炳玉《チョビョンオク》は、民族の自由がなくては完全な宗教の自由はないという次元で、まず疾病、「無識」、窮乏など人間社会の三大罪悪を根源的に純化すること無くては、人間性の本質が現われる道理がないと主張し、社会的福音主義に立脚し、朝鮮と日本間の分配の不公平という現実にあって経済闘争は民族運動に連結されていかなければならないとした。また一端、合法的空間を活用して言論・集会・結社の自由と治安維持法廃止のための政治闘争を展開することを提案している［張圭植二〇〇一］。

社会主義陣営では、単一党はプロレタリア独裁でなければならないという反論が一部ではあったが、朝鮮は特殊な状況にあり、無産政党ができなければ、その準備機関を作り、民族的単一党と協同もしくは対立する必要があると、協同の必要性が強調されている。これは協議会（無産階級党）と新幹会という二つの政党を是認する「両党論」といわれ、これにより反帝国主義闘争における共同戦線が可能となる思想的な基盤が準備されたといえる［歴史学会編一九九三］。

二七年の新幹会の第二回大会の新綱領は以下のようであった。

一、我々は朝鮮民族の政治的、経済的開放の実現を企図する。

二、我々は朝鮮民族の総力量を結集して民族の代表機関になることを企図する。

三、我々は一切の改良主義運動を排斥し全民族の共同利益のために闘争することを企図する。

この新綱領のもとに、より具体的な政策が立案されている。それは言論・集会・出版の自由、朝鮮民族を圧迫する一切の法令の撤廃、朝鮮人本位の産業政策、最高小作料の公定、小作人の奴隷的な賦役の禁止、少年・婦人の夜間労働ならびに危険な作業の禁止、八時間労働、最低賃金制の実施、民間教育機関の許可制の禁止、朝鮮人本位の学校教育、教育用語の朝鮮語使用、学生生徒の研究の自由と自治権の確立、女子の法律上および社会上の差別撤廃、女子教育および女子就業に関する制限の撤廃、刑務所における待遇改善と読書・通信の自由など多岐にわたる要求であったが、これは、朝鮮人本位の政治、経済、教育の追求、労働者、女性、子どもの人権の確立要求であった。

しかし、このような非妥協的な民族主義者と社会主義者の連合戦線は軋みを見せることとなる。二九年の光州学生事件を契機として、指導者の多くが検挙され、運動自体が沈滞していった。また三〇年一一月の第三次中央委員会を契機に京城支部と本部間に紛争が生じ、三一年になると社会主義者たちから新幹会解消論が提起される事態となった。それは二八年、コミンテルンの一二月テーゼに表れた、植民地における土着の民族主義者との共闘の放棄を背景としていた。京城支部は当時の新幹会は小ブルジョアジー的な政治運動集団であり、全民族の総力を集中した民族単一党という美名のもとに、労働大衆の闘争を抹殺する弊害が見えると批判した。これに対して東亜日報は論評を避け、朝鮮日報は解消論者を観念的だとする一方で、非解消論者も非難している。新幹会は二九年末には飛躍的な発展を見せ、会員数三万七〇〇〇を越え、支会数も一三八にまでおよび、独立協会と大韓自強会につぐ植民地下にあって最大組織となった、しかし新幹会は内部矛盾と弾圧により三一年五月に、終焉を迎えることとなった［趙容萬ほか一九八二］。

3 女性運動と槿友会の設立

この時期、女性運動もまた活発に展開されている。三・一独立運動後、血誠愛国婦人会が組織され、投獄された者たちへの差し入れの斡旋をしていたが、これとは別途に大韓独立愛国婦人会が組織され、この二つの団体が統合され、大韓民国愛国婦人団と改称した。また平壌ではこれとは別に大韓愛国婦人会が組織された。大韓民国愛国婦人団は主に入獄者の救済や女性たちの民族運動への参加を呼び掛けており、上海臨時政府に独立運動資金として三〇〇円を送金している。一九年九月に出獄した金瑪利亞《キムマリア》、黄愛施徳《ファンエスター》の祝賀会が開かれ、総会を開き、会長に、東京のミッションスクールの女子学院への留学経験のある金瑪利亞が選ばれ、副会長に李恵卿《イヘギョン》、総務に黄愛施徳を選出した。この愛国婦人団は臨時政府の大韓赤十字会の韓国支部を兼ねており、一一月の大韓民国青年外交団事件との関連で愛国婦人団の幹部も検挙され、金瑪利亞は投獄され三年の刑に服したが、病気で保釈、治療中に上海を脱出した。その後、アメリカに亡命した。女性たちを中心とした、女性の権利の保護と女性解放運動を目的とした愛国婦人会は金瑪利亞らの検挙により、活動が停滞していった。また大韓愛国婦人会も二〇年一〇月に幹部が検挙され活動が停止された。

難関に直面した女性たちは新たな方向性を目指し、女性教育運動と物産奨励運動に邁進していくこととなった。女性教育運動の先頭に立ったのは、朝鮮女子教育協会であった。

金美理士《キムミリサ》が中心となり二〇年四月に『女子時論』を創刊、同志とともにこの運動を展開した。金美理士は一九歳で寡婦となり、新教育を受け、アメリカに留学、培花女学校の舎監となったが、この運動に献身するために舎監を辞職、未就学の家庭女性のための教育を推進する夜学を設立、二一年には地方組織の設立のため、夏季巡回講演会を開催、多くの民衆を感動させ、夜学設立へと導いた。彼女は、社会と実生活で要求される実用的な教育理念を追求し、実践女学校を設立した。同様な女性教育団体の朝鮮女子青年会が二二年の春に設立され、女子学院を経営し土曜日ごとに婦人講座を開催し、機械科学、保健衛生、育児業などの新知識の教育に努めている。このような女性啓発運動は二一年～二二年にかけて地方でも広がりを見せている。二一年の東亜日報報道では、三〇団体を数えているが、天道教平壌女子青年会など天道教系の少数の女性団体も見られるが、その九割がキリスト教系団体であった。

二三年八月に金活蘭《キムファルナン》、金弼禮《キムピルレ》、兪玨卿《ユガッキョン》によりＹＷＣＡ（朝鮮女子基督教青年会連合会）が三・一独立運動以降のキリスト教女性勢力の増大という宗教的背景と社会的雰囲気のもと創設された。ＹＷＣＡは国際的な機関であり、国際的な文化交流を通じて世界的視野をもつ女性を輩出した。修養会、禁酒・禁煙運動、生活改善運動、公娼廃止運動、女性の地位向上運動のための社会運動、地方の女学生のための寄宿舎の設置、農村啓蒙運動、罹災民救済などの社会事業など、広範な女性運動を展開している。二六年には朝鮮日報後援の懸賞女子歌闘大会などの文化運動でも全朝鮮的な広がりを見せている。

女性の側から物産奨励運動を支えたのは、このＹＷＣＡの他、朝鮮女子基督教節制会、土産愛用婦人会であった。禁酒・禁煙運動はアメリカのプロテスタント的背景をもつものであり、節制会は二三年六月に女性教育の先駆者、孫袂禮が設立、三年にして会員三〇〇〇名、支会六〇余りに達した。物産奨励運動は女性の覚醒なしに成就しないという自覚のもと、李道《イト》、朴英子《パクヨンジャ》、崔永牙《チェヨンア》、李淑《イスク》など中産層以上の女性五〇余名により土産愛用婦人会が二三年二月に発足している。女性は土産を愛用し、用途を節約し民族を育成し、家庭を育成する責任を果たさなければならないとその理念を明かにしている。三月に天道教堂で開催された「私の生活を私のものに」「自作自給」「土産愛用に対する女性の責任」などの婦人会の講演会には二五〇〇を超える聴衆が参加している。

このようにして二〇～二三年にかけて展開された女性運動は二四年以降地方にも拡大され多様な展開を見せるようになる。専門職業人としての教育機関の泰和女子館、京城女子美術研究会、朝鮮婦人技芸社、朝鮮女子実業社などが創設された。教育運動とした始まった女性解放運動は、経済的色彩を帯び、女性経済運動への展開をこの時期に見せている。二七年四月に尹松堂《ユンソンダン》は「朝鮮の女性は経済的解放を獲得しなければならない」として、女性の自活のため紡績・技芸の工業機関設置を目標とする女子興業社を設立している。これは、深刻化する階級対立を資本家と労働者が対立する関係ではなく、平等な相互共生関係を構築する目標をもつものであった。しかし階級対立が深刻化する中で、資本家と対立し女性労働者の利益を最小限保証する女工団体もこの時期結成されている。平壌処女洋襪職工組合、安州染色所工女組合、釜山女工組合、連湖婦人労働会などである。社会主義の思潮の流入にしたがって、また社会経済的な矛盾が深化するにつれて、次第に社会主義を背景とした新たな女性解放運動が展開されるようになった。

二四年に朝鮮労農総同盟と朝鮮青年総同盟が結成され、これにより許貞淑《ホジョンスク》、鄭鍾鳴《チョンチョンミョン》、朱世竹《チュセジュク》らが女性解放を目指し、最初の社会主義女性組織である朝鮮女性同友会を組織した。

翌年の二五年に火曜会、北風会の勧めで、許貞淑、趙元淑《チョウォンスク》らが京城女子青年同盟を結成すると、これに対抗してソウル青年会側が朴元熙《パクウォンヒ》らにより京城女子青年会を組織した。二六年の春に、東京の留学生活を終えた黄信徳《ファンシンドク》らが分裂した女性組織の統合化を目指すとともに、同友会の活性化を図った。二六年一二月にその成果が実り、互いの反目を克服し、中央女子青年同盟として統一した組織となった。黄信徳は平壌の崇義女学校を卒業し、東京に留学、日本女子大学の社会事業部に入学後に社会主義に傾倒し、三月会を組織して活動した。三月会は社会主義運動家の山川菊枝の影響を受けた日本へ留学した朝鮮女学生の社会主義女性団体であった。二六年に朝鮮に戻り、すぐに同友会に加入し、時代日報記者として活躍した。

二七年には新幹会が組織されると、女性も歩調を合わせ、二七年の五月に基督教中央青年会館で、会員一五〇名、傍聴人一〇〇〇余名で創立総会が盛大に挙行され、女性単一団体として槿友会が誕生こととなる。発起人は四〇名で、その職業をみると、医師、教員、宗教者、記者、文学者、実業家など知識層に属する女性たちであり、主に社会主義系とキリスト教系、特にYWCA系列の人士が中心となっている。綱領には女性の地位向上が挙げられ、宣言書には次のように書かれている。

朝鮮女性を不利にする各種不合理は、その本質として朝鮮社会全体を苦しめるものと連結されており、一歩進めれば全世界の不合理と依存合流しているものである。すべての問題は相互に関連しており別々に成就することはできない。……朝鮮女性を苦しめる各種の不合理は一般的に要約すれば封建的遺物と現代的矛盾であり、この二つの時代的不合理に対して闘争するにあたって朝鮮女性の間に大きな不合理はない。槿友会はこのような見地にたって事業を展開することを宣言する。

この宣言には帝国主義と植民地主義との関連で朝鮮社会の現実が把握されており、封建的残滓の打破と現代的矛盾への闘いは、民族の独立と女性解放という二つの側面を併せ持つものと解釈される。

その行動綱領は、女性に対する社会的、法律的な一切の差別の撤廃、封建的因習の打破、早婚廃止と結婚の自由、人身売買と公娼の廃止、農村女性の経済的利益の擁護、女性労働の賃金格差撤廃および産前産後の賃金の保障、女性および少年工の危険労働および夜間業務廃止であった。

槿友会の活動は、指導者育成講座、講演会・討論会の開催、野遊会・体育大会・ユンノリ大会、技術講習会、音楽会、夜学など多岐にわたった。

二七年七月に二週間にわたり指導者育成講座が開催されたが、その講座内容は、経済学、論理学、社会学、新聞学、朝鮮の歴史、婦人問題、音楽、会議進行法などであった。講演会の題目には「女性運動の進路」「近代女性運動の二つの潮流」「現代社会と女性の地位」などであり、討論会の題目には「家庭不和の原因は男性にあるのか女性にあるのか」「朝鮮女性の解放は経済的独立か知識の向上か」などであった。いずれにせよ高度で活発な論議がなされている。朝鮮女性は「内外の別」という観念に縛られ、家の外に出ること自体が極端に制限されていた。したがって家の外に出ることのできる雰囲気作りが重要な課題とされた。園遊会などの親睦は最も広く行われた女性啓発運動の一つと位置付けられている。また洋服の裁断と裁縫、編み物、染色、手芸などの技術講習会が地方でも広く開かれている。二七年以前の女性運動は識字運動に集中していたが、特に左派の女性たちは、識字運動のみならず、女性が二重三重に抑圧されている状況への認識を持ち、その上で抑圧から解放される闘争意識を喚起することを重視したが、識字の現実は厳しく、地方の支会において、夜学を中心とした識字運動は継続されている。

女性の地位向上という標語のもとで民族主義者と社会主義者が共同闘争を展開したが、その同床異夢的な現実が露呈していくこととなる。二八年の半ばから、槿友会の中央執行委員会の大部分を社会主義者が占め、左翼路線をとったこと、さらに二八年五月に開かれる予定の総会が、総督府から議案が不穏であるという理由から開催が許可されないということをめぐり、中央執行委員会と地方の支会との亀裂が生じることとなった。七月に臨時大会が開催されたが、東京支会が強硬路線をとり、このことを契機として総督府に強力に抗議し、一気に大衆の決起を促すように主張したが、中央執行委員会は穏健な姿勢を崩さず、東京支会など一部地方組織との関係が悪化し、朝鮮日報も槿友会が大衆と離れてしまったと批判している。

二八年の中ごろからキリスト教系から脱退の動きが顕在化する。二八年にＹＭＣＡが都市中心から農村を含むより包括的な運動へと路線転換をすることとなった。これは世界のキリスト教界の動きを反映するものであったが、この背景には、農村経済の悪化と朝鮮内の反宗教運動に対する反省から、社会に対するより現実的な路線をとることとなり、ＹＷＣＡも二八年に農村部を設置しこれに続いた。キリスト教系女性たちは、朝鮮女性の地位向上を目指し活動してきたが、槿友会が次第に階級論に立ち、キリスト教系女性の活動空間が限定されていく中、槿友会では自分たちの運動を実現できない、槿友会よりは農村という気運が高まり、脱退していくこととなった。

槿友会はコミンテルンの一二月テーゼにも新幹会同様大きな影響を受けた。民族主義陣営を改良主義と見做し、この決別を主張し、大衆とともに闘うという路線は、二九年に入ると槿友会の左翼への傾斜を強めていった。三〇年一月に、抗日民族主義的学生運動に槿友会幹部がかかわったという嫌疑で会員が拘禁された。また共産主義再建運動との関連で姜貞姫《カンジョヒ》などが逮捕、拘禁され、組織が弱体化していき、三一年になると槿友会内部から解消論が登場し、これが克服されることなく、総督府の政策により解散させられた［朴容玉一九九六］。

おわりに

二〇年代から三〇年代中葉までの「文化政治」は、初期と後期の植民地支配に挟まれたある意味で独自の統治形態が模索された時期であったといえる。三・一独立運動に対する反省から、「武断政治」を改め、露骨な暴力的支配は前面から後退し、「文化政治」期は「文明的支配」が名目的にも模索された時期でもあった。原敬は、後藤新平の主張した立法権と兵権を持つ台湾型の「特別統治主義」を否定し、台湾型を主張し反対する山縣有朋、桂太郎、寺内正毅を退け、漸進的な「内地延長主義」を押し通した。原は「朝鮮統治私見」の中で、欧米諸国の植民地をモデルとした台湾、朝鮮の現行制度は誤りで、行政、司法から教育に至るまで制度を同一にして同一の結果を得るべきという確信を「全く内地人民を統治すると同主義同方針に依るを以て根本政策と定め」、漸進主義を方針とした。西欧の植民地支配が遠隔地をしばしば植民地とするが、日本の植民地は、北海道、沖縄の内国植民地化の延長線上に、一九世紀末から二〇世紀初頭に、日清、日露戦争をへて台湾、樺太、朝鮮など日本本土の周辺領域を植民地としていたことも「内地延長主義」の前提条件であったといえる。原が不平等条約改正以前から内外人の平等を強く主張していたことから「内地延長主義」の導入は原の信念を強く反映したものとも見ることができる［春山明哲一九九三］。「文化政治」は西欧帝国主義諸国の文明主義に対する弁明的要素を持っていた。制度面の同化を志向したこの「内地延長主義」は、普通警察制度の導入、会社令の撤廃、笞刑の廃止など、多方面に植民地政策の変更をもたらしたのも事実である。しかし、この「内地延長主義」は漸進主義をその前提とした。この漸進主義は被統治者との合意調達過程といえなくもないが、他方では政策変更を、統治者の都合により無限の彼方に延長することも可能とするものであった。植民地教育を展開するにあたって「時勢および民度」という尺度が適用されたが、これもまた朝鮮人の文明度の度合いを統治者が判断するというところに問題を見てとれる。「時勢および民度」は、朝鮮人の教育要求に対して、それを拒否する論理としても作用したといえよう。実際、教育に限っても、初等教育の六年制が標榜されたが、四年制の課程は温存され、就学率は五〇％にも満たず、義務教育も実施されることはなかった。教育制度一つとっても、その内地化は植民地支配の終焉まで実現されることはなかったといえる［佐野通夫二〇〇六］。自治権の付与に関しても、二七年に斎藤実がその実現を企図したこともあったが、宗主国の政治状況に左右され、実現をみることはなかった。経済恐慌、「満州事変」から日中戦争、さらにアジア・太平洋戦争と突き進む中で、「内地延長主義」の理念は宗主国により都合よく解釈され、時にその実現は財政難などの支配者の都合により先送りされていった。その意味で、統治者にとって朝鮮は「未完の植民地」であったといえるかもしれない。が、しかし他方でその恣意性を可能にするものが、植民地主義の本質であったのである。

一九年の朝鮮人の粘り強い独立運動によって、独立そのものは実現できなかったが、統治政策の変更を勝ち得た二〇年代は、抵抗により相対的に自由な空間が作り出され、合法空間を利用した活発な言論、教育、経済、政治など、多種多様な文化・社会運動が花開いた時期であった。

文化面では朝鮮文化の復権が見られ、日本への同化と異化が共存する植民地空間が、この時期に出現している。しかしこの文化的異化に関しては、次世代の朝鮮を形成する青少年に対する植民地教育による同化がシステム的に裏打ちされており、異化の反面、「日鮮同祖論」「内鮮結婚」の奨励などと併せて、同化がその底流をなしていたのであった。したがって、この時期の同化主義は単線的ではなく、複合的同化主義ともいえる。この「文化政治」下の朝鮮語・朝鮮文化の復権は、「皇民化政策」期の文化抹殺政策により危機を迎えたが、比較的早期に日本の敗戦となり、それに伴う朝鮮の解放により解放後の朝鮮における民族文化恢復の礎になったことも否めない。

本章では多様な文化運動の一端を紹介しているが、朝鮮人が意図する文化運動と、総督府が過激な政治運動よりは文化運動へと誘導しようとしたように、文化運動への接近の仕方が、統治者と朝鮮人とにはそのベクトルの乖離が見られる。『開闢』の論客、李敦化《イドンファ》は「開化という言葉は文明という言葉に変わり、新用語となった……今まで文明と称された用語が世界大勢に応じ、文化という用語に変わっているところにあることは、特に注意すべきのことである」と文化を肯定的に捉えている。またこの「世界大勢に応じ」というフレーズ、東亜日報がその創刊号の社説「文化主義を提唱する」の「文化創造と正義人道に立脚した民族連盟の新世界」という言説に見られるように、世界と連動する朝鮮が強く意識されているといえよう。これはある意味で、狭い植民地朝鮮を思想的に飛び越えることにより、日本の植民地支配を相対化する抵抗的機能を果たしているものと考えられる。言い換えれば、「正義人道に立脚」した「文明」により日本植民地主義の「文明」を批判するという思想的営みであったといえる。

本章では朝鮮におけるミッションスクール、YMCA、YWCAに依拠する運動についても紹介したが、これは植民地史研究が往々にして、宗主国と植民地との関係性に終始する傾向を相対化する必要性があるとの考えからである。朝鮮における近代は、西欧経由の近代が見られ、複合的近代であり、帝国主義・植民地主義経験と併せて、朝鮮は多様な近代を経験しているといえる。しかしこの多様な文化運動、豊かな近代経験を、従来の支配と抵抗を基軸にした民族史観では十分に捉えきれない側面が存在している。それは朝鮮近代文学の大家である李光洙の生の軌跡をどう歴史的に解釈するかという問題にも集約される。彼は独立運動家から民族改良主義者へ、さらに親日派へと転向していき、植民地末期には朝鮮人青年に帝国軍人となるように檄を飛ばした。李光洙は「民族改造論」で個人を始点とした改造を主張するのであるが、李光洙自身の自己が引き裂かれていくことに、彼自身はどれだけ自覚的であっただろうか。いずれにせよ、民族改良主義者、妥協的民族主義者、非妥協的民族主義者、民族主義右派、民族主義左派、親日派とラベリングをして植民地権力との距離によって、この時期の「民族主義者」とその他を分類していくのであるが、これらは分析用語としては有効であっても、この時期に展開された多様な文化運動と朝鮮人を必ずしも十分に捉えきれていない。

また二〇年代を特徴づけるものとして、新幹会、槿友会に見られる思想・信条を異にする者たちが、「民族単一党」として共同戦線を展開したという史実が浮かび上がってくる。この共同性に関しては、三・一独立運動において、天道教、キリスト教、仏教が、思想・信条の差異を乗り越えた共同性を創造した。そしてこの共同性への志向は、二〇

【コラム】 呂運亨と「文化政治」

呂運亨《ヨウニョン》は民族主義者であり、キリスト者であり、また社会主義にも理解の深い人物である。若き頃よりスポーツを愛し、精悍、豪放、人を惹きつけてやまない魅力があり、統率力のある人物であったといわれる。孫文、レーニン、ホーチミン、汪精衛、原敬、近衛文麿、大川周明など周辺諸国の政治家と率直な意見を交わし得た、朝鮮でも稀有の政治家であった。

呂は培材学堂、興化学校などに学び、一九〇七年、クラーク宣教師と出会い、キリスト教に入信、神学を修めた。愛国啓蒙運動に従事し、一四年に南京に亡命、プロテスタント系の金陵大学英文科で学ぶ。その後、上海に活動拠点を移し、新韓青年党を結成、朝鮮、中国、日本を股にかけ独立運動に邁進した。彼は亡命先でも本国で闘っている民衆のことを常に忘れるな、本国の闘いがなければ政府はないと言い続けたという。三・一独立運動後、上海臨時政府で外務部委員も務めたが、その後臨時政府とは距離を置き、新韓青年党を中心に活動している。

独立運動家とキリスト者の両面を合わせ持つ呂は、思わぬ形で日本からの招待を受けることとなる。当時総督府からの援助を受け、朝鮮伝道に従事していた渡瀬常吉がキリスト教を媒介にして呂に働き掛けてきた。それは「内鮮人の融和、親日強化」路線からの日本誘致の試みであった。日本政府は渡瀬のこの動きを歓迎した。なぜならば、三・一独立運動が天道教、外国人宣教師の扇動であると公にしていたので、その関係修復に好都合であったからである。この籠絡工作は、結果的にはキリスト教界に止まらず、原敬首相、水野錬太郎政務総監など政界をも巻き込む政界の一大事となっていく。呂の訪日は個人の資格とはいえ、上海臨時政府は疑心暗鬼であった。しかし岐路に立つ呂を安昌浩は、「虎穴に入らずんば虎児を得ず」といい訪日の後押しをしたといわれている。

紆余曲折を経て、呂は一九年一一月一八日に東京に到着した。東京では、古賀廉造拓殖局長官、田中義一陸軍大臣、原敬首相などの政府要人、日本のキリスト教界の人士、吉野作造東大教授、在京朝鮮人などと面会した。

当局にはあわよくば懐柔して、独立を諦めさせ、遠い将来への自治へと導こうとの魂胆があり、工作資金まで準備していたが、これは悉く裏切られることとなる。厳重な報道統制をひいていたが、懐柔の見込みありと、二七日の帝国ホテルでの演説をマスコミに解禁した。ところが呂は、当局の思惑に反して淡々と一時間半にわたり独立演説を披歴したのである。意外な展開に狼狽した警視庁は、その直後に呂の事情聴取を行っている。

演説を感銘深く聞いた吉野作造は、二九日に呂に面会し、呂の主張に「侵し難い正義」を発見している。妖怪のようなファシズムの忍び寄る日本の危機をアジア的規模で論じ、これを避けるのは朝鮮独立しかないという呂の主張に、吉野は転換期の世界史に対する真摯な時代批判を感じ取ったといわれている。帝都東京での独立演説は政界にも大きな衝撃を与え、四二回帝国議会では原敬首相がその責任を厳しく追及されることとなった［姜徳相二〇〇二］。

年代にも引き継がれていることが確認される。二〇年代の朝鮮をスケッチしていくと、朝鮮の解放と分断という現実とあわせて考えざるを得ない局面にしばしば遭遇する。新幹会解散にあたっては総督府の弾圧という外的要因はあったものの、解消論が内部で展開された上での解散であったというのも事実である。そして社会主義者も宗教系民族主義者も、労働運動、農村運動を通して、労働者、あるいは農民の中に入ってき、民衆を発見していった。本章では十分に紹介しきれなかったが、天道教、キリスト教などの宗教団体が二〇年代後半に積極的な農村運動の展開を見せている。天道教は文明主義を批判し「郷土の本当の生活」というユートピアを、キリスト教はデンマーク農業に基づいた「模範農村」という小さなユートピアを志向していくのであるが、二〇年代はいまだ、知識人の啓発の対象としての「民衆」とその発見という傾向が強かったと指摘せざるを得ない。この時代は、その多くがアメリカ、日本などへの留学経験を有する植民地知識人登場の時代でもあった。李光洙に関する総督府側の調査記録に、次のような記録が存在する。「民族の運動時に文化の向上を基礎とする民族の運動の原動力を為すものは一般大衆ではなくインテリゲンチャ層である。……将来は労働者、農民のものとなるであろうが労働者を、農民を、組織し、訓練して彼らに自主力を与える者はインテリゲンチャ層である。……」。社会主義者、民族主義者、学生も知識人意識を持ちヴ・ナロード（「民衆の中へ」）という段階に止まるものであったといえる。文化運動は民族改良主義もそのうちに含めて、自らの国家を喪失しているがゆえの、結果としての新たなネーション像を模索する知識人の営みであり、「独立した国家を運営していくネーション（近代的市民、国民）の完成」を志向する試みであったともいえよう〔孫正権二〇〇八〕。

二〇年代を特徴づける様々な歴史事象は、朝鮮解放後の内戦そして冷戦構造下の南北分断さらに統一への志向という現代朝鮮が直面にする課題と決して無関係ではない。それゆえに朝鮮史上大きな意味をもつものであるといえよう。

史料

(1) 原敬の「朝鮮統治の私見」

前文

朝鮮統治の終局の目的は内地同様ならしむるに在り。唯現在の状態に於て直ちに内地同様なる統治法を取ることを得ざるのみ。左に揚ぐるものは即ち此終局の目的に到達するの径路としての事情の許す限り速やかに施行せざる可からざる要点なりと信ず。

一、朝鮮総督は依然総督と称すると否とは暫し措き、何れにしても朝鮮を統轄すべき者は文・武官何れの人を以てするも差支えなき制度と為さざる可からず。現行総督制度は台湾に模倣したるものにて、其台湾は外国の制度に依るものなることを既に述ぶる所の如くなるが、更に又其所謂外国制度中に於て何れの国の制度に模倣したるかと云えば、英国殖民地の総督を参酌したるが上に、露国に於ける総督政治を加味したるものなるが、此制度を以て永久の制度と為す可からずは勿論にして最早今日は其名称の如何に拘らず、其性質を改むべき時機に到達したるものと信ず。

二、朝鮮に施行する法律・命令は成る可く内地に行わるる法律・命令を施行するの方針を取り、即ち内地に行わるる法律の一部又は全部若くは多少の修正を加えて之を施行するの原則を取らざる可からず。

（中略）

三、（略）

四、地方制度即ち内地に於ける府県制・市町村制の如きは結局之を朝鮮にも施行するの方針を取らざる可からずと雖も、今日の状態においては先ず以て市町村制類似の制度を創定して之を実施し、漸を追うて府県制実施に及ぶの方針を確立すべし。（中略）朝鮮人が総督府の圧迫を訴うること甚しき今日に於ては、彼等慰安の点に於ても亦一種の市町村制を制定して之を実施し、彼等をして漸次に府県制までに達せしむるの希望を有せしむること、目下の急務なる可し。

（五以下略）

(2) 水野錬太郎「統治方針」

第一は朝鮮の独立は許さないこと　当時朝鮮人は盛んに朝鮮独立を唱え、又これを標榜して、或は上海に仮政府を作るとか、或はアメリカ、ハワイに於て独立期成の団体があるとかで、而もそれ等の団体が朝鮮内地へ種々の宣伝をして、朝鮮人の人心を擾乱し、又無知なる朝鮮人には、将来朝鮮が独立するであろうと云う感じを与えたことがあったのである。それ故に日本政府の方針としては、如何なる事情あるも、決して朝鮮の独立は許さないと云うことを、明確に宣明する必要があったのである。素より朝鮮の独立は許さないと云うことは、明治四三年日韓併合当時より、確立したる国策であったことは、言う迄もないのであるが、時には日韓併合は尚早であったとか、民族自決はやむを得ないとかいう論議をする者があったから、この場合に於て朝鮮独立は絶対に許さないと、正確に宣明することが、必要なりとしたのである、それがために朝鮮統治の方針の第一としては、朝鮮独立を許さざることを宣明し、苟くも曖昧なる態度を示さざること明確にしたのである。

第二は朝鮮自治をゆるさないこと　朝鮮自治論と云うことは、当時盛んに唱えられたものであり、学者の中にも或は政治家の中にも、朝鮮の独立は許さないにしても、朝鮮自治を許すのが至当なりと云う議論が相当に多くあったのである。今日でもそう云うことを唱える者がないではないが、この点も明確にして置く必要ありとして、朝鮮自治もゆるさざること宣明したのである。元来朝鮮自治論なるものは、独立論より生じたものであるから、この点も明らかにして置かなければ、結局朝鮮自治論より朝鮮独立論に入ると云う恐れがあるのであるから、朝鮮自治も亦不可なりと云うことを声明する必要があったので、この方針を宣明したのである。

（第三、第四中略）

第五は文明的政治をおこなうこと　朝鮮人をして、我が帝国の統治に服せしむるがために、彼等をして安んじてその生を楽しみ、我が統治の、有り難味を感じせしめると云うことが必要である。只徒に抑圧するのみが目的でないのであるから、我々は所謂文化政治なるものを行う必要ありと認めたのである。（中略）これがために教育制度を改善し、医療衛生の途を広め、民智を進め、民生を安んぜんとした。更に朝鮮の旧慣を調査して、悪弊を改めると同時に良習慣を尊重し、朝鮮の政治をして、朝鮮人の実生活に適応せしめることに努力した。（略）

〈参考文献〉

青柳綱太郎『総督政治史論』（龍渓書舎韓国併合史研究資料⑾、一九二八年）

李均永《イギュンヨン》『新幹会研究』（歴史批評社、ソウル、一九九六年）

李智媛《イヂウォン》『韓国近代文化思想史研究』（ヘアン、ソウル、二〇〇七年）

李省展《イソンジョン》『アメリカ人宣教師と朝鮮の近代』（社会評論社、二〇〇六年）

馬越　徹『韓国近代大学の成立と展開』（名古屋大学出版会、一九九五年）

岡本真希子『植民地官僚の政治史』（理想社、二〇〇八年）

糟谷憲一「朝鮮総督府の文化政治」（『岩波講座　近代日本と植民地2　帝国統治の構造』岩波書店、一九九二年）

韓国民族運動史学会『日帝強占期の民族運動と宗教』（国学資料院、ソウル、二〇〇二年）

韓国歴史研究会一九三〇年代研究班『日帝下社会主義運動史』（ハンギルサ、ソウル、一九九一年）

姜徳相《カンドクサン》『呂運亨評伝1』（新幹社、二〇〇二年）

姜東鎮《カンドンジン》『日本の朝鮮支配政策史研究』（東京大学出版会、一九七九年）

金東明《キムドンミョン》『支配と抵抗、そして協力』（景仁文化社、ソウル、二〇〇六年）

久留島浩・趙景達編『国民国家の比較史』（有志舎、二〇一〇年）

駒込　武『植民地帝国日本の文化統合』（岩波書店、二〇〇四年）

駒込　武・橋本伸也編『帝国と学校』（昭和堂、二〇〇七年）

国会図書館憲政資料室所蔵『斎藤実文書』九二九

佐野通夫『日本植民地教育の展開と朝鮮民衆の対応』（社会評論社、二〇〇六年）

孫政権《ソンジョングォン》「植民地朝鮮のネーション認識論理と民族改良主義の論理」（『海港都市研究』二〇〇八年三月）

田中俊明編『朝鮮の歴史』（昭和堂、二〇〇八年）

張圭植《チャンギュシク》『日帝下韓国基督教民族主義研究』（ヘアン、ソウル、二〇〇一年）

趙容萬《チョヨンマン》・宋敏鎬《ソンミンホ》・朴炳采《パクピョンチェ》『日帝下の文化運動史』（玄音社、ソウル、一九八二年）

春山明哲「明治憲法体制と台湾統治」『岩波講座　近代日本と植民地4』（岩波書店、一九九三年）

朴賛勝《パクチャンスン》『韓国近代政治思想史研究』（歴史批評社、ソウル、一九九二年）

朴容玉《パクヨンオク》『韓国女性抗日運動史研究』（知識産業社、ソウル、一九九六年）

許粋烈《ホスヨル》『植民地朝鮮の開発と民衆』（保坂祐二訳、明石書店、二〇〇八年）

松田利彦・やまだあつし編『日本の朝鮮・台湾支配と植民地官僚』（思文閣出版、二〇〇九年）

宮崎博史・李成市・尹海東・林志弦編『植民地近代の視座』（岩波書店、二〇〇四年）

山田昭次・高崎宗司・鄭章淵・趙景達『日本と朝鮮』（東京書籍、一九九四年）

尹貞蘭《ユジョンナン》『韓国キリスト教女性運動の研究』（国学資料院、ソウル、二〇〇三年）

歴史学会編『韓国民族主義運動史研究』（一潮閣、ソウル、一九九三年）

第三章　在日朝鮮人の形成と「関東大虐殺」

鄭　栄　桓

はじめに

朝鮮民衆の朝鮮半島域外への大規模な移動は一八六〇年代に始まるが、当初の移動先は極東ロシア・中国東北地方であり、日本は決して主たる移動先ではなかった。一九一〇年現在で、中国に一六万、ロシアに五万四〇〇〇の朝鮮人が居住しているとの統計があり、日本は二六〇〇人とこれに遠く及ばない。日本側から見ても、朝鮮人は当初から最大の異民族集団であったわけではなく、むしろ一九一六年まで統計上最も数が多かったのは一貫して中国人（清国人）であった。だが第一次世界大戦を前後して渡日する朝鮮人の数は急速に増え始め、一九一七年には中国人数を超え、一九二三年には日本在留の朝鮮人人口は八万人に達することになる（表1）。

こうした在日朝鮮人の形成が、他の中国・極東ロシア地域への朝鮮人の移動と大きく異なるのは、日本人の朝鮮への大規模な植民、日本資本の進出過程が、朝鮮人の日本への渡航に先行しており、こうした日本による朝鮮への介入・侵略過程と朝鮮人の日本渡航が密接に絡み合い表裏一体の関係を持っている点にあるといえる。

本章では「在日朝鮮人の形成と『関東大虐殺』」と題し、一九世紀末の朝鮮人の渡航の始まりから、一九二三年の関東大震災下での朝鮮人・中国人虐殺までの、いわば在日朝鮮人の形成史の時期を扱う。本論に先だち、本章で「関東大虐殺」という呼び名を用いた理由を説明しておきたい。この「事件」の本質は「関東大震災」という天災にあるわけではなく、大震災下で発生した日本の軍・警察・民衆による虐殺にある。それならば、この事件は「南京大虐殺」や「旅順虐殺事件」などと等しく、震災下の関東地方で起きた朝鮮人・中国人虐殺事件という意味での「関東大虐殺」という呼称が適切なのではないかと考えるため、本章の標題にこの用語を用いた。

Ⅰ　日本の朝鮮植民地化と在日朝鮮人労働者

1　日本の外国人労働者規制と朝鮮人

労働者としての朝鮮人の渡日は一九一〇年の「韓国併合」後に始まったわけではない。一八七六年八月四日に締結された「日朝修好条規附録」第五款は、「議定したる朝鮮国各港に於て日本国人民は朝鮮国人民を賃雇するを得べし、朝鮮国人民其政府の許可を得は日本国に来るも妨無し」と定めた。これにより日本人の開港場での朝鮮人雇用と、朝鮮政府の許可を要件とする朝鮮人の渡日が法的に規定され、朝鮮政府の許可を要件とする渡航は後述するように一九〇六年まで続いた。だが、他方で日本政府は勅令第三五二号「条約若しくは慣行に依り居住の自由を有せざる外国人の居住及び営業等に関する件」（一八九九年七月二七日公布）により、外国人の旧居留地・雑居地以外での居住と就労の禁止を定めていた。このため、一九八〇年代までの研究では、「併合」以前の朝鮮人の労働目的の渡日もまた禁止されていたと考えられてきた。ゆえに「併合」前の在日朝鮮人は「外交官、留学生、亡命者が主であり」、労働者は若干数の「非合法的な出稼ぎ」［朴慶植一九七九］という見方が一般的であった。

しかし、勅令第三五二号が念頭に置いたのは清国人労働者であった。枢密院では清国人を「卑劣」「人を欺き、盗みを為して恥じるところを知らない」とみなしてその入国を禁止せんとする意見が大勢を占め、実際に清国人の労働可能な職種は狭く限定された［許淑真一九九〇］。他方、枢密院は勅令の適用範囲を「条約により自由を有する者および韓国人のごとく慣行によって自由を有する者を除く外の諸外国人」として、朝鮮人労働者はその対象に含めなかった［金英達一九九一］。よって「併合」前においても、朝鮮人が日本において労働に従事することは「非合法」では無く、またその数も決して例外的な程度ではなかったのである。

2　朝鮮人労働者の渡航

実際に朝鮮人の労働目的での渡航が現れるのは一八九〇年代後半である。最も早い例として一八九七年秋に佐賀県長者炭坑が、一八九八年には下山田炭鉱が朝鮮人坑夫を雇い入れている［東定宣昌一九九四、林えいだい一九八一］。長者炭坑に朝鮮人を雇い入れた東島猷一は、長崎で朝鮮人を雇っていた対馬出身の八百屋や、同じく対馬人で朝鮮語通訳だった人物に朝鮮人の斡旋を依頼し、漢城（ソウル）から三四名、釜山から一六名の朝鮮人を集めたという。炭坑では日本人と朝鮮人労働者は隔離され、一日一二時間労働とされたが有名無実であった可能性が高く、また賃金を切符＝炭坑札で支払ったため朝鮮人労働者の不満が高かった［東定宣昌一九九四］。

朝鮮政府側がこうした朝鮮人労働者の渡航をどう見ていたかは不明だが、一八九八年の『福岡日日新聞』は、ある炭坑が釜山で朝鮮人炭坑夫を募集し、これに七三人が応じたが、朝鮮の官吏が「我韓国人を日本に送るは危険なり。若し之を兵隊に訓練して、他日我国を攻襲するの時あらんか。彼等は地理を暗知するもの、殊に日本の兵法を知り、反して戈を我に擬するに至らば、其の害実に不測なり。我れ豈に虎を野に放つの愚を致さんや」と拒み、許可を与えなかったというエピソードを紹介している（『福岡日日新聞』一八九八年一月二六日付）。地理に詳しい朝鮮人を組織して朝鮮「攻襲」の尖兵とするかもしれない、との朝鮮政府の危惧は興味深いが、朝鮮政府側も朝鮮人労働者の渡航が日本側の主導でなされていることを熟知していたといえよう。

日露戦争後になるとこうした労働者の渡航は一層目立つようになる。九州の肥薩線工事（一八九九年―一九〇九年）では、一九〇六年に鹿島組が朝鮮人労働者を雇入れた〔小松裕一九九四〕。ここで雇われた朝鮮人労働者は朝鮮での鉄道工事経験者だった。日清戦争後、日本は「京仁」鉄道を皮切りに、「京釜」鉄道、「京義」鉄道の敷設に着手するが、この工事には大倉組や鹿島組などの日本軍の支援を受けた土建会社が関わり、多くの朝鮮人を「募集」した。そして、日本の土建会社はこの経験をもとに、日本国内での土木工事にも朝鮮人労働者を使用し始めることになったのである〔川瀬俊治一九八七〕。一九〇七年に始まった山陰線の工事でも朝鮮人労働者を雇入れており、ここでは元鹿島組で肥薩線工事に関わった人物が朝鮮人雇用に携わった〔徐根植一九九四〕。このように、朝鮮から九州、そして関西へと連鎖的に朝鮮人労働者募集が連なっていったのである。この間、一九〇六年に韓国統監府は「韓国人外国旅券規則」を定め、朝鮮人の国外

表1　在日朝鮮人数の変遷（1882 ～ 1923 年）

年	朝鮮人数	年	朝鮮人数	年	朝鮮人数
1882	4	1896	19	1910	2,246
1883	16	1897	155	1911	2,527
1884	1	1898	71	1912	3,171
1885	1	1899	187	1913	3,635
1886	0	1900	193	1914	3,542
1887	6	1901	354	1915	3,917
1888	7	1902	235	1916	5,624
1889	8	1903	222	1917	14,502
1890	9	1904	227	1918	22,411
1891	6	1905	303	1919	26,605
1892	5	1906	254	1920	30,189
1893	7	1907	459	1921	38,651
1894	7	1908	459	1922	59,722
1895	12	1909	790	1923	80,415

出典：〔森田芳夫、1996 年〕

渡航と就労の認可権を大韓帝国から奪っていたため、もはや前述の釜山の例のように朝鮮側の政府が旅券発給を不許可にすることもできなくなっていた。

ここからもわかるように、最初期の朝鮮人の労働目的の渡航は、朝鮮人自身の自発的な出稼ぎというより、日本側の資本の要請によるものであり、時期的には日露戦争前後の朝鮮植民地化過程に目立つようになった。これに伴い、地域的にも一八九〇年代には九州中心だったのが一九〇〇年代には山陰、近畿地方に広がっていった［川瀬俊治一九九三］。一九〇九年に安重根《アンジュングン》が伊藤博文を暗殺した報が伝わると、兵庫の三宮で朝鮮人の飴売りが袋叩きにあう事件が起り（『神戸新聞』一九〇九年一一月二三日）、また、大阪では飴売の売上が激減したという（『大阪毎日新聞』一九〇九年一〇月二九日）。西日本ではこうした朝鮮人労働者が日本人の目に見える存在となっていった。

3 「併合」直後の在日朝鮮人

「併合」までの在日朝鮮人は、労働目的の渡航と留学という二つの経路によって形成されたが、ここで内務省・外務省の調査資料をもとに、「併合」直後の在日朝鮮人を統計的に概観してみることにしよう。

内務省警保局の調査によれば、一九一一年現在の在日朝鮮人人口は二二二六人であり、うち一二一一人が「労働者」で最も多く、次いで「学生」が四六六人、以下「商人」一三七人、「漁業」七四人、「無職」六七人と続く（「明治四十四年中内地在留朝鮮人ニ関スル調」〈『在日朝鮮人史研究』三三号〉）。都道府県別では東京が最も多く（四七九人）、次いで福岡（二七六人）、長崎（二二三人）、京都（一三七人）、山梨（一三三人）、山口（一二〇人）と続く。このうち東京の人口の圧倒的多数を学生が占め、実に七二％に上った。対照的に福岡、山梨は圧倒的に労働者が多く、京都では製造業、山口では漁業・雑役が目立ち、長崎は船員・商人・漁業が多い。逆に岩手、山形、青森、秋田などの東北や富山、そして沖縄には統計上全く朝鮮人が存在せず、また東京以外の関東圏も非常に少ない。ここからは留学生は東京に、その他労働者たちは西日本を中心に居住していたことがわかる。

また、同じく内務省警保局の調査によれば、「一戸ヲ構ヘテ居住スル者」は一二一二戸・三九九人（うち女性五四人）、「九十日以上同一市町村居住スル者」は一一八六人（女性二二人）、「その他」六二九人（女性一二人）であった（「内地在住朝鮮人庁府県別戸数及人員調」『在日朝鮮人史研究』三三号）。このうち「一戸ヲ構ヘテ居住スル者」の三割弱は東京に居住しており、長崎、山梨が続く。労働者層が炭坑の飯場などで短期就労が多かったのに対し、学生や商人とは異なる居住形態であったことがうかがえる。また女性は三・九％（八八人）と極めて少ない。

在日朝鮮人の出身地については一九一〇年現在のものを外務省が調査している（「警視庁ノ調査ニ係ル清国人朝鮮人及革命党関係調」［木村健二・小松裕一九九八］）。慶尚南道が最も多く五五二人、これに慶尚北道（二七九人）、全羅南道（一六五人）、京畿道（一五七人）と続く。外務省調査は東京、大阪、兵庫、福岡など朝鮮人多数居住地域が抜けているため（このため全人口数が一四〇三人となっている）、特に学生層の出身地が明らかにならないが、朝鮮南部を中心に、開港場を持つ京畿道から多く日本に渡ったことがわかる。また、北海道の場合、朝鮮北部の咸鏡道から計四人渡って来ており、ロシア沿海州経由の渡航をうかがわせる。外務省調査によれば、朝鮮人労働者のうち特に土木建築業、鉱業が多く、年齢は二〇歳前半が多く単身出稼型であり、家族連れは萌芽的にみられるに過ぎない［木村健二・小松裕一九九八］。

4 朝鮮人労働者の増加と朝鮮総督府・内務省

「併合」後、一九一一年に大阪の摂津紡績木津川工場が朝鮮人を雇用したのを皮切りに、一九一二年には九州水力電気会社、一九一三年には兵庫の摂津紡績明石工場が朝鮮人労働者を雇用し始める。とりわけ第一次世界大戦勃発後、日本企業は低賃金労働者としての朝鮮人に注目し本格的に雇用を始めるようになる。

日本企業による雇用は当初、朝鮮での「募集」という形式を採ることが多かった。企業が直接朝鮮に乗り込み、そこで必要な人員を集め、日本での労働に従事させるのである。こうした「募集」は全くのフリーハンドで行なわれたわけではなく、朝鮮総督府はこれの管理を試みた［水野直樹一九九二］。総督府は、一九一三年四月二四日に依命通牒第二一〇号「内地ニ於ケル事業ニ従事スル職工労働者募集取締ニ関スル件」において、「内地」企業が十名以上の朝鮮人を雇用・募集する場合、道警務部長、あるいは二道以上の場合は警務総長に申請し、認可を得なければならないことを定めた。一方、警察は企業の業務状態、朝鮮内で募集活動に従事する「代理人」に問題が無いかなどを調査し、募集は一四歳以上に限り、二〇歳以下の場合は戸主・父母の承認を得ること、既婚女性の場合は夫の承認を得ることが必要とされた。さらに第一次世界大戦後の一九一八年一月二九日には朝鮮総督府令第六号「労働者募集取締規則」により一九一三年の依命通牒を全面的に改訂し、認可制を許可制に改めて許可申請の際には雇傭契約書の添付を定め、募集にあたって「事実ヲ隠蔽シ又ハ誇大若ハ虚偽ノ言動ヲ用ヒ」ないよう遵守事項が定められたほか、違反者には二〇〇円以下の罰金または科料を課すとした。

一方、「内地」側官庁の内務省は一九一一年には朝鮮人の言動の監視と名簿登録を、さらに一九一三年一〇月二八日には「朝鮮人識別資料ニ関スル件」において、朝鮮人の容貌・身振りなどの特徴を詳細に列挙し、治安当局が在日朝鮮人「識別」を可能にするよう定めた。これは同年一一月に予定された大正天皇即位式に備え、警察が朝鮮人の「識別」を図ったものといわれる［福井譲一九九九］。内務省は明確に朝鮮人を「治安」の対象とみなし、それに対する体系的な取締体制を整え始めた。

こうして、日本に渡航してくる個々の朝鮮人に対する取締と監視は内務省が、朝鮮に朝鮮人労働者を集めに来る日本企業に対する管理を朝鮮総督府が、それぞれ担当することになった。また総督府と「内地」官庁の間でも、朝鮮人労働者の「内地」への「移入」により当該地域へどのような影響を与えるのかを考慮し、総督府側は労働者募集認可の際、地方長官と意見交換するなど、両者の調整も図られるようになる〔福井譲一九九九〕。

しかし、朝鮮における武断統治、土地調査事業の進展や第一次世界大戦勃発を前後して、在日朝鮮人の数は増加の一途をたどり、在日朝鮮人数は一九一〇年の二二四六人から、一九一七年には一万四五〇二人へと飛躍的に増加することになった。地域的には一九一七年現在で福岡（二一八六人）、大阪（二二三五人）、北海道（一七〇六人）、兵庫（一六二四人）、広島（九二八人）の順で多く、西日本及び北海道の紡績・製糸、ガラス製造、石炭などの産業で働いた〔朴慶植、一九七九〕。一九一八年にはむしろ朝鮮内労働者が不足するような状況が生まれ、朝鮮土木建築協会が「労働者移出制限運動」を展開するほどであった〔水野直樹一九九二〕。

5　朝鮮人労働者の団体形成

この頃から朝鮮人労働者たちは労働現場を中心に相互扶助組織を形成し始める。一例をあげれば、一九一六年八月には鹿児島の日本窒素肥料株式会社水力電気発電所の工事に従事していた朝鮮人たち四七名が「結盟同志会」という団体を結成した（『朝鮮人概況　第二』内務省警保局、一九一七年、〔荻野富士夫二〇〇四〕）。この団体は会員が拠出金を出し合い、会員のうちから病人やけが人が出た時に治療費や弔慰金を支出する、というもので劣悪な条件のもと難工事に携わった朝鮮人労働者の危険負担を軽減するための相互扶助組織であった。また、結盟同志会は「不行儀ノ者ニ対シテハ戒告笞罰ヲ科スル」（同前）こともあったといい、治療費拠出に留まらず会員相互の「戒告笞罰」など一種の自治機能も担っていた。

こうした朝鮮人相互扶助組織が求められた背景には、苛酷な労働に加え、日本人雇用主による抑圧的処遇のもとでの民族差別賃金、そして日本人労働者の蔑視という状況が存在した。例えば、福岡県大里ガラス製造工場の場合、日本人賃金が最高額一円、最低額一五銭、平均三五銭であったのに対し、朝鮮人の賃金は四五～一五銭、平均二五銭であり、しかもこの工場で働く二〇〇人の朝鮮人幼年工は義務教育・就学義務を規定した工場法施行令の適用から除外されていた［朴慶植一九七九］。

劣悪な労働状況については治安当局は黙認していたが、日本人労働者と朝鮮人労働者の「争闘」については注視した。内務省警保局による一九一八年の調査によれば、一九一七年の日朝労働者の「争闘」は六七回、参加人員は日本人六〇三人、朝鮮人一三三二人であった（内務省警保局「日鮮人労働者争闘度数其ノ他調査ノ件」、一九一八年一二月一二日、『警保局長決裁書類・大正七年』国立公文書館）。「争闘」の原因としては朝鮮人への「蔑視」、「言語不通」が挙げられており、なかでも日本人労働者や監督者が朝鮮人労働者を罵倒、侮蔑、殴打したことに対し、朝鮮人が「団結殺到」するケースが目立つ。労働者たちによる争議も一九一七年以降増加した［朴慶植一九七九］。企業の側は低賃金労働者としての朝鮮人に注目したからこそ、あえて雇用したのであるが、他方でそれが日本人労働者の憎悪を呼び起こした。朝鮮人労働者は雇用主の不当待遇と、日本人労働者の蔑視という二つの抑圧と戦わなければならなかった。こうした状況を背景に、朝鮮人労働団体が形成されたのである。

Ⅱ　三一独立運動と在日朝鮮人

1　「併合」前の朝鮮人の日本への留学

朝鮮人の日本への留学や視察団派遣は一八七〇年代に始まる。日朝修好条規締結後、一八七六年に、第一次、第二次修信使、朝士視察団らが日本に送られたのに続き、一八八一年四月には朝鮮政府は初の日本留学生派遣を開始、六月には兪吉濬《ユギルジュン》、柳定秀《ユジョンス》らが慶応義塾に、尹致昊《ユンチホ》が同人社に入学した［阿部洋一九七六］。これらの日本留学生の多くは慶応義塾で日本語を学んだ後に陸軍戸山学校、大阪砲兵工廠で軍事技術を、大阪造幣局や各地の製作所などで製革、紡績、化学、養蚕学、ガラス製造、造船などを学んだ［朴己煥一九九八］。ただ、朝鮮政界で力の弱い開化派が推進母体だったため、留学生の大半は郷班、中人、常民らで占められ政府要人の子弟は非常に少なく［田保橋潔一九四〇］、甲申政変の失敗と共に留学生派遣事業は中止されることになる。

日清戦争の最中、「甲午改革」の一環として一八九五年二月、高宗は「教育に関する詔勅」を下して日本への留学生派遣を決定、二度目の日本留学生派遣が始まる［朴賛勝二〇〇二］。この時は一度目とは異なり、朝鮮各地より留学生を募集・選抜し、内閣の閣員または要員の親族の子弟を中心に一一四名を選抜した。留学生たちは慶応大学の留学生別科に入り、それを終えると成城学校、東京専門学校、東京法学院などの学校や、日本鉄道会社、郵便電信局での実地研修、内務省、静岡県庁、警視庁で事務見習へと進んでいった［阿部洋一九七六］。また、留学生たちは「大朝鮮人日本留学生親睦会」を結成し、会長には尹致旿《ユンチオ》が副会長には魚允迪《オユンジョク》が就任した。

だがこの留学生派遣も一八九六年二月に「露館播遷」が起こると再び中止される。学部大臣署理の尹致昊は留学生の帰国を決定し、学生らはこれに反対して同盟休校をするも結局朝鮮政府が官費支給を停止したため九七年末には多くの留学生が帰国した。露館播遷以後の新政府は官費留学生を「逆賊の手によって派遣された留学生」と認識していたといい、一八九九年九月に官費留学生派遣事業が再開されても、一九〇〇年末には留学生が亡命した開化派と結びついているとみなした高宗が官費の送金を打ち切った［朴賛勝二〇〇二］。このように日本留学の帰趨は朝鮮政界内における親日勢力の浮沈に大きく左右されたのである。

しかし一九〇四年以後、朝鮮の「保護国」化の進展に従い、政府によるものではない日本への私費留学生が激増した。これ以後、亡命知識人・政治家中心の帰国後における仕官を前提とした留学は、より広範な青年層を中心としたものへと拡大し、一九〇五年から一九一九年にかけて年平均で五〇〇から六〇〇名の留学生が日本に在留するようになる［朴己煥一九九七］。留学生による政治活動も活発化し、一九〇五年一二月、東京の府立一中に留学していた大韓帝国の韓国皇室特派留学生たちは、保護条約の締結と、朝鮮人には高等教育は不要とする校長談話に反発し、同盟休校を行なった。リーダーの崔麟《チェリン》らには帰国命令が出されたが、彼等はこれには従わず、その後明治大学などの私立専門学校や大学へと進学することになる［阿部洋一九七六］。明治大学や早稲田大学ではこの間朝鮮人留学生会が組織され、一九〇九年には大韓興学会が組織されるなど、留学生の組織化が進んでいった。これに対し大韓帝国政府は留学生監督により政治活動取締を試み、これは以後日本による留学生取締に引き継がれることになる。

2 「併合」後の朝鮮人留学生と民族運動

日露戦争後に急増した留学生は、「併合」後、一旦減少する。表2に見られるように、一九一〇年は渡日数が激減しており、以後もそれ以前の水準を回復するには至らない。この背景には総督府側が、卒業後帰国した留学生たちの働き口が無く、失業状態に置かれたことを憂慮して留学抑制政策を採ったことがある［朴賛勝一九九二］。一九一〇年代前半は留学生の学力水準も低く、大学本科を卒業するケースは稀であった。

これが変化を見せ始めるのは一九一〇年代中盤からである。韓末より留学生たちは出身地域別に留学生団体を作っていたが、出身地域を越えた全留学生を対象とした団体も生れ、学術研究を目的とする朝鮮学会や、女子親睦会が結成されたが、なかでも代表的な組織は一九一二年一〇月に結成された東京朝鮮留学生学友会(以下、学友会)であった。

学友会は大韓興学会(一九〇九年結成)及び朝鮮留学生親睦会(一九一一年結成)の後身として、安在鴻《アンヂェホン》(早稲田大学)、崔漢基《チェハンギ》(明治大学)、徐慶黙《ソギョンムク》(同)を中心に、各出身地別親睦会を合同して結成された[長久保宏人一九八〇]。学友会は一九一四年に機関誌『学之光』を創刊し、一九一七年以降組織を拡大していく。学友会は会則において在東京朝鮮人留学生の入会を義務付けて強い結束を誇り、具体的な活動として新入生の歓迎会や朝鮮人学生の運動会で民族的英雄の仮装行列をしたり、「愛国」をテーマに演説会を行なった。

学友会に集った留学生たちは、自らが朝鮮の未来を背負っているという強い使命感を持っていた。朝鮮内で高等教育を受ける機会が遮断されているなか、留学生らの使命感は強固なものがあった。機関誌『学之光』は金炳魯《キムビョンノ》、張徳秀《チャンドクス》、申翼熙《シンイクヒ》、崔八鏞《チェパリョン》、李光洙《イグァンス》など、一九二〇年代以降の民族運動において指導的位置を占める人物らによって編集されたが、ここでは「実力主義」とでもいうべき留学生たちの思想が繰り返し表明された[朴賛勝一九九二]。暗黒の社会を救済し、新文明を開発するため、まずは各々が実力を養成しようというものだ。

学友会の留学生たちは「大正デモクラシー」の時代的影響のもと、吉野作造らの民本主義者とも接触を持ち、積極的に朝鮮支配の真相を訴えた[松尾尊兊一九九八]。また、ロシア革命とウィルソンの民族自決宣言など、一九世紀以来の帝国主義的国際関係を揺り動かす事件の強い影響を受け、朝鮮の独立のための思想を鍛錬することになる。例えば、一九一八年の学友会の集会では、崔八鏞がロシア、ポーランドの例からも国家の興亡は常であり、民族独立の意

表2　渡日・在日朝鮮人留学生数と在籍学科目

年度	学生数		政経	法律	軍人	中学	商業	警察	農業	工業	文学	医学	卒業生
	已在	新渡											
1897	150	160	1										1
1898	161	2			17								17
1899	152	6	3	6									9
1900	141	7	2	2									4
1902	140	12	1	2								1	4
1903	148	37	1	2						1		1	5
1904	102	158			9		1						10
1905	197	252	1	1									2
1906	430	153		5			2		1				8
1907	554	181		4		25	4	2				1	36
1908	702	103	1	10			10	3	1	1			26
1909	739	147	7	16	1	4	3	1	8	4	1	1	46
1910	595	5	18	25		9	5		5	1	2	2	67
1911	449	93	2	14		4	10		6	6	5	2	49
1912	502	58	8	9		3	8		3		1	1	33
1913	430	107	5	19		7	6		3				40
1914	450	68	14	30	13	8	4		9	3	1	4	86
1915	342	未詳	12	10	20	4	7		3			5	61
計		1549	76	155	60	64	44	17	42	17	11	18	504

出典：＊「日本留学生史」、『学之光』6号、12-13頁。但し〔朴賛勝、1992年〕より重引。

志さえあれば朝鮮の再興は可能であると演説した。

　朝鮮人留学生のなかには、国際的な抗日政治団体とのつながりを持つ政治結社を組織するものもいた。それが「新亜同盟党」と呼ばれる組織である〔姜徳相二〇〇二〕。新亜同盟党は朝鮮、中国、台湾人の同志を糾合して朝鮮の「国権回復」を図る目的で一九一五年に組織された。結党を主導したのは張徳秀、河相衍《ハサンヨン》らの朝鮮人留学生である。同盟党は学友会の主要メンバーをほぼ網羅する一方、中国人留学生、台湾人留学生も含んでおり、関東大震災の際に虐殺される在日中国YMCAの活動家・王希天もメンバーであった。張徳秀が一九一九年一月に上海で呂運亨《ヨウニョン》、金奎植《キムギュシク》らと新韓青年党を結成することからもわかるように、同盟党系の人脈は上海の朝鮮人独立運動家とつながりをもっており、こうしたネットワークが次に述べる「二・八独立宣言」と三一運動の基盤となる。

3 東京の「二・八独立宣言」と大阪の「独立宣言書」

一九一九年二月八日、東京朝鮮キリスト教会館で四〇〇人の朝鮮人留学生が集まり、その場で「朝鮮民族独立団」の名で「宣言書」と「決議文」が読み上げられた。「二・八独立宣言」である（史料1「宣言書」）。

「二・八独立宣言」は決して突発的に読み上げられたものではなく、一九一八年暮れごろから学友会が、一九一九年一月に開かれるパリ講和会議を念頭に置き、朝鮮や海外の運動家と連絡をとりながら準備したものだった。学友会のメンバーのなかで海外、とりわけ中国との連絡を担ったのは李光洙である［姜徳相二〇〇二］。この頃、上海では呂運亨ら新韓青年党系の人々が講和会議への朝鮮民族代表派遣を図る一方、朝鮮、中国、米国、ロシアの朝鮮人の独立運動を計画していた。李光洙は一九一八年十月十六日に東京を発ち、朝鮮を経由して北京に向う。都合二週間中国に滞在した李光洙は一九一九年一月一〇日、再び北京を発ち、各地の朝鮮人が独立運動へと踏み出しつつあるとの情報を日本の留学生社会へと持ち帰る。この間、東京の留学生たちの一部は朝鮮へ帰郷し、ソウルの元留学生らに独立運動を働きかけていた［長久保宏人一九八二］。こうした日本、朝鮮、中国を結ぶ朝鮮独立運動のネットワークが「二・八独立宣言」、ひいては三一運動の重要な背景であった。

「二・八独立宣言」は歴史的に朝鮮民族が独立国家を形成してきたこと、一九世紀末以降、日本は朝鮮の独立を保全すると約束したにもかかわらず、「詐欺と暴力」により朝鮮を併合したこと、併合以来、日本は朝鮮人のあらゆる人権を侵害する「古代の非人道的政策」を行なったことを強く批判し、「わが民族と日本人との利害は相互に背馳」するゆえ、朝鮮民族は「生存する権利」のために独立を主張するのであり、何よりロシアに対抗するという理由で併合したのであるから、革命が起りロシアが「帝国主義的野心を放棄」している以上、もはや併合の最大の理由が消滅していることを衝いた。「二・八独立宣言」は三一宣言と比較しても鋭い対日批判に貫かれており、極めて戦闘的である［姜徳相一九八四］。この「二・八独立宣言」は六百部印刷されて朝鮮・海外へと送付され［長久保宏人一九八二］、その内容水準もさることながら、影響も決して小さいものではなかった。

ただ、在日朝鮮人の三一独立運動との関わりは、東京の「二・八独立宣言」だけではない。大阪では一九一九年三月十九日、元慶応大学生で後に著名な作家となる廉想燮《リョムサンソプ》が、朝鮮人留学生・労働者を対象に天王寺公園にて「独立宣言文」と「檄」を公表しようとした（「大阪ニ於ケル独立運動ノ顛末」［姜徳相一九六七］）。この試みは直前に官憲に漏れ、廉想燮らは禁錮刑となったが、廉と行動を共にした李敬根《イギョングン》、白鳳済《ペクホンジェ》はいずれも大阪医科大学生であり、東京の留学生とのつながりもあったことから、「二・八独立宣言」と同様、留学生社会のネットワークのなかで企図された試みといえる。

大阪の「独立宣言文」の特色は「在大阪韓国労働者一同代表　廉想燮」の名義で書かれ、三月一九日の大会も留学生のみならず大阪の朝鮮人労働者を対象としたものだったことである。「檄」にも「大阪ニ住居スル我カ同胞計リ区々タル明日ノ生計ヲ念慮シ晏然拱手傍観スルハ韓半島民族ノ一大羞恥ナリ」とはっきり在大阪朝鮮人労働者の境遇が記されており、この点「二・八独立宣言」が「土着のわが民族が海外に流離するほかないようにしむけた」と、一般的に朝鮮人の海外への離散に言及するに留まったこととは著しい対照をなしている。

大阪では早くから留学生が労働者と接触して団体を作るケースがみられ、一九一四年一月には関西大学生姜万馨らにより「労働者救護」の目的で「在阪朝鮮人親睦会」が結成された（『朝鮮人概況』内務省警保局、一九一六年［朴慶植一九七五］）。両者の違いは、圧倒的に留学生が多数を占めた東京と、労働者中心の大阪の違いともいえるだろう。東京でも一九一六年一二月に苦学生・労働者の相互親睦のために労働同志会が発足しており、同様の動きが見えるが（『朝鮮人概況　第二』内務省警保局、一九一七年）、これがより広範な在日朝鮮人運動へと発展するのは三一運動後のことである。

Ⅲ　在日朝鮮人運動の発展と「関東大虐殺」

1　三一運動後における在日朝鮮人の状況

三一運動後、朝鮮からの渡航者数は引続き増加し続けた。一九一九年から関東大震災の起る一九二三年までの間に、在日朝鮮人数は実に三倍近くに増加している（表1）。とりわけ一九二二〜二三年の増加が著しいが、これは総督府の政策と関係がある。

朝鮮総督府は三一運動後の一九二〇年より、日本国内の米不足解消のため朝鮮米の増産を図るべく、産米増殖計画を実施する。この結果、朝鮮産米の日本への輸出が増大し、朝鮮農民は増産の恩恵にあずかることなく、むしろ新たな水利組合費や土地改良工事の負担費の調達に負われることになる。こうして朝鮮農民は窮迫し、離農者が生み出され、朝鮮人の日本への渡航の要因となった。

一方、朝鮮総督府は、一九一九年四月一五日、警務総監部令第三号「朝鮮人ノ旅行取締ニ関スル件」を発し、「旅行証明書制度」を設けた。この制度は、朝鮮人が朝鮮外に行く場合には居住地所轄警察署または警察官駐在所に旅行目的・旅行地を届け出て旅行証明書の発給を受け、これを朝鮮最終の出発地の警察官に提示すること、また朝鮮に入る場合には旅行証明書か在外帝国公館の証明書を朝鮮最初の到着地の警察官に提示することを義務づけるものであった。これは三一運動後における朝鮮・中国国境監視の強化を目的とした制度であったが、渡日する朝鮮人も対象となった。それまで総督府は企業の労働者募集への規制は行っていたが、朝鮮人個々人の渡航・越境取締に乗り出したのはこれが初めてである。

だが三一運動後に創刊された民族紙は日本人には課されないこの渡航規制に強く反発した。例えば『東亜日報』は、旅行証明により「不逞鮮人」の流入を阻止するというが、そもそも「犯人を捜査し逮捕することは警官の責任であって、その責任を遂行するために各個住宅の安全を侵犯するならばどうなるだろうか。これは法のためにむしろ法の理を破壊するもの」であると批判した〈*「旅行証明の廃止を主張する（上） 社会生活の立地から」〈『東亜日報』一九二一九年七月九日付〉〉。こうした批判を抑えきれなくなり、総督府は一九二二年一二月一五日をもって旅行証明制度を廃止するに至った。一九二三年に急激に在日朝鮮人数が増加しているのは、この証明制度撤廃の結果といえる。

在日朝鮮人の職業は、一九二五年現在で労働者十万三〇〇〇のうち土木労働五四・五％、職工一八％、鉱山労働八・三％、一般使用人六・七％、仲仕一・八％であった［朴慶植一九七九］。明らかに在日朝鮮人労働者は増加の一途を辿っていた。他方日本は一九二〇年の戦後恐慌の中にあり、内務省は朝鮮人労働者の増加を「内地」での失業者増加と関連づけて、可能な限り朝鮮人渡航者数を抑制することを強く望んだ。旅行証明書の廃止が遅れたのも内務省の反対があったためだった〈*「証明は廃止するが警戒はより厳重　丸山警務局長の談」〈『東亜日報』一九二二年一二月一二日付〉〉。朝中国境警備の強化から発した旅行証明制度が、廃止前後においては朝鮮人労働者の渡日規制へとその力点をシフトさせていたことがわかる。

日本人の労働者も朝鮮人や同じく低賃金労働に従事した中国人労働者を自らの職を奪う存在とみなした。企業は不況のなかで低賃金の朝鮮人労働者を雇用しようとしたため、日本人労働者はこれを敵視したのである。一九二二年二月、横浜で石炭陸揚げ労働を日本人から中国人に替えたところ、日本人労働者が会社に抗議し、中国人労働者の陸揚げを中止させようとして乱闘が起るという事件が発生した［今井清一二〇〇七］。日本人労働者間に広まったこうした排外的感情は、後の「関東大虐殺」の重要な背景となる。

2 在日朝鮮人運動の発展と「不逞鮮人」観の形成

一方、在日朝鮮人の民族運動は三一運動後、発展の時期に入る。内務省は朝鮮人留学生の監視・尾行を強化し演説会への取締を強めた。一方、それまで日本での民族運動を主導した東京の留学生のうち、指導的な人物たちは朝鮮へと帰郷し、一部は「文化政治」のもとで総督府の支配体制へと迎合していった。しかし、すでに三一運動時に見られた学生と労働者層の接触による新たな民族運動が広がっていった。

東京では労働者と学生による団体の結成が相次いだ。一九二〇年一一月には東京で金若水《キムヤクス》、朴烈《パクヨル》、白武《ペクム》、崔甲春《チェガプチュン》、李英実《イヨンシル》、鄭泰成《チョンテソン》らにより苦学生同友会が、二一年一一月には同じく黒濤会が結成される。また、一九二二年には北星会が結成された。これらの一九二〇年代に結成された団体の特徴としては、第一に社会主義思想の強い影響を受けていたこと、第二に日本人の社会主義団体と緊密な連携をとっていたを挙げることができる。朴烈らの黒濤会は無政府主義を思想的支柱とし大杉栄らと交友を持ち、金若水ら共産主義者が組織した北星会に対し、日本共産党（第一次）はその機関紙『斥候隊』に財政支援したとモスクワに報告している［加藤哲郎一九九九］。また、一九二二年五月の日本労働総同盟主催の第三回メーデーには苦学生同友会の会員が参加し白武らが演説している。

朝鮮人団体は連帯を強め、在日朝鮮人をめぐる諸問題にも積極的に取り組んだ。一九二二年七月、新潟県信濃川支流の中津川で、信越電力工事株式会社の工事を請け負った朝鮮人労働者が、雇用主により虐殺される事件が起きる。

これは一九二一年から始まった「東洋第一の発電所」建設のための大工事で、労働者一二〇〇人のうち六〇〇人が朝鮮人であった。だが、一日八時間で月八〇円の約束で日本へ来たが、実際来てみると一日一七時間の強制労働を課せられたため、逃亡者が続出、これに対し工事請負業者たちが殴打、射殺などを行い、信濃川に死体を投げ込んだのである。下流に朝鮮人の死体が流れつくのを不審に思った人がいたことから事件が明るみにでた。

これに対し在京の朝鮮人団体や朝鮮の『東亜日報』は「信濃川朝鮮労働者虐殺事件調査会」を設立し現地調査におもむき、東京で演説会を開催した。ここで朴烈は「反人道的行為ハ常ニ親方連中ノ饗応ヲ受ケツツアル三名ノ巡査ニヨリ助長セラレツツアルノテアル」と、単なる雇用主による虐殺に留まらず、末端警察が関与したことを鋭く指摘した［朴慶植一九六五］。こうした動きの延長線上に、東京では一九二二年一一月に東京朝鮮労働同盟会が結成されることになる。

しかし、これらの朝鮮人の新たな運動に対し、治安当局は取締姿勢を強めた。特に一九二三年の弾圧は激しかった［山田昭次二〇〇三］。内務省は朝鮮人学生の社会主義思想「感染」と日本人社会主義者への接近を危険視し、二三年一月に学友会が五〇の朝鮮人団体に呼びかけて三一運動の記念集会を開こうとした際には、上野警察署がブラックリスト掲載の朝鮮人学生の寝込みを襲って逮捕し、公園周辺でも周到な張り込みを行ない一斉に参加者を検束した。また、同日、警察は東京・横浜の朝鮮人が上海、ハワイの朝鮮人団体と連絡を取って何かを画策しているとのデマを基に、朝鮮人留学生や労働者の集住地域の警察署長に警戒態勢をとらせた。デマから対朝鮮人厳戒態勢へ、という警察の動き方は関東大震災時に反復されることになる。

他方、この間日本社会では「独立の陰謀を謀る恐るべき朝鮮人」というイメージが深く浸透することになる。いわゆる「不逞鮮人」観の形成であるが、こうした認識の形成に重要な役割を担ったのは警察と新聞であった［山田昭次二〇〇三]。一九二一年一一月に原敬を暗殺した中岡艮一を捉えた刑事の第一声は「お前は朝鮮人じゃないか」であったことにもよく表れているように、警察の朝鮮人に対する予断は著しかった。また、新聞は「陰謀を謀る不逞鮮人団」などの煽情的な見出しで日本人の恐怖を煽った。中西伊之助はこれについて「朝鮮人は、何等の考慮のないジアナリズムの犠牲となって、日本人の意識の中に、黒き恐怖の幻影となって刻みつけられているのであります」と批判した〔中西伊之助「朝鮮人のために弁ず」〈『婦人公論』一九二三年一一・一二月合併号〉〕。こうした警察の先制攻撃的な取締と、それを煽情的に報道する新聞の合作により、三一運動後「不逞鮮人」観は急速に社会の深部へと浸透していくことになった。

3　関東大震災と朝鮮人虐殺の発生

こうしたなかで起きたのが関東大震災であり、朝鮮人虐殺である。一九二三年九月一日午前十一時、関東地方をマグニチュード七・九の大地震が襲い、震災に伴う火災により関東一円は灰燼に帰した。そして、この地震・火災の発生のさなかに「朝鮮人が井戸に毒を入れた」「朝鮮人が略奪をほしいままにしている」「朝鮮人が東京に向って進撃しつつある」といった類の流言が拡散し、軍隊・警察・自警団により朝鮮人虐殺が行なわれることになる。直後の「在日本関東地方被災朝鮮同胞慰問班」の調査によると、関東一円の被虐殺朝鮮人数は六六六一名に上った［山田昭次二〇〇三］。

流言の発生は極めて早く、九月一日夜半には発生が記録されている［松尾尊兊一九九八］。だが朝鮮人虐殺は流言のみによって発生したわけではない。震災発生を受けて、水野錬太郎内務大臣、赤池濃警視総監、後藤文夫内務省警保局長ら治安担当官僚は、戒厳令の公布検討を始め、九月二日の夕方、枢密院の批准も経ず、また「内乱」の事実も無いなかで戒厳令を公布した。すでに九月一日から二日にかけて近衛師団、第一師団のほか、仙台、宇都宮、弘前などの他の師団も東京に向けて出兵しており、戒厳令公布と出兵は人々に流言を事実と誤認させる根拠を与えた〔松尾章一二〇〇三〕。

それどころか、内務省は自らがこの流言を流布した。内務省警保局長は震災の直後、「東京付近の震災を利用し、朝鮮人は各地に放火し、不逞の目的を遂行せんとし、現に東京市内に於て爆弾を所持し、石油を注ぎて放火するものあり」と流言を公認する情報を全国に流し、地方長官に朝鮮人への取締を強めるよう命じた〔姜徳相・琴秉洞一九六三〕。内務省警保局長がこの電報を打ったのは九月二日であり〔姜徳相二〇〇三〕、極めて早い段階で治安当局が流言を公認し、これがいっせいに全国に広まった。また、末端の警察官が九月一日に「暴動」を事実として触れ回るケースもあった〔山田昭次二〇〇三〕。さらに新聞各紙は朝鮮人の「暴動」を事実として報道した。こうした治安当局と新聞による流言の一斉拡大により、各地では軍隊・警察・自警団による朝鮮人虐殺が繰り広げられた。

虐殺には野銃砲第一連隊や習志野騎兵第一五連隊などの軍隊が直接関与し、騎兵第一三連隊は警察が検束した朝鮮人約三〇〇人と社会主義者一〇人、自警団四人を殺害した〔姜徳相二〇〇三、松尾章一二〇〇三〕。また、前述の黒友会などの指導的人物だった朴烈や金子文子も、朝鮮人暴動を図ったとして検束された（「朴烈大逆事件」）。

民衆を組み込んだ自警団も虐殺に関与したが、こうした自警団は自然発生的に結成されたタイプのほか、夜警団がデマを聞いて自警団へと転化したタイプ、震災以前に町村単位で警察の下請けとして村内有力者を中心に組織された「安全組合」「保安組合」などが自警団となったタイプ、そして警察の指令で作られたタイプがあった〔山田昭次二〇〇三〕。虐殺に加わった自警団には、朝鮮駐屯軍やシベリア干渉戦争に参加した元兵士が関与したと見られる事例もあり〔矢沢康祐一九九〇〕、虐殺は対外侵略の過程で日本人が他民族殺傷経験を蓄積していたこととも無関係ではないだろう。

自警団による朝鮮人狩りは執拗を極め、避難した朝鮮人と日本人の夫婦を自警団が追い込み、妻の両親まで娘の夫が朝鮮人であることを知って自警団への引渡しを求めるような事件も起きている（『東京日日新聞』一九二三年一〇月二二日付）。また、自警団の形態をとらない民衆による自発的虐殺も起っており、一九二三年九月四日、汽船で横浜に到着した震災罹災者見舞客の上陸に際し、船員は市内で朝鮮人が暴れているので注意する旨警告したことに対し、乗客らは船内に朝鮮人六名が乗船していることを発見してたちまち二人を殺し、四人を海に投げ捨て、さらに中国人の母娘も海に投じるという事件も起った（『東京朝日』一九二三年一〇月二一日）。この例にもあるように震災時には在日中国ＹＭＣＡの活動家・王希天をはじめ、数百人の中国人も虐殺された。

4 「不逞／良鮮人」の区別と自警団裁判

こうして関東全域で朝鮮人虐殺が発生するなか、日本政府はようやく流言が全くの事実誤認であったことに気づき、九月五日頃より軌道修正を開始する。ただ政府は自らの非を完全に認めるのではなく、朝鮮人のなかに「不逞鮮人」「良鮮人」があり、後者は保護すべきとの論法を採用すると同時に、殺害の責任を自警団のみに転嫁する方法を採った。

政府は九月五日の「鮮人問題に関する協定」において、朝鮮人虐殺についての「宣伝」方針を指示した（史料２「鮮人問題に関する協定」）。ここでは虐殺が朝鮮人のみを対象としたものではないと強調する一方、朝鮮人の「暴行」の「事実」と「風説」を「肯定」することを指示した。また、一六日の「鮮人問題に関する事項」では朝鮮と「諸外国」に対し、実際に「不逞の鮮人」による掠奪・強姦・放火が存在したことを宣伝する一方、虐殺の主体は「市民」に転嫁されている（史料３「鮮人問題に関する事項」）。また、「鮮人不逞行為の実例を示し」「正当なるものは飽迄十分に保護せられたることを宣伝」することを奨励している。特に政府が朝鮮や国際世論へのアピールに力を注いでいることがわかる。

こうした政府の方針は自警団裁判にも如実に示されている。政府は朝鮮人殺害を自警団のみの責に帰し、一部の自警団を裁判にかけたが、このうち実刑率は警察を襲撃し朝鮮人を虐殺したタイプ（四七・一％）と日本人を誤って虐殺したタイプ（五九・三％）の実刑率が高く、朝鮮人を虐殺したのみのものは一六・五％と著しく実刑率が低い［山田昭次二〇〇四］。一九二四年に入って政府は自警団裁判の基本方針を定めるが、そこで重視されたのも朝鮮人虐殺の実態把握ではなく、主として警察権に逆らった自警団の処罰であり、いずれの裁判も朝鮮及びアメリカなどの国際世論が、朝鮮人虐殺を問題化したことに対し、あくまでそれを自警団によるものというかたちで責任を回避するところに狙いがあった。

5　大虐殺後の在日朝鮮人と「融和」政策

大虐殺後の在日朝鮮人の動揺は相当なものであり、一年後の警視庁による戸口調査でも東京にいた約一万人の朝鮮人が三六〇九人に減少したと報告されており、また、東京に残った朝鮮人も「一定の住所無くビクビクしながら逃げたり隠れたりして居る」ような状況だったという（『時事新報』一九二四年八月二三日付）。

当時の状況を観察していた文筆家の鄭然圭が、震災を契機に東京の朝鮮人の思想的傾向が左右対立から相愛会ら親日派をめぐる対立へと一変した、と記しているように、在日朝鮮人の民族団体の間でも日本に対する強い批判に基づく団結が醸成されるようになった。震災の一年後には東京で民族主義者、無政府主義者、社会主義者らの統一戦線的な「被虐殺朝鮮同胞記念追悼会」が開かれている［山田昭次二〇〇三］。また、確かに当時最も代表的な親日団体であった相愛会は、震災直後に警視庁と協議し、率先して朝鮮人を震災復旧工事に動員するなど、当局に積極的に協力した〔岩村登志夫一九七二〕。実は相愛会も震災時にそのメンバーを自警団に殺されていたのだが（『報知新聞』一九二三

【コラム】虐殺の記憶と日本の社会

震災からちょうど一年が経った一九二四年八月、横浜で震災一周年に際して朝鮮人が日本人に復讐するらしい、という流言が広がった。このため自警団が警戒態勢をとり、これを恐れた横浜在住の朝鮮人の中では恐怖のあまり船で横浜を離れる者が多数でたという（『報知新聞』一九二三年八月三一日付）。「虐殺の記憶」は殺された当事者である朝鮮人のみならず、殺した日本人の意識をも捉えて離さなかったことがよくわかる。日本人の間にある「不逞鮮人」観はある意味では震災時のままに人々の脳裏に焼きついていたといえよう。

戦時期末期においても、内務省警保局は「関東大震災の際に於けるが如き事態を想起」して「内地人の方面にありましては空襲等の混乱時にありまして朝鮮人が強窃盗或は婦女子に対し暴行等を加へるのではないかとの危惧の念を抱き双方に可成り不安の空気を醸成し果ては流言蜚語となり其れは亦疑心暗鬼を生むという傾向」があると報告している（内務省警保局保安課「治安状況に就て」一九四四年一月一四日、〔朴慶植一九七六〕）。ここからは日本の民衆が、関東大震災時の朝鮮人をめぐる流言を「事実」として記憶していることがよくわかる。

広島で被爆したある朝鮮人は、ようやく辿りついた救護所のテントに日の丸があるのをみて、関東大震災時の朝鮮人虐殺を思い出して二の足を踏み、治療をうけるのをあきらめたという〔山代巴一九六五〕。日本社会が震災を「虐殺の記憶」ではなく当時の流言のままに記憶している以上、在日朝鮮人が天災や空襲、あるいは朝鮮解放といった日本人が動揺するであろう事態が起きるたびに、「虐殺の記憶」を想起し恐怖しなければならなかったのは当然であった。関東大震災時の朝鮮人虐殺は決して一過性のものではなく、以後の日本社会を規定し続けたのである。

年一〇月二一日付)、朝鮮人虐殺の真相究明どころか当局と結託した「復興」を優先する相愛会に民族団体の批判が集中したといえよう。こうしたなかで、一九二〇年代には労働運動や民族運動が活発化していくことになる。

一方、このような状況は当局にとっても憂慮すべきものであった。朝鮮総督府や日本政府は虐殺の隠蔽や朝鮮人の反日感情に対する対応を迫られた斎藤実朝鮮総督の指示により、震災直後に朝鮮人の「保護救済」と「内鮮融和」の名のもとに「融和」団体が作られることになる〔樋口雄一 一九八六〕。一九二四年五月には朝鮮人人口の多かった大阪で大阪府内鮮協和会が作られ、続いて神奈川や兵庫にも同様の団体が作られた。これらの団体では朝鮮人の住宅問題の解決や職業紹介、そして夜学の運営を行なうなどの社会事業を行なう一方、震災時に朝鮮人を救った日本人の「美談集」を発行するなどした。これら初期の「融和」団体は三〇年代後半の協和会とは異なり、全国的なものではなく、各地方ごとの朝鮮人有力者や民間の篤志家が主体となりこれに警察や地方行政当局が援助して運営する形態を取ったものが多い。だがこうした虐殺事件処理は、結果として日本人の記憶のなかに流言を事実として記憶させるという、悪しき結果をもたらすことになった。

史料

(1)「宣言書」

朝鮮青年独立団は、わが二千万の朝鮮民族を代表して、正義と自由の勝利した世界万国の前に、われわれの独立を期成せんことを宣言する。

そもそも、四千三百年の長久なる歴史を有するわが民族は、実に世界最古の文明民族の一つである。三国中葉以降、時として中国の正朔を奉じることはあるが、これは両国王室の形式的外交関係にすぎず、朝鮮は常に朝鮮民族の朝鮮であって、かつて一度としてその統一国家たるを失い、異民族の実質的支配を受けたことはなかった。

日本は、朝鮮が日本と唇歯の関係にあることを自覚していると称して、一八九四年の甲午中日戦争の結果、朝鮮の独立を率先して承認し、アメリカ、イギリス、フランス、ドイツ、ロシアなどの諸国もまた、みな独立を承認したばかりでなく、独立を保全することを約束した。朝鮮もまたその恩義に感じ、鋭意諸般の改革と国力の充実とを図ってきた。

当時は、ロシアの勢力が南下し、東洋の平和と朝鮮の安寧とを脅かしたので、日本は朝鮮と攻守同盟を締結し、露日戦争を開いた。東洋の平和と朝鮮の独立保全とは、実にこの同盟の主旨であったから、朝鮮はいよいよその好誼に感じ、陸海軍の作戦上の援助は不可能であるが、わが主権の威厳をまで犠牲にして、およそ可能なあらゆる義務を尽くして、東洋平和と朝鮮独立の二大目的を追究したのであった。

しかし、戦争が終結するにおよんで、当時アメリカの大統領であったルーズヴェルト氏の仲裁によりて露日間の講和会議が開催されると、日本は同盟国である朝鮮の参加を許さず、露日両国代表者の間で、任意に、日本の朝鮮に対する宗主権を議定した。日本は、その優越した兵力を持して、朝鮮の独立を保全するという旧約に違反し、暗弱な朝鮮皇帝とその政府を脅かし欺いて、国力が充実して能く独立の実を得るにたる時期までとの条件をつけて朝鮮の外交権を奪い、これを日本の保護国とし、朝鮮が直接世界列国と交渉する道を断った。つぎに、相当の時期までとの条件で司法警察権を奪い、さらに徴兵令実施までとの条件で軍隊を解散し、民間の武器を押収して、日本の軍隊と憲兵警察とを各地に配置し、甚だしきにいたっては、皇宮の警備まで日本の警察を使用している。このように朝鮮をまったく無抵抗なものにして、しかるのち明哲の称のある光武皇帝を退位させ、まだ精神の発達の十分でない若年の皇太子を擁立して、日本の走狗どもをもっていわゆる合併内閣を組織して、秘密と武力とをもって、ついに合併条約を締結した。ここにおいてわが朝鮮民族は、建国以来半万年にして、自己を指導し援助すべきことを約束した友邦の帝国主義的野心の犠牲となったのである。実に日本の朝鮮に対する行為は、詐欺と暴力に出ずるもので、このような詐欺の成功は、まことに世界興亡史上に特筆すべき人類の大恥辱である。

そもそも、保護条約を締結したとき、皇帝およびいく人かの賊臣を除く大臣が、あらゆる手段を尽くして反対したばかりでなく、発表ののちも、全国民は、素手で、可能なあらゆる反抗をした。司法・警察権の奪われた時にも、軍隊解散の時にもまた抵抗した。また併合に際しては、手に寸鉄も有しないにもかかわらず、可能なあらゆる反抗運動をして、精鋭な日本の武器の犠牲となった者はその数を知ることができない。爾来十年間、独立運動の犠牲となった者の数や十万、惨酷な憲兵政治の下に手足の自由を奪われ口舌に箝制を受けつつも、しかもかつて独立運動の絶えたことはない。このようにしてみると、朝鮮、日本の合併は、朝鮮民族の意志でないことを知ることができるであろう。このようにわが民族は、日本の帝国主義的野心、詐欺と暴力のもとに、わが民族自身の意思に反する運命におかれている。それゆえわれわれには、正義をもって世界を改造せんとするこの時に当たり、その匡正を世界に求める当然の権利がある。また世界改造の主人公であるアメリカ、イギリスには、保護と合併を率先して承認したという理由により、こんにちこの時、その罪を贖う義務があるものである。

また併合以来の日本の朝鮮統治の政策をみると、併合当時の宣言に反し、わが民族の幸福と利益を無視し、征服者が被征服者に対するような古代の非人道的政策をそのままに用い、わが民族には参政権、集会・結社の自由、言論・出版の自由などをいっさい許さず、甚だしきにいたっては信教の自由、企業の自由までも少なからず拘束している。行政、司法、警察などの諸機関は、朝鮮民族の人権を侵害し、公的にも私的にもわが民族と日本人の間に差別を設け、日本人に比して劣等な教育を施し、もってわが民族を永遠に日本人の被使役者たらしめようとしている。歴史を書き改め、わが民族の神聖な歴史的・民族的伝統と威厳とを破壊し、はずかしめを加えている。少数の官吏を除くほかは、政府の中枢諸機関と交通、通信、兵備などの諸機関において、全部または大部分日本人を使用し、わが民族に対しては、永遠に国家生活の知能と経験とを得る機会を与えなかった。わが民族は、けっしてこのような武断、専制、不正、不平等な政治の下において、生存と発展とを享受することはできない。加うるに、元来人口過剰な朝鮮に、無制限に日本人の移民を奨励し補助し、土着のわが民族が海外に流離するほかないようにしむけた。かつ、国家の諸機関はもちろん私設の諸機関にまで多数の日本人を使用させ、一面では朝鮮人にその職業を失わしめ、一面では朝鮮人の富を日本に流出せしめた。また商工業においても、かならず日本人にはあらかじめ特殊な便益を与え、朝鮮人が産業的に勃興する機会を失わせた。このようにして、いかなる方面からみても、わが民族と日本人との利害は相互に背馳し、背馳すればその被害を受けるのはまたかならずわが民族であった。ゆえにわが民族は、生存する権利のために独立を主張するものである。

最後に、東洋平和の見地からみても、その最大の脅威であったロシアはすでに帝国主義的野心を放棄し、正義と自由と博愛とを基礎とする新国家の建設に努力しつつある。中華民国もまたそのとおりである。これに加うるに、このたびの国際連盟が実現すれば、ふたたび帝国主義的侵略を敢行する強国はなくなるであろう。とすれば、朝鮮を併合した最大の理由はすでに消滅している。そればかりでなく、これにより、朝鮮民族がかずかずの革命反乱を起こせば、日本に併合された朝鮮はかえって東洋平和を攪乱する禍根となるであろう。わが民族は、正当な方法によってわが民族の自由の追求しつづけるものであるが、もしこれが成功しなければ、わが民族は生存の権利のためにあらゆる自由行動をとり、最後の一人にいたるまで自由のために熱血を流すことを辞さないものでである。これがどうして東洋平和の禍根とならないであろうか。わが民族は、一兵すらもっていない。わが民衆は、兵力をもって日本に抵抗する実力はない。しかしながら、日本がもしわが民族の正当な要求に応じなければ、わが民族は日本に対し、永遠の血戦を宣言するであろう。

わが民族は、久遠にして高尚な文化を有し、また半万年の間の国家生活の経験をもっている。したがって、たとえ多年の専制政治の害毒と境遇の不孝とがわが民族のこんにちを招来したものであるにせよ、正義と自由とを基礎とする民主主義先進国の模範にしたがって新国家を建設するならば、建国以来文化と正義と平和とを愛好してきたわが民族は、まいがいなく世界の平和と人類の文化とに貢献するところとなるであろうと信ずる。

ここにわが朝鮮民族は、日本または世界各国が、わが民族に民族自決の機会を与えんことを要求し、もし要求がいれられなければ、わが民族は生存のために自由行動をとり、わが民族の独立を期成することをここに宣言する。

西紀一九一九年二月八日

朝鮮青年独立団

右代表　崔八鏞　金度演　李光洙　金喆寿　白寛洙　尹昌錫　李琮根　宋継白　崔謹愚　金尚徳　徐椿

（朴殷植『朝鮮独立運動の血史1』姜徳相訳注、平凡社東洋文庫、一九七四年）

（2）臨時震災救護事務局警備部「鮮人問題に関する協定」（一九二三年九月五日）

鮮人問題に関する協定　極秘

警備部

鮮人問題に関する協定

一、鮮人問題に関し外部に対する官憲の採るべき態度に付、九月五日関係各方面主任者、事務局警備部に集合、取敢えず左の打合を為したり。

第一、内外に対し各方面官憲は鮮人問題に対しては、左記事項を事実の真相として宣伝に努め、将来これを事実の真相とすること。

従て、(イ)一般関係官憲にも事実の真相として此の趣旨を通達し、外部へ対しても此の態度を採らしめ、(ロ)新聞紙等に対して、調査の結果事実の真相としてかくの如しと伝うること。

左　記

朝鮮人の暴行又は暴行せんとしたる事例は多少ありたるも、今日は全然危険なし。しかして一般鮮人は皆極めて平穏順良なり。

朝鮮人にして混雑の際危害を受けたるもの少々あるべきも、内地人も同様の危害を蒙りたるもの多数あり。皆混乱の際に生じたるものにして、鮮人に対し故らに大なる迫害を加えたる事実なし。

第二、朝鮮人の暴行又は暴行せんとしたる事実を極力捜査し、肯定に努むること。

尚、左記事項に努むること。

イ、風説を徹底的に取調べ、これを事実として出来得る限り肯定することに努むること。

ロ、風説宣伝の根拠を充分に取調ぶること。

第三、(略)

第四、（略）
第五、（略）
第六、朝鮮人等にして、朝鮮、満州方面に悪宣伝を為すものはこれを内地又は上陸地に於て適宜、確実阻止の方法を講ずること。
第七、海外宣伝は特に赤化日本人及赤化鮮人が背後に暴行を煽動したる事実ありたることを宣伝するに努むること。

（姜徳相・琴秉洞編『現代史資料6　関東大震災と朝鮮人』みすず書房、一九六三年）

(3) 臨時震災救護事務局警備部「鮮人問題に関する事項」（一九二三年九月一六日）

一、鮮人問題の宣伝
a、内地のため、特に宣伝の要なかるべし。

b、朝鮮及諸外国に対し、一部不逞の鮮人にして災害の機に乗じ掠奪、強姦、放火、井水投毒等の挙に出でたるものありて、市民の激昂を買い検挙又は殴殺せられたるものあるも、大部は安全に保護せられあり。

本所、深川方面及横浜市等に於て多数鮮人の焼死を生ぜるも、之れ全く火災に依るものにして十万有余の内地人焼死と其運命を共にしたるに過ぎす（朝鮮の為には保護の情況を述ぶ）。
二、在留鮮人の取締に関する件
1、目下集団して収容しあるものは内務省に引継ぎ左の如く処置す。
a、学生は速に地方学校に移し、労働者は技能に応じて適宜の役務に服せしむ。但し内地人の労働者との争議を避くる為め使用地方及役務の種類を顧慮す。

b、職業身分等を調査し且つ其の不良分子を徹底的に検挙す。

c、鮮人不逞行為の実例を示し、刺殺等の偶々之に依り内地人の激昂を招きたるに結果し、正当なるものは飽迄十分に保護せられたることを宣伝し、且此の趣旨に依る通信を奨励す。

d、鮮人一般の意嚮を洞察するに努め、其の動静監視を継続す。
2、今尚地方民間に散在しあるものは其儘とす。
3、集団収容しあるものと民間に散在しあるものとを問はず、当分の内個人として内地各地方への移動及内地朝鮮相互間の渡航を制限す。
4、鮮人不逞行為の真相及鮮人にして主義者の煽動を受けたる具体的事実を調査して後日の用に供す。
三、対朝鮮策
a、在鮮官憲及新聞をして盛んに鮮人問題の真相を布伝せしむ。

b、不穏分子に対する監視を厳にす。

c、軍隊をして特に示威の目的を以て各種の演習を行はしむ。

d、万一の紛擾を顧慮し増兵計画を策定し即時出動の準備をなす。

e、朝鮮より内地への入国を制限す。

f、支那及西比利亜より帰国せんとする朝人の入国を防止す。


（姜徳相・琴秉洞編『現代史資料6　関東大震災と朝鮮人』みすず書房、一九六三年）

〈参考文献〉

阿部　洋「『解放』前韓国における日本留学」（『韓』第五巻一二号、一九七六年）

今井清一『横浜の関東大震災』（有隣堂、二〇〇七年）

岩村登志夫『在日朝鮮人と日本労働者階級』（校倉書房、一九七二年）

荻野富士夫編『特高警察関係資料集成』第三二巻（不二出版、二〇〇四年）

加藤哲郎「第一次共産党のモスクワ報告書（下）」（『大原社会問題研究所雑誌』四九二号、一九九九年）

川瀬俊治『もうひとつの現代史序説 朝鮮人労働者と「大日本帝国」』（ブレーンセンター、一九八七年）

〃「『韓国併合』前後の朝鮮人労働者―日本での就労実態と民族差別」（徐龍達先生還暦記念委員会編『アジア市民と韓朝鮮人』日本評論社、一九九三年）

姜《カン》徳《ドク》相《サン》・琴《クム》秉《ビョン》洞《ドン》編『現代史資料六　関東大震災と朝鮮人』（みすず書房、一九六三年）

姜徳相編『現代史資料二六　朝鮮二』（みすず書房、一九六七年）

姜　徳　相『呂運亨評伝1　朝鮮三・一独立運動』（新幹社、二〇〇二年）

〃『朝鮮独立運動の群像　啓蒙運動から三・一運動へ』（青木書店、一九八四年）

〃『新版　関東大震災・虐殺の記憶』（青丘文化社、二〇〇三年）

金《キム》　英《ヨン》　達《ダル》「在日朝鮮人社会の形成と一八九九年勅令第三五二号について」（小松裕・金英達・山脇啓造編『「韓国併合」前の在日朝鮮人』明石書店、一九九四年）

木村健二・小松裕編『史料と分析「韓国併合」直後の在日朝鮮人・中国人　東アジアの近代化と人の移動』（明石書店、一九九八年）

許《ホ》　淑《スク》　真《チン》「日本における労働移民禁止法の成立」『布目潮渢博士古稀記念論集　東アジアの法と社会』（汲古書院、一九九〇年）

小松　裕「肥薩線工事と中国人・朝鮮人労働者」（『「韓国併合」前の在日朝鮮人』明石書店、一九九四年）

徐《ソ》　根《グン》　植《シク》「山陰線工事と朝鮮人労働者」（『「韓国併合」前の在日朝鮮人』明石書店、一九九四年）

長久保宏人「二・八宣言から三・一独立運動へ―ソウルを舞台とした朝鮮人日本留学生の動きを中心に」（『福大史学〈福島大〉』三一号、一九八一年）

朴己煥《パクキファン》「旧韓末と併合初期における韓国人の日本留学」（『近代日本研究』第一四巻、一九九七年）
朴慶植《パクキョンシク》編『在日朝鮮人関係資料集成』第一巻（三一書房、一九七五年）
〃『在日朝鮮人関係資料集成』第五巻（三一書房、一九七六年）
朴　慶　植『在日朝鮮人運動史　八・一五解放前』（三一書房、一九七九年）
〃『朝鮮人強制連行の記録』（未来社、一九六五年）
朴　賛　勝《パクチャンスン》「一八九〇年代後半における官費留学生の渡日留学」（宮嶋博史・金容徳編『日韓共同研究叢書二　近代交流史と相互認識一』慶応義塾大学出版会、二〇〇一年）
林えいだい『強制連行・強制労働―筑豊朝鮮人坑夫の記録』（徳間書店、一九八一年）
東定宣昌「明治期、日本における最初の朝鮮人労働者―佐賀県長者炭坑の炭坑夫」（『「韓国併合」前の在日朝鮮人』明石書店、一九九四年）
樋口雄一『協和会　戦時下朝鮮人統制組織の研究』（社会評論社、一九八六年）
福井　譲「「内地」渡航管理政策について――一九一三～一九一七年を中心に」（『在日朝鮮人史研究』二九号、一九九九年）
松尾章一『関東大震災と戒厳令』（吉川弘文館、二〇〇三年）
松尾尊兊『民本主義と帝国主義』（みすず書房、一九九八年）
水野直樹「朝鮮総督府の「内地」渡航管理政策」（『在日朝鮮人史研究』二二号、一九九二年）
矢沢康祐「関東大震災時における在郷軍人及び軍隊による朝鮮人虐殺について」（専修大学人文科学研究所『人文科学年報』二〇号、一九九〇年）
山代巴『この世界の片隅で』（岩波新書、一九六五年）
山田昭次『関東大震災時の朝鮮人虐殺　その国家責任と民衆責任』（創史社、二〇〇三年）
〃「解説」（『朝鮮人虐殺関連新聞報道史料』別巻、緑蔭書房、二〇〇四年）
＊朴賛勝『韓国近代政治思想史研究　民族主義右派の実力養成論』（歴史批評社、一九九二年）

第四章　植民地の近代と民衆

松田利彦

はじめに

植民地期朝鮮史研究において近年、強い影響力を及ぼしている理論として「植民地近代性論」（「植民地近代論」とされることもある）をあげることに誰しも異論はないだろう。一九九〇年代以降現れてきたこの議論は、近代が抑圧的性格を内包していることを議論の前提としながら、植民地主義と近代性が表裏一体であることを明らかにしようとする。この系列の研究で特によくみられる手法は、M・フーコーの規律権力論に立って、学校・工場・病院といった装置を通じて、植民地下の日常生活において朝鮮人が近代的規律を内面化するプロセスを跡づけようとするもので、その作業はしばしば、民族主義批判と結びついてきた［金晉均・鄭根植一九九七、Shin, Gi-Wook and Michael Robinson, eds., 1999、尹海東二〇〇四、松本武祝二〇〇五］。

しかし、他方で、植民地近代性論が植民地朝鮮社会の「近代的」部分の分析に偏重するという問題点を抱えていることも次第に認識されつつある。すなわち、農村よりは都市に住む朝鮮人、あるいは近代的知識や日本経験を有した朝鮮人を対象とし、彼らが植民地支配体制から排除される面よりは包摂される側面に力点を置く傾向が見られる。もちろん研究者によって相当な幅があるにせよ、植民地近代性論研究が全体として、近代性批判という本来の主張にもかかわらず、植民地社会における「近代的」側面を過度に強調してしまう逆説が生じているのである［板垣竜太二〇〇八、洪宗郁二〇一一］。このような問題点に対しては、植民地権力のヘゲモニーが民衆世界に貫徹していたと見るよりは、生活に根ざした民衆の自律性こそを探究していかねばならないとする批判が民衆史・民衆運動史の立場からは提起されている［趙景達二〇〇八］。

朝鮮民衆にとっての植民地経験を描くためには、朝鮮社会に「近代」が導入された事実とともに、植民地的近代と民衆の自律的領域の関係性も視野に入れておく必要がある。本章では、このような立場から、植民地朝鮮に導入された近代的制度・秩序・政策に対する民衆の反応、および民衆と植民地権力・朝鮮人知識人の関係の素描を試みた。

Ⅰ　民衆支配秩序の変容

前近代の朝鮮社会においては、一七世紀後半以来、守令―郷吏層―在地両班（士族）の三者による在地社会支配体制が成立していた。守令（中央政府からの派遣官吏）や郷吏（地方行政実務を担った土着官吏）が官衙に勤め邑城近辺に住んだのに対し、両班士族は主に農村に居住し農民に強い影響力をもった。両班は、地縁・血縁ネットワークによって両班内部の結束を固めるとともに、初等漢文教育機関の書堂を通じて一般民衆にも儒教的価値観を浸透させ、村落の徳望家的存在の位置を占めたのである。このようにして、儒教的価値観は在地両班の学問にとどまらず、村落の支配原理として深く根を下ろすことになった［宮嶋博史一九九五、李泰鎮二〇〇〇］。

在地両班を核としながら、末端の民衆の自律的な生活世界となった洞里（後述の一九一四年以降の新洞里と区別するため旧洞里と呼ぶ）についてもう少し詳しく見ておこう。旧洞里は、平均五〇戸程度の村落として形づくられ、「何百年もの間一つの行政的単位として、又一つの城隍堂を共同祭祀する信仰的団体として、将又一組の洞契を組織して来たところ」だった［鈴木栄太郎一九四四］。旧洞里は、行政・信仰の基本的単位として機能していたのである。

実際、旧洞里は、地域民衆の自治単位としての機能を持っていた。農民の相互扶助組織である洞契が担っていた役割に、それはよく表れている。洞契は、旧洞里の住民を構成員とし、地域名望家たる長老・両班が担う尊位と平民の洞長によって運営された（ただし、両班のいないいわゆる「民村」も存在する）。洞契は、冠婚葬祭や納税・親睦・水利などさまざまな目的のために作られた。また、饗宴と娯楽を兼ねた農民の共同労働であるトゥレも洞トゥレに拡大する場合が見られた。旧洞里は洞祭の前後に洞会を開いたが洞会は、村落財産の報告、役員の選出、農事についての話し合いを行い、共同体の自治的連帯意識を育てる重要な場となった。

このようにして、強い共同性をもち農村民衆の生活の基盤となった旧洞里は、近代への転換とともに変容していった。

制度的な側面では、一八九四年以降の甲午改革において、開化派政権は、府―郡―面―里のヒエラルヒーの構築を目ざす中央集権化を図った。甲午改革の挫折後も、こうした方向性は地方制度改正の基本方向となった。在地両班の拠点たる郷庁の解体や郷吏の定員削減が進められ、統監府期には郡守から徴税権・警察権・裁判権が剝奪された［姜在鎬二〇〇一］。先述の守令―郷吏―両班の三極構造から成る地域支配体制の解体が進んでいったのである。こうした中央集権化の流れのなかで、一九〇六年に日本が設置した韓国統監府は旧洞里の自治的性格を否定し、面を末端行政機関として機能させようとするが、この政策が実施されるのは韓国併合以後となる。

併合後に行なわれた土地調査事業（一九一一〜一八年）によって地理的境界が画定された旧洞里は、一九一四年の統廃合によって新洞里に改編された。次いで、一九一七年には、面制・同施行規則によって、面が最末端行政単位として位置づけられた。面が道路・河川・灌漑・墓地・消防などの事務を担い、そのための財産をもつことが法令化されたのである。洞契をはじめ村落内の諸組織が担っていた事業は次第に面に吸収され、洞里の共有財産も面に委譲する方針がとられた。しかし、洞里の統廃合と面制の施行にもかかわらず、旧洞里は、依然として実際の民衆の生活圏として大きな位置を占めていた。たとえば、一九二〇年代に入っても、契は減少しながらも（一九二〇年─三一、二五一個→二六年─一九、〇六七個）広く存続していた。また、総督府は一概に伝統的な慣習や道徳を否定したわけではなく、政策的に利用しうるものは残そうとした。たとえば朝鮮農民のなかに一九世紀後半以来生まれていたといわれる勤倹思想に対して、総督府内務部長は、一九一四年、「美風良俗の維持、勤倹貯蓄の励行」を図るよう各郡守に通牒を発している（「地方振興ニ関スル件」〈黄海道第一部地方係編『黄海道地方行政例規』一九一八〉）。総督府が旧洞里の本格的な掌握と改編に乗り出すのは、一九三〇年代の農村振興運動を待たねばならなかった。

Ⅱ 「植民地近代」と民衆

朝鮮植民地化を前後して朝鮮王朝期の村落支配秩序が揺るがされるのにともなって、民衆の秩序観も動揺せざるをえなかった。

第一に、両班儒生の権威が低下したことがあげられる。統監府期に日本人警察官僚が作成した文書も、この点を指摘している（史料1）。すなわち、身分制の崩壊で、「一般民心を支配すへき勢力中心」は両班儒生を離れ、キリスト教徒や資本家、新知識階級など、ある種の「近代」を体現する者へと移行しつつあった、というのである（以下、原文がカタカナの資料は引用にあたってはひらがなに改めた）。

また、韓国併合後も両班に対する一般民衆の酷評が目だつ。一九一〇年代初期の忠清南道における民心調査資料『酒幕談叢』を見てみよう。『酒幕談叢』は、酒幕（酒場）にたむろする民衆の声を憲兵警察の密偵が記録した資料で、その内容は社会情勢や植民地支配に対する鋭い観察に満ちている［松田利彦二〇〇九］。同資料の伝えるエピソードの一つに次のようなものがある。

一九一一年後半、天安でのことだが、「洪氏」が酩酊して「偉い両班だというて市場中を大手を広げて乱暴」したところ、憲兵に「大変叱られ」、この様子を見ていた者も「両班は余程勢力があったが今は一厘の価値もない」との感想をもった、という。

日本の憲兵に両班が叱責される姿を民衆が冷ややかに見つめる様相に、時代の変化が凝縮されていよう。ほかにも『酒幕談叢』には、両班は「駄目になった」「馬鹿」にされている、などとする声が記録されている。そこでは、かつて、両班は庶民から土地や金を巻き上げていたとか、両班と常民では裁判で不公平な扱いを受けていたなどとも述べられている。もちろんこれら官憲資料を額面通りに受け取ってよいかは疑問も残るし、ここで非難の対象となっている「両班」が村落の徳望家を指しているのかも必ずしもはっきりしない。植民地期に入っても、両班士族自身は、士族同士の婚姻関係や書堂・書院を結節点とした教育・享祀を通じて、強固なネットワークを維持し、少なくとも彼ら自身は依然として地域エリートとしての意識をもっていた、とされる［板垣竜太二〇〇八］。とはいえ、民衆の側では、自分を取りまく社会秩序に大きな変化を感じとっていたことも否定できない。

民衆の秩序観の動揺をうかがわせる第二点目として、儒教的な秩序意識も変わりつつあったことを指摘したい。たとえば、日本が導入した裁判制度のもとでは、朝鮮人の訴訟が急増した（訴訟の増加自体は、朝鮮王朝末期から現れつつあった現象ではある）。総督府は、これを一面、近代的な「裁判思想」の発達によるものと見つつも、「事の大小軽重を論ぜず又は相手方と交渉熟議を重ねることなく濫に訴訟を提起」する風潮が「質朴敦厚なる良俗」を破壊するのではないかとむしろ危惧していた（道長官会議指示事項、一九一五年六月〈前掲『黄海道地方行政例規』〉）。もっとも、民衆自身もこうした「近代」的意識を全面的に肯定していたわけではない。先に引いた『酒幕談叢』でも、兄弟や親子間でも訴訟が乱発されるようになったことに対して、内地人のまねをするものと嘆いたり、新式教育の弊害だと憂いたりする声も見られた。

このように、伝統的な秩序意識が「植民地近代」の波を受けつつあったことに対し、人々はある部分は受け入れ場合によっては歓迎したが、他面では、それを無条件に肯定し植民地体制に包摂されていくことへの拒否感も併せもっていた。このような民衆のアンヴィヴァレントな態度を考えるならば、「植民地近代」総体を民衆が一律に拒否した、あるいは受容した、という一面的な議論は乱暴かつ危険であろう。さまざまな社会現象が複合的に絡み合っている植民地支配の内実を腑分けしながら、それに対する被支配者の態度を丹念に追っていくことが求められよう。ここでは、この点についての糸口として、朝鮮の新たな支配者たる天皇に対するイメージというマクロな問題と、現実の個々の施策に対するイメージというミクロな問題の両面から接近してみたい。

まず、日本の天皇に対する朝鮮人の見方を取りあげよう。朝鮮の植民地化とは、韓国併合条約第一条（「韓国皇帝陛下は、韓国全部に関する一切の統治権を完全且永久に日本国皇帝陛下に譲与す」）にうたわれたように、何よりも直接的には「王」の交代であったからである。

朝鮮王朝末期の民乱の時代から、民衆は、仁政を求める自らの要求は徳望ある国王によって実現されるという幻想を抱き、甲午農民戦争においても、農民軍は王朝打倒の思想はもたず「一君万民」の平均主義的ユートピアを求めていた、とされる［趙景達二〇〇二］。先述のように、植民地期の民衆は、両班儒生を一つの柱とする王朝の圧政は拒否していたが、皇帝の徳政に依存する心性を捨て去っていたわけではなかった。「皇帝幻想」とも呼ばれるこうした皇帝観の土壌に天皇を受け入れがたかったことは、容易に想像される。

天皇の権威と恩恵は、韓国併合後、さまざまな回路を通じて示された。旧朝鮮国王家の「王公族」としての待遇、朝鮮貴族への爵位や恩典の授与、教育勅語にのっとることを明記した朝鮮教育令の公布（一九一一年）、天皇の名で各府郡に下賜された臨時恩賜金等々は、天皇の支配を実感させる契機となったと思われる。しかし、天皇へのあからさまな反発も機を捉えては噴出した。たとえば、併合の年の天長節（一一月三日）では、普通学校生徒や教師による日章旗の破棄が見られた。一九一二年の明治天皇の大葬においても天皇崩御は韓国併合の報いであると噂したり、喪章の着用を拒否したりしている。また、受爵した貴族に対し「悪声を放つ」「一部人民」もいたという（以上、朝鮮総督府警務総監部『併合第三週年ト高等警察』一九一三）。

このように天皇制への拒否感を明確に意識し行動に移しえたのはおそらく一定の教育を受けた層だったろう。しかし、イデオロギーよりも生活上の利害をしばしば行動原理とした一般民衆にとっても、天皇制は無縁ではなかった。たとえば、地方社会にも関わりが深かった施策としては、三〇〇〇万円の下賜金をもとに利子収入を授産・教育・凶歉救済に充てるとされた臨時恩賜金の事業がある。皇室による「恩賜」を強調するこの事業は、実際には両班・儒生・旧郷吏などの旧支配層とその子弟に対する救済と授産のための社会事業という性格が強かった［大友二〇〇七］。警察の調査によれば、一般民のなかには恩賜金が「各自に分配されるへきものと速断せしもの多く」、誤解と判明すると「失望の色」をあらわにしたという（前掲『併合第三週年ト高等警察』）。天皇の恩賜金も、自分の懐にはいるかどうかという醒めた生活感覚によってしか民衆の目には入ってこなかったのである。

また、「皇帝幻想」とは別の文脈においても、民衆の中には新たな救世主を願望する信仰も広まりつつあった。その代表が『鄭鑑録《チョンガムノク》』信仰であり、そこにも天皇制への微妙な意識がほの見える。李氏の王朝（朝鮮王朝）が滅亡し、鄭氏が忠清南道の鶏龍山に新王朝を建国するだろうと予言した『鄭鑑録』は、朝鮮王朝中期以降、圧政からの解放を求める民衆の願望の受け皿として広まっていた。しかし、朝鮮王朝滅亡後、新たな支配者となったのは鄭氏ではなく、日本の天皇だった。『鄭鑑録』の信仰者たちはこれをどのように受け入れようとしたのだろうか。

一方では、日本の統治が「仮政三年」に過ぎず、併合三年を経れば「鶏龍山に鄭氏が都を定むべし」と、なおも鄭氏王朝の出現に固執する者もいた（前掲『酒幕談叢』）。他方で、天皇制を受け入れつつ『鄭鑑録』の予言と整合させようとする反応もあった。日本の天皇が「姓を鄭氏に賜ひ鶏龍山に於て即位式を挙行」するという談話（前掲『酒幕談叢』）や、「天皇陛下此地［鶏龍山］に君臨せられ徳政を施」すことを求める上書（前掲『併合第三週年ト高等警察』）などである。『鄭鑑録』の予言した新たな支配者が実は日本の天皇だったというのである。この奇想天外な発想は、天皇制をある意味で容認していることは間違いない。しかし、それは決して、天皇制イデオロギーの内実を理解して受容していたのではない。むしろ新たな支配者の出現を自らの土俗的信仰に引き入れ、解放と救済を仮託しようとした心理的な合理化というべきものだろう。こうした『鄭鑑録』信者は明らかに日本の求めていた「忠良なる臣民」とは異なる。

いくらかの振幅もともないつつ、朝鮮民衆のなかに見られたこのような天皇制との距離感は、「皇帝幻想」の残存として、ひいては高宗の死を契機とした一九一九年の三・一独立運動の一つの前提として、注目してよい。

それでは、次に、植民地下で行われた個々の施策についての民衆の反応を見よう。眼前で展開した諸政策に対する認識は、民衆の植民地イメージを規定する上で大きな役割を果たした。先にも引いた一九一〇年代前半の民情調査資料『酒幕談叢』からいくつかの具体的事例を抜き出してみよう（以下、同資料からの引用は談話の採録警察機関の所在地のみを記す）。

民衆の身辺で展開された植民地政策のなかで大きな比重を占めたものの一つは、物価高と税金の問題だった。『酒幕談叢』に収められた民衆の談話でも、これに関わるものが首位を占める。民衆にとって植民地支配とは何よりも自己の生活への直接的影響という次元において見出されるものだったのである。米価は一九一四年以降、低落傾向にあったが、官吏や商人のような消費者は別として、これは大多数の農民にとっては生活苦に直結する問題だった。「貧乏人は春一斗一円五十銭の米を買て食ひ秋に米が出来れば一斗八九十銭で大変の損」を被り（洪州）、「此んなに豊作が二三年も続いたら破産する者が多くあるであろう」と嘆いた（鳥致院）。

これに拍車をかけたのが、同じ一九一四年に地税をはじめ諸税が引き上げられたことである。「地税は増し米価は廉く此の模様では細民は如何にして生活するか前途思ひ遣られる」（大田）との声が漏れ、公州郡では税金の督促に耐えかね逃亡する者が続出しているとの噂が流れた。また、こうした生活苦の原因を日本人移民が流入してきたことや、あるいは日本が参戦した第一次世界大戦の戦費を朝鮮人に押しつけようとしていることを見てとり、日本の支配への潜在的な不満をつのらせた。

また、これとあわせて、植民地初期、民衆が日常的に直面したのは、道路の建設・修繕工事だった。併合初期から総督府は土地収用令（一九一一年）に基づき道路建設予定地の家屋田畑を収容するとともに、道路工事には基本的に無償の夫役を強制した。「賦役に出るには二三十銭損をする日とあきらめて居らねばならぬ」（公州）、「近頃のように道路の改修工事が多くては自分の仕事が出来ずにこまる。何処か賦役のない田舎に行て暮らしたい」（禮山）など、日々の稼ぎを奪われ使役されることへの不満はたえず生じた。道路工事が農繁期に重なることも多く、できあがった道路が生活道路としてはさほど重要でない場合も往々にしてあった。総督府の道長官会議（一九一五年）でも道路工事にともなう用地の没収が怨嗟の声を生じ、夫役が過重であることが問題化している。

さらに、従来、共同体の自律に委ねられ国家があまり介入してこなかった生活領域に植民地権力が立ち入ってくることも、民衆の間に強い拒否感をもたらした。そのような「近代的」管理の代表として、衛生問題をあげることができる。植民地初期は西洋医学の医療を行う病院・医師が不足していたため、地方行政機関や憲兵警察による衛生検査や防疫事業が大きな比重を占めた。これに対し、衛生検査を煩わしがり、「何時も清潔にせよと憲兵か口喧しく云ふが吾れは生れてから・・・・未た一度も病気に罹った事はない」（天安）と反発している。また、家庭にあって相対的

【コラム❶】新興宗教と民衆

植民地下、民衆は救済願望をしばしば新興宗教に託した。一九二〇年代の「文化政治」期、そうした新興宗教が一定認可され社会の表面に現れてきた。朝鮮王朝末期の東学の流れを継承して一九〇五年に創始された天道教は教勢を拡大し、一九二五年には朝鮮農民社を組織する。こうした東学系の天道教あるいは甑山教系の普天教など多くの新興宗教は、『鄭鑑録』信仰に基づく終末思想を教義に取りこみ、民衆の救済願望を吸収しようとした。天道教も、東学と同じく「人乃天」を根本宗旨としつつ「地上天国」の実現をうたっている。

しかし、新興宗教が民衆の自律性をどの程度尊重するものだったかについては研究者の間でも議論が分かれる。新興宗教が民衆を変革主体と見なさず、民衆の自助努力を求める「内省主義」を強調したという限界に着目する立場［趙景達二〇〇二］の一方で、朝鮮農民社を「村落自治」を再構築しようとした運動として評価する見解もある［青野正明二〇〇一b］。

に植民地権力との接点が少なかった女性の場合、種痘のために男性の医師や行政官に肌をさらすことを嫌がり、驚いて泣いたり逃げ出したりする光景も見られた。

こうした衛生問題以外にも、村落の共有林野が国有地に編入され入会権が否定されたことは、「今の政治は規則々々とやかましい……山の樹も勝手に斫れず」(天安)との不満を引き起こした。また、墓埋政策に関しては、総督府が旧来の墓地風水を迷信として取り締まり、墓地規則(一九一二年)によって新設の墓地は共同墓地のみ認めたことも民衆の混乱と不満を招いた[青野正明二〇〇一a]。あるいは、日本式の度量衡の強制、営業許可手続きの煩わしさ、賭博や石投げのような娯楽に対する取締りなども、自己の生活に立ち入ってきた煩わしい監視・管理と受けとめられた。総じて、「朝鮮も漸次開明して万事が便利になるのはよいが万事規則責めにせらる、には困る」(扶余)という声が語るように、民衆は「規則」に縛られた息苦しさに植民地支配の一面を見出していたのである。

このような不満は、時として、実力行使による異議申し立てというかたちで噴出することもあった。韓国併合直前、一九〇九年末から翌年初にかけて平安北道各地では市場税(市場での物品販売額への課税)に反対して、官庁への投石・放火をしたいわゆる市場税反対運動が起きた[金大吉一九九〇]。しかし、併合後の「武断政治」期においては、民衆の不満は、全体として容易に表面化せず鬱積した。憲兵警察による厳しい監視態勢、集会・結社・言論の抑圧のなかでは、生活に根ざした個々人の不満を集団的な抗議へと転化させたり、不満の代弁者を見出したりするのは難しかったのである。民衆の鬱積した感情は三・一運動で爆発し、一九二〇年代の「文化政治」における社会状況の変化を導くことになる。

Ⅲ　植民地権力と民衆

一九一九年の三・一運動において、民衆は、非暴力を掲げる指導者の思惑を超え、各地で駐在所や面事務所の襲撃など暴力的な蜂起を引き起こした。江原道における運動の事例研究によれば、蜂起の背景には、道路建造への夫役や土地・漁場の収奪への反発といった、何よりも自己の生活を防衛しようとする感情や、衛生管理への不満のような総督府による近代化政策への反発があった〔趙東杰一九八一〕。憲兵隊の記録でも、朝鮮人の苦痛は、共同墓地制、火田の取締、税金の賦課、煩瑣な諸届けとその費用の負担などにあったとされている（朝鮮憲兵隊司令部編『朝鮮騒擾事件状況』復刻、一九六九年）。近代ナショナリズムの波濤を受けつつも、民衆は多分に日常的な近代的管理の反発から暴力に突き動かされていた。さらに、こうした運動の過程では、場市集会、篝火行進など朝鮮王朝時代の民乱の作法も受け継がれていた〔趙景達二〇〇二〕。

植民地支配を揺るがした民衆の力に、植民地権力も民族運動陣営・朝鮮人知識人も目を見開いた。一九二〇年に創刊された朝鮮語新聞『東亜日報』（社説「未発見の民衆」、一九二四年二月六日）の言葉を借りれば、三・一運動によってまさに「民衆」は「発見」されたのだった。このようにして、一九二〇年代朝鮮の政治空間においては、植民地権力と知識人・民族運動陣営が民衆を互いに自陣営に引き入れようとする「綱引き」が展開された〔並木真人一九八九〕。と同時に、彼らは、民衆に対してはその土俗的生活慣習を否定し近代化を推し進めようとする点では、ともに民衆を「排除」「挟撃」する側面ももっていた〔趙景達二〇〇四、이필영二〇〇四〕。以下では、一九二〇年代における民衆への着目と接近の様相を、まず総督府権力について見てみよう。

三・一運動後、朝鮮総督となった斎藤実のもとで「文化政治」と呼ばれる新たな意匠の支配政策が展開されたことはよく知られている。「文化政治」においては「民意の暢達」が掲げられ、多くの施策が「民衆化」をうたった。『東亜日報』社説（一九二三年六月三日）は皮肉をこめつつ、こうした風潮について、階級的不満の激発を防止する「最善の手段は全ての国家的施設を民衆化することにあるとして、政治も民衆化し産業も民衆化し宗教も民衆化し教育も民衆化し宗教も民衆化し最近では警察の民衆化という言葉まで流行している」と述べている。

支配政策の「民衆化」を先導したのは、三・一運動後に日本本国から導入された内務省出身官僚たちだった。この時期の内務官僚は、日露戦争後日本で行われた地方改良運動において実務経験を積み、地方民を自ら教導すべしとする牧民官意識を抱いていた［升味準之助一九六八］。また、内務省高級官僚のなかには欧米視察経験者も少なくなく、第一次世界大戦下の欧米における民衆動員を目の当たりにしてもいた。こうした内務省出身の総督府官僚による「民衆化」施策の代表例として、「警察の民衆化、民衆の警察化」というキャンペーン運動をとりあげてみたい［松田利彦二〇〇九］。

「警察の民衆化、民衆の警察化」は、米騒動（一九一八年）以後の大正デモクラシー運動の高まりへの対応策として日本本国の警察で既に盛んに喧伝されていた。朝鮮にも特に一九二〇年代前半に広まり、地域民衆との接点を拡大して警察イメージを良好化させるとともに、民衆に警察行政へ能動的に協力させることを狙いとした。

主な施策としては、まず、ビラ・ポスター・講演会・警察署開放、あるいは展覧会や活動写真などを利用した宣伝活動が目につく。その中身を見ると、たとえば、木浦警察署が主に朝鮮人住民に配布した六ヵ条の宣伝書には、「警察は皆様の為めの警察にして其の関係は恰も親と子のやうなもの」「皆様も自ら進んで保護を受くるやう時を移さず申告する事が必要」「警察官は良民に対しては何処迄も保護すべきも不良の徒に対しては其の程度に応じて電光石火秋霜烈日的の措置を執」るものである、などと記されている（『京城日報』一九二一年三月三日）。また、衛生に関連した宣伝活動も多かった。

これ以外には、警察署への人事相談所の設置、窓口事務の「親切丁寧」化、不就学児童・青年に対する警察官による日本語等の夜学教育などが行われた。しかしながら、末端警察官の粗暴で高圧的な態度は（朝鮮人警察官を含め）相変わらずだったし、『東亜日報』『朝鮮日報』などの朝鮮語新聞は、朝鮮人に対する過酷な取り締まりを常日頃から非難していたから、「警察の民衆化」はかけ声とは裏腹に空念仏に終わった。

ただ、いずれにせよ「警察の民衆化」は単なる民衆への迎合ではなかった。「文化政治」は民族運動に対して「民族分裂政策」をとり、運動陣営中の妥協的部分を植民地支配体制の枠内へ誘導しようとしたが〔姜東鎮一九七九〕、それと並行して、「文化政治」は民族運動の直接的参加者ではない一般民衆も標的とした。「警察の民衆化」の施策は治安維持体制に能動的に協力する民衆を作りあげる「民衆の警察化」をも目ざしたのである。

「民衆の警察化」のキャンペーンのもと、保安組合・安全組合などの警察協力団体が新洞里単位に組織され、一九二三年八月現在、組織人員は一三九万余名に達した。これらの団体では、警察への犯罪の申告・夜警・風紀改善などが設立目的に掲げられている。しかし、朝鮮民衆の側からの警察への接近は思惑通り進んでいなかったため、警察協力団体の組織は、警察当局の方からイニシアティヴをとらねばならなかった。警察協力団体を組織した各地の警察署は活動状況を常に監視・指導しつつ、その一方で「自発的」「自警的」な民衆の活動を求めるという矛盾した政策をとることになったのである。これは、日本の自警団が関東大震災において警察当局の意図を逸脱して朝鮮人虐殺を行い、「自発性」を発揮した様相とはまったく異なる。

こうした警察の施策以外にも、行政機関や官辺団体によって、一九二〇年代後半より農村の官製組織化が進められた。面や金融組合が設置を推進した模範部落は、一、二個の村落を対象に集中的な指導を行い、その成果を宣伝することで他地域にも拡大させていこうとしていた［金英喜二〇〇三］。

このように一九二〇年代に本格化した植民地権力による民衆への着目は、一九三〇年代、その深度を増した。一九三三年から本格化した農村振興運動において、総督府は、民衆の生活・労働空間たる旧洞里に政策を貫徹させていく方向を明確化したのである。その際、総督府は、農村の貧困は農民自身の怠惰に原因があると考え、農村民衆に勤勉・倹約・貯蓄などの「内省主義」を強調し、「自力更生」を強いようとした［松本武祝二〇〇五］。民衆に対する愚昧視は覆うべくもない。その一方で、農村の貧困の根本原因だった植民地地主制にはメスを入れなかったために農村経済の改善は容易に進まず、かえって、脱穀技術や金肥など近代農業技術の導入によって金銭の出費が増え農村の貧困が加速化されるという現象も生じた［이경란二〇〇四］。

さて、この農村振興運動においては、植民地権力が、旧洞里を単位に農村振興会・殖産契・郷約などのさまざまな官製団体あるいは伝統的自治団体を換骨奪胎した組織を作り、村落の自律的な共同体機能を吸収しようとした［青野正明一九九〇、金翼漢一九九六］。たとえば、総督府は、村落の伝統的な自治組織たる洞契を再編して行政権力の指導を行きわたらせようとした。また、咸鏡北道の場合、農村振興運動期に、朝鮮時代末期に作られた「咸北郷約」が利用されているが、そこでは儒教的儀礼の項目を削除し共同労働を組み入れるなどの翻案が施されている［青野正明一九九〇］。そして、このような官製自治団体を基盤とした指導部落も、農村振興運動では強化され、一九三五年以降、全国的拡大が図られていく。

また、官製団体として、農村振興会が各地方行政単位に作られ、末端では、行政権力と村落・旧洞里の媒介の役割を果たすことになった。農村振興会は面・駐在所・金融組合の指導のもと、主に農家戸主を構成員とすることで農村振興運動に対する民衆の自発性を引きだそうとした。農村振興会は村落旧来の生活扶助組織を吸収するとともに、色服着用・断髪・冠婚葬祭費の節約・禁酒禁煙などの約束事を取り決め、農民の私的生活領域に介入した［金英喜二〇〇三］。

しかし、農村振興運動におけるこのような共同体・個人生活への権力の干渉に対して、民衆の拒否感は強かった。たとえば、農村振興運動では個々の農家の家計を把握するためしばしば経済調査が行われたが、調査にたずさわった朝鮮人面書記によれば、「耕作斗落数の多いものは、少いものに均分させるといふので、嘘をつかなければ、小作を取られる」との風評が流れたという〈文在球「農村経済調査の苦心談」〈『府邑面雑誌』一九三三年一一・一二月号〉〉。また、作家の鄭承博《チョンスンバク》は、農村振興運動のなかで推進された色服奨励について、「警察が白いゴム毬のようなもので、絞ったらギューッと出てくるようなチューブを持ってね、そこら中に吹きまくる。それをかなしんで、むろん老人の中には自殺者も出てくる」と回顧している。あるいは、冠婚葬祭の簡素化に関わっては、「『チュソク』の日なんかになると、警察やその連中の忙しさったらない、あの山でも［祭祀《チェサ》を］やってる、この山でもやっとるって、水をぶっかけ」に来た、と述べている（「百萬人の身世打鈴」〈編集委員会編『百萬人の身世打鈴　朝鮮人強制連行・強制労働の「恨」』東方出版、一九九九〉）。農村振興運動は、民衆にとっては生活慣習を破壊する権力の暴力として記憶された。このように農村振興運動で推進された民衆世界への行政権力の介入は、戦時期の国民精神総動員運動（一九三八年〜）・国民総力運動（一九四〇年〜）の重要な前提ともなっていく。

Ⅳ　知識人と民衆

一九二〇年代以降の植民地政治空間で民衆に熱い視線を注いでいたのは、総督府権力のみではない。朝鮮人知識人に目を転じ、その民衆論を見てみよう。

まず、「民衆」―特に「農民」―は、一九二〇年代以後、朝鮮民族固有の伝統や生活様式を維持している存在として、民族アイデンティティーをかたちづくる重要な要素と見なされるようになった。そもそも、「民衆」「農民」という言葉は併合以前は一般的に使われる用語とはいいがたかった（「百姓」という語が一般的だった）。日本語の語彙から取り入れられた「農民」という語は一九一〇年代から使用されるようになり、三・一運動以後、朝鮮人知識階級が多用するようになったのである［Sorensen1999］。たとえば、一九二〇年代前半における最大の朝鮮語総合雑誌『開闢』では、毎号のように、農村問題や農民と民族の関係について論じた記事が掲載された。あるいは、一九三〇年代に入るといわゆる農民文学も本格的に登場してくる。その代表作たる李光洙《イグワンス》『土』（一九三三年）では、農民の娘と都会的近代的女性との間で葛藤する知識人青年が描かれているが、農民は朝鮮人の民族性の宝庫のメタファーであることが容易に感じられる叙述になっている。

しかし、同時に指摘しておかねばならないのは、朝鮮人知識人が民衆に着目しつつも、必ずしも民衆を政治や文化の担い手とは見なしていなかったという点である。『東亜日報』社説にあらわれた民衆論を見て目につくのは、新時代のエリートとしての強烈な自負とその裏返しとしての愚民観である（史料3）。

すなわち、知識階級と民衆の「賢愚の差」は自明の前提とされ、知識人こそが民衆の指導者たらねばならないことを強調した。そして、「民衆時代」の到来を認めながらも、「民衆自体の固有の創造の機能」を否定する。彼ら知識人にとって、民衆とは自覚なき「眠れる」民であり「牧者を待つ羊」になぞらえられるものだった。

こうした民衆への視線は単に言説レベルにとどまらず、社会運動のなかでも現れることになった。一九二〇年代の地域社会運動の重要な核となった青年会を見てみよう。三・一運動以後、各地で続々と結成され、知・徳・体の修養

【コラム❷】「農民小説」の世界

一九二〇年代に登場し三〇年代に本格化した農民小説は、朝鮮人作家が、朝鮮農村の現実を描き告発し、それに対する処方箋を提示しようとした一群の文学作品である。

農民小説に共通するモチーフの一つは、農村の変化である。農村小説の代表作の一つたる李箕永《イギヨン》『故郷』（一九三六年）では、東京帰りの主人公が、故郷の変貌を、停車場・電燈・鉄道・堤防といった近代的インフラストラクチャーの登場に見てとり、「前の川の堤防をみ、そして新設された製糸工場をみて、自分の幼い頃にはわずか数百戸に過ぎなかった田舎の邑内が、相当な大都会地に変わったことに、驚かないではいられなかった」と述べている（李殷直訳『故郷』朝鮮文化社、一九六〇年）。また、農民の離農もしばしば描かれた。金東仁《キムドンイン》『赤い山―ある医師の手記』（一九三二年）や崔曙海《チェソヘ》『脱出記』（一九二五年）、韓雪野《ハンソルヤ》『合宿所の晩』（一九二八年）など、特に朝鮮人農民の満洲への移住とそこで経験した苦痛を描いた作品は多い。そして、こうした現状を打破する方策を示すために、知識人が故郷の農村に帰り実践運動にたずさわる様相を描いた「帰郷小説」も少なくない。先述の李箕永『故郷』もそうだし、また、やはり代表的な農民小説である沈熏《シムフン》『常緑樹』（一九三五年）も農村の啓蒙に身を捧げる青年たちを主人公にしている。李無影《イムヨン》『第一課第一章』（一九三九年）も、自身の経験を素材に、帰郷した知識人の理想と現実を描く。

しかし、こうした知識人の処方箋はどれほど有効なものだったのか。当時の小説は総督府の厳しい検閲制度のもとで公刊せざるをえず、直截的に農村解放論を示すことは難しかった。加えて、知識人の思考の内在的な限界も否定しきれない。李光洙『土』（一九三三年）のような啓蒙小説は、現実を無視した理想主義に陥っていると今日では評価されている。他方、李箕永『故郷』のような社会主義者（ＫＡＰＦ：朝鮮プロレタリア芸術同盟）の農村小説も、協同組合の結成により革命運動をめざすという必ずしも現実とそぐわない理念的図式に陥っていると指摘されている［鄭偵来一九九八、최갑진二〇〇一］。

を掲げた青年会は、地域民衆に対する生活改善や教育事業、衛生活動に乗り出した。しかし、場合によっては、それは民衆の生活の尊重というよりは、近代主義的思考に基づいて改革していこうとする啓蒙主義的な色合いを帯びた。たとえば地元の村落で、クッ（村や家の安泰、病気の治癒などを祈る巫俗の祭祀）をとりおこなわぬよう決議している例は少なくない。民衆の間で盛んだった巫俗を惑世誣民の迷信と見なしたからである。地方の青年会は、個人や崇神人組合（一九二〇年につくられた官製巫俗保護団体）のクッを阻止するため郡庁や警察署に抗議や陳情をし、受け入れられないと実力行使も辞さなかった［이필영二〇〇四］。

とはいえ、これらの『東亜日報』系列あるいは民族主義右派・民族改良主義と称されるグループに属する知識人の言説や行動が、全ての系列の知識人を代表していたわけではない。民族主義左派の『朝鮮日報』の論調を見よう。同紙社説「社会の進運と民衆の努力」（二四年八月一六日）では、民衆の盛衰が社会全体の盛衰を左右すると論じ、知識人が「民衆一致の覚醒と努力」をせねばならないと説く。また、社説「民衆の意義」（二五年四月八日）では、少数者が民衆の要求の代弁者面をして民衆運動を標榜することを批判し、「運動者の生活意識が民衆化」すべきだと説いている。朝鮮日報の説く民衆への寄り添い方は、少なくとも理念において東亜日報とはかなり異なる。一九二四年から三二年まで朝鮮日報社で主筆・社長をつとめた安在鴻が、民衆との間に距離を置く知識人に厳しい批判を投げかけたこと［趙景達二〇〇八］もこのような同紙の姿勢に沿うものだった。

また、知識人の民衆観を論ずる際には、時期的な差異も視野に入れておく必要がある。すなわち、三・一運動以後、多用されはじめた「民衆」なる語は、当初多分に抽象概念に過ぎなかったが、実践運動を蓄積する過程で、次第に理念と現実の落差を痛感する知識人も現れてきたと思われる。

知識人が民衆の生活現場に飛びこんで行おうとした実践運動としては、東亜日報社が主催したヴ・ナロード運動

（一九三一～三四年）が有名である。この運動は、学生や青年知識人、帰郷留学生ら六〇〇〇余名が参加し、「文盲」退治と文化向上を試みた農村啓蒙運動だった。また、朝鮮日報社でも、ほぼ同じ時期（一九二九～三一、三四年）に農

【コラム❸】華僑排斥事件

朝鮮民衆の暴力が制御不能なまでに暴走した事件として華僑排斥事件をあげることができる。朝鮮における華僑は一九二〇年代に急増し、都市近郊の野菜栽培や貿易商・飲食業、土木鉱山の下級労働などに従事した。『東亜日報』や『朝鮮日報』は、一方では中国国民革命への連帯感を表明しつつ、足下の中国人労働者を脅威と見なした。低賃金で働く中国人が朝鮮人の生活を圧迫すると見ていたからである［松田利彦二〇〇三］。

一九二〇年代末期以降、朝鮮各地で華僑排斥事件が起きた。全国レベルでは、一九二七年一二月に全羅北道裡里で二〇〇名の朝鮮人が中国人の家屋に投石したのを皮切りに、全羅南北道・忠清南北道・仁川・京城などで暴行事件が起こり、全道で三四〇件の殺人・傷害・暴行事件が生じた。また、一九三一年七月には万宝山事件をきっかけにさらに大規模な排華事件が仁川・平壌をはじめ各地に飛び火し、総督府警務局の調査では中国人死者一一八名、負傷者一九九名を生じた（リットン報告書では犠牲者数はこれを上回る）。

二つの事件はいくつかの共通点を持つ。まず、在満朝鮮人に対する中国官憲の圧迫についての報道が事件の発端になった。にもかかわらず、民衆が暴走したのはむしろ日常的に在朝鮮華僑を潜在的脅威と感じていたことが原因だった。事件が拡大すると、民族系新聞は自重を訴えたが、華僑労働者や商業者に対する民衆の恐怖や不満を十分理解していたわけではなかった［趙景達二〇〇八］。華僑排斥事件における民衆の暴力は、生活防衛主義的な位置から民衆が始源的なナショナリズムを形成しつつあったこと、しかし、そのナショナリズムがただちに反日・抗日に転化するとは限らなかったことを示している。

村啓蒙主義の立場に立つ生活改新運動を展開している。こうした運動においては、青年や学生が我も我もと農村に入っていった。生活改新運動の場合、運動の内容は、講演会や討論会、宣伝活動など知識普及と啓蒙の段階から、徐々に、色服着用・断髪・虚礼廃止・消費節約・衛生活動など現場での実践運動へと変化していった〔井上和枝二〇〇六〕。

このように現場に入りこむことで、しかし、知識人と民衆の距離をかえって見せつけられる場面もあった。沈熏の『常緑樹』は、一九三五年から『東亜日報』に連載され、ヴ・ナロード運動の現場を活写した小説として知られる。しかし、この小説も、知識人と民衆の関係という点から見ると、村民の「農友会」に対する冷視や「会館」建設への反対など、農村で活動する知識人青年の意欲が空転している状況もしばしば描かれているのに気づく。

また、こうした運動を「改良主義的」と見ていた社会主義者の批判はより厳しい。一九三〇年代初頭の彷徨する朝鮮人知識人を描いた蔡萬植《チェマンシク》の小説『レディーメイド人生』(一九三四年)は、社会主義に挫折した経験をもつ主人公に次のように語らせている。青年知識人は農村に入って「文盲」退治でも生活改善運動でも何か事業をすればよいと安易にたきつける某新聞社社長に対するせりふである(布袋敏博・熊木勉訳『朝鮮近代文学選集』第四巻〈平凡社、二〇〇九〉)。

しかし、いま朝鮮の農村では、文盲退治だの生活改善だの言って働いたこともない大学や専門学校の卒業生らが押し寄せるのをあまり喜ばないどころか、頭を抱えていることでしょう……。農民が愚昧だとか、文化が遅れているだとか、また、生活が悲惨だとかの根本原因は、読み書きができないことや、生活改善のすべを知らないことにあるわけではないのですから。

知識人たちが農村の「文盲退治」や「生活改善」を唱えても、それは、農村の貧困の根本的原因に目が行き届いているわけではなく、したがって彼らを悲惨な生活から解き放つすべにはならないだろう、と言っているのである。頂門の一針というべき批判だろう。さらに、こうした知識人による農村での生活改善運動は、その活動内容において、先述した総督府の農村振興運動とかならずしも明確な差異を持たず、次第にそちらに取り込まれていくという運命をたどったことも付記しておかねばならない。

おわりに

再び民衆自身に目を戻そう。一九二〇年代の産米増殖計画とその後の世界大恐慌の朝鮮への波及により、朝鮮農村では自作農・自小作農の小作農への没落が進んだ。その一方で、一九三〇年代に入ると、府・邑の人口が大きく伸び都市が発達した。こうした要因が重なり合い、都市に向かう農民が増加した。一九三〇年から四〇年までの農業部門からの人口流出は一二・八％に達するとの試算もある［堀和生一九九五］。

このような農民の離農は、無論、単なる経済的要因によってもたらされていたのではない。一九二〇年代以降、「都市」と「農村」を対比する言説が広まり、農民のなかにも都市への憧れが生じた［板垣竜太二〇〇八］。一九三〇年代、「知ることは力だ」と考え、初等教育就学者が増える「教育熱」も広まっていた［呉成哲二〇〇〇］。こうした現象を念頭におき、規律権力装置（学校・工場・病院など）や大衆文化、近代的メディアが「大多数の朝鮮人の間にも、それらが〝優れたもの〟〝望ましいもの〟〝できれば享受したいもの〟といった感覚が広く共有されるようになった」とし、「近代のヘゲモニー」が成立したとする主張もある［松本武祝二〇〇五］。しかし、そのような議論には相当の留保を付したい。

まず、近代への憧憬を朝鮮民衆が形成していたとしても、それを実際に享有できたわけではなかった。すなわち、一九三〇年代の都市化・工業化が農村住民に与えた影響は年齢や学歴によって異なり、若い世代で高学歴の者ほど離村し都市へ流出する傾向が強かった。低学歴者の場合は、都市に定着できず農村に戻ってきたり、ルンペンプロレタリアートとして都市外郭に滞留したりするのがより一般的だった〔李起鳳一九九六〕。大多数の民衆は、たとえ農村を出たとしても「近代」を享受することはできなかった。

また、序節で指摘したように、「植民地近代」は複合的性格をもつ。都市文化や大衆的娯楽のみが「近代」なのではない。それらの源泉たる日本・植民地権力への一体感がどの程度のものだったのかにも目を向けておく必要がある。朝鮮憲兵隊が一九三六年に朝鮮人に直接あたって調査した数字によれば、「日本国家に対する観念」は労農層では「無関心」が七九・五％、国家観念に目覚めたごとく装うものは一四・一％とされる。「朝鮮統治に於ける観念」は労農層では「無関心」五四・四%、「内鮮融和状況」についても労農層は「無関心」四五・一%、融和していない者一九・〇%などとされている〈宮田節子編『朝鮮思想運動概況』復刻〈不二出版、一九九一〉〉。仮に都市や大衆文化への憧憬が生じていたとしても、それは民衆にとって植民地支配の受容と接合していたとはいいがたい。

本章は、こうした民衆の心性とそれを取りまく植民地権力と知識人の視線についてのさしあたりの試論である。

史料

(1) [内部警務局編]「韓国現時ニ於ケル地方人心ノ状況」（一九〇九年一二月。松田利彦編『松井茂博士記念文庫旧蔵 韓国「併合」期警察資料』ゆまに書房、第四巻、二〇〇五年）

「漸ク厳格ナル階級制度潰倒シ四民平等ノ聲四方ニ起リ各道ヲ通シ両班儒生ノ勢力衰ヘ一般民心ヲ支配スヘキ

勢力中心移動シツ、アリ」

「或ハ皇室ニ赴キ又ハ耶蘇教徒ニ帰シ而シテ商売並ニ商業会議所ノ勢力ニ動カサレタルモアリ黄海道全羅南北道ノ如キハ資本家並ニ新智識階級就中日本語ヲ解スル者ニ移動スルノ傾アリ」。

(2) 公州憲兵隊本部・忠清南道警察部『酒幕談叢』(一九一二〜一四年)に見る民衆の文明観

「文明ナル日本官員中特ニ憲(「憲」の後に「兵」字の書き込みあり)ノ御陰ヲ以テ田舎迄安寧ニ暮シ得ルニ至レリ日本ノ文明ト聖徳トヲ蒙リ之レヨリ一般人民ガ文明ノ進歩ヲ望ムニ至レリ」。

「朝鮮ガ日本ニ併合サレタノハ朝鮮ガ未ダ西洋諸国ノ如ク文明セヌ為メト思フガ数年ノ後朝鮮ガ内地同様ニナツタラ朝鮮ヲ独立国ニスルデセウカ」。

「併合後税金ノ上納期限其他何事ニ限ラス規則正シク実行セラル、ハ文明ノ政治トシテハ左モアルベキ事ナルベキモ無学ノ吾等ノ考ヘニテハ余リ圧制過キルノ感アリ」。

(3)『東亜日報』の民衆論

「個人に眼があってこそ光を吸収し生活を豊かにするように、社会にも眼が存在してこそその社会の文化を創造あるいは増進するのだが、それは何かといえばいわゆる知識階級だ。‥‥賢愚の差が厳然と存在するのは自然の理なので‥‥知識階級が民衆の中に入っていって地方に散在することを望みたい」(社説「知識階級에바라노라 民衆으로 地方으로分散과 協同」一九二〇年九月一九日)。

「近代は英雄時代は去り民衆時代が来たという。‥‥(しかし)民衆自体の固有の創造の機能があるとは想像で

きず、吾人は民衆自体が芸術を創作したということを聞いたことがないし、また民衆自体が科学を研究したということも聞いたことがない。所謂民衆政治とか民衆芸術とかいうものはただ民衆を背景としてあるいは政治にあるいは芸術に、ある別個の個性がその本然を発揮することに過ぎないのではないか」(社説「指導者의 必要民衆時代의 一傾向」一九二三年一月二二日)。

「[今日のような自由平等が達成されていない世界では]もっとも正当な指導者を選ぶ聡明さと一度選んだ指導者への服従をあわせ持つ民が成功する。……今日の朝鮮人民はさまざまな方面で指導者を待ちわびている。彼らは牧者を待つ羊である」(社説「指導者와 民衆」一九二四年二月二五日)。

「社会の進歩退歩は、民衆自体の自覚如何による。……(しかし民衆は)事業の成功不成功を問わず一段落すると再び自己に帰り沈黙を守るのがほとんどであり、少し時日がたてば無関心になるのが通例だ。……指導者は常にその時期の適切なるを見て民衆向上の途を講究すると同時に眠れる彼らに暗示を与ねばならない」(社説「民衆과 自覚」一九二七年三月二七日)。

〈参考文献〉

青野正明「植民地朝鮮における農村再編政策の位置づけ―農村振興運動期を中心に」(『朝鮮学報』一三六、一九九〇年)

〃「朝鮮総督府の墓埋政策と民衆の墓地風水信仰―一九二〇年代までを中心に」(富坂キリスト教センター編『大正デモクラシー・天皇性・キリスト教』新教出版社、二〇〇一年a)

〃『朝鮮農村の民族宗教―植民地期の天道教・金剛大道を中心に』(社会評論社、二〇〇一年b)

板垣竜太『朝鮮近代の歴史民族誌　慶北尚州の植民地経験』)(明石書店、二〇〇八年)

〃「〈植民地近代〉をめぐって―朝鮮史研究における現状と課題」(『歴史評論』六五四、二〇〇四年)

井上和枝「植民地期朝鮮における生活改善運動―『新家庭』の家庭改善から『生活改新』運動へ」（中村哲編『一九三〇年代の東アジア経済』日本評論社、二〇〇六年）
李泰鎮《イテジン》『朝鮮王朝社会と儒教』（邦訳、法政大学出版局、二〇〇〇年）
大友昌子『帝国日本の植民地社会事業政策研究―台湾・朝鮮』（ミネルヴァ書房、二〇〇七年）
姜再鎬《カンジェホ》『植民地朝鮮の地方制度』）（東京大学出版会、二〇〇一年）
姜東鎮《カンドンジン》『日本の朝鮮支配政策史研究―一九二〇年代を中心として』（東京大学出版会、一九七九年）
金翼漢《キムイッカン》『植民地朝鮮における地方支配体制の構築過程と農村社会変動』（東京大学大学院人文社会系研究科博士論文、一九九六年）
鈴木栄太郎『朝鮮農村社会踏査記』（大阪屋号書店、一九四四年）
趙景達《チョギョンダル》『朝鮮民衆運動の展開』（岩波書店、二〇〇二年）
〃『植民地期朝鮮の知識人と民衆―植民地近代性論批判』（有志舎、二〇〇八年）
並木真人「民族運動・警察」（二）（「植民地期朝鮮社会経済の統計的研究」（一）〈『東京経大学会誌』一三六、一九八四年〉）
堀　和生『朝鮮工業化の史的分析―日本資本主義と植民地経済』（有斐閣、一九九五年）
洪宗郁《ホンジョンウク》『戦時期朝鮮の転向者たち―帝国／植民地の統合と亀裂』（有志舎、二〇一一年）
升味準之助『日本政党史論』第四巻（東京大学出版会、一九六八年）
松田利彦「近代朝鮮における山東出身華僑―植民地期における朝鮮総督府の対華僑政策と朝鮮人の華僑への反応を中心に」（千田稔・宇野隆夫共編『東アジア文明と『半島空間』―山東半島と遼東半島』思文閣出版、二〇〇三年）
〃『日本の朝鮮植民地支配と警察―一九〇五～一九一〇年』（校倉書房、二〇〇九年）
松本武祝『朝鮮農民の〈植民地近代〉経験』（社会評論社、二〇〇五年）
〃「朝鮮における「植民地的近代」に関する近年の研究動向―論点の整理と再構成の試み」（初出、二〇〇二年。宮嶋博史ほか編『植民地近代の視座』岩波書店、二〇〇四年）
宮嶋博史『両班―李朝社会の特権階層』（中公新書、一九九五年）
宮田節子「朝鮮における『農村振興運動』―一九三〇年代日本ファシズムの朝鮮における展開」（『季刊現代史』二、一九七三年）
尹海東《ユンヘドン》「植民地近代と大衆社会の登場」（宮嶋ほか編、前掲書、二〇〇四年）

李起鳳《イギボン》『日帝時代末期 都市化工業化에 農村住民適応過程에관한研究―一九三五～一九四五年을 中心으로』（서울大学校大学院地理学科碩士論文、一九九六年）

＊이경란《イギョンラン》「一九三〇年代 農民小説 을통해본 '植民地近代化'와 農民生活」（延世大学校国学研究院編『日帝의 植民支配와 日常生活』혜안、二〇〇四年）

＊이필영《イピリョン》「日帝下 民間信仰의 持続과 変化―巫俗을 中心으로」（延世大学校国学研究院編、前掲書、二〇〇四年）

＊金晉均《キムジンギュン》・鄭根植《チョングンシク》『近代主体와 植民地規律権力』（文化科学社、一九九七年）

＊金大吉《キムデギル》「一九一〇年 平安道 順川地方의 市場税反対運動」（『史学研究』四二、一九九〇年）

＊金英喜《キムヨンヒ》『日帝時代 農村統制政策研究』（景仁文化社、二〇〇三年）

＊최갑진《チェガプチン》『日帝 強占期의 農民小説과 労働小説 研究』（世宗出版社、二〇〇一年）

＊趙東杰《チョドンコル》「三・一運動의 地方史的性格―江原道地方을 中心으로」（金鎬逸ほか編『日帝下植民地時代의 民族運動』図書出版불빛、一九八一年）

＊鄭偵来《チョンジョンネ》『韓国近代史와 農民小説』（国学資料院、一九九八年）

＊Shin, Gi-Wook and Michael Robinson, eds., *Colonial Modernity in Korea* (Cambridge, Mass. and London, Harvard University Asia Center, 1999).

＊Sorensen, Clark "National Identity and the Creation of the Category "Peasant" in Colonial Korea", Gi-Wook Shin and Michael Robinson, eds., *ibid.* (1999).

第五章　在朝日本人の世界

鈴木　文

はじめに

一八七六年に日朝修好条規によって釜山が開港されてから一九四五年の引揚まで、在朝日本人は朝鮮半島において様々な活動を行ってきた。まずはその諸活動を先行研究によりながら総括的にまとめることが本章の課題である。それと同時に、在朝日本人にとって「内地」とは何だったのか、そして在朝日本人にとって朝鮮とは何だったのか、という問題に迫っていきたい。

在朝日本人の歴史を見るとき、そこには様々な見方がある。引揚を経験した世代にとっては、その歴史は自分の体験を回顧した人生そのものであるともいえる。一方で、在朝日本人の存在を日本の「草の根の侵略者」と捉え、「過ちを二度と繰り返さない」ための教訓と見る見方もある［高崎宗司二〇〇二］。後世に生まれた者が在朝日本人の歴史を振り返るにあたって、その歴史を自己の体験そのものと見る前者の立場をとることは無論不可能である。一方で後者の見方は、在朝日本人内にも立場の違いや生き方の違いがあることは考慮しながらも、総体としては過去に過ちを犯した者達の歴史として在朝日本人の歴史を客観的かつ批判的に捉えている。本章ではこうした見方があることを踏まえつつ、仮に未来に同様の状況に置かれた時に後世に生きる人間はいったいどのような行動をとるだろうか、という視点から在朝日本人の歴史を考えていきたい。「同じ状況に立たされたとき、自らもまたそのようなふるまいをしかねないことへの想像力」〔尹慧瑛二〇〇七、四頁〕を養うことから始めることに、後世の人間が在朝日本人の歴史を振り返る意味があると考えるからである。

「在朝日本人」と一口に言ってもその内実は一様ではない。一八七六年の開港以後に日本人が朝鮮へ自由に渡航できるようになって以来、渡航者は様々な事情を抱えて朝鮮へと渡った。それぞれの在朝日本人がそれぞれに見た朝鮮があり、彼ら一人一人が体験した人生がある。そしてそれは彼らを出迎えた朝鮮人についても同じことが言える。在朝日本人をとりまく朝鮮人の対応を画一的に捉えることはできない。彼らを取り巻く社会的背景をふまえながら、善悪では分けられない在朝日本人の生き様を見ていくことが必要である。そのためにも在朝日本人の世界を考える際に以下の二つの視点を重視したい。第一に在朝日本人社会内部の階層性を考えるという視点である。それは、同時に「内地」との関係を考えるという点に通じる。日本においてどのような立場にいた人間が在朝日本人として生きることになったのか、そして在朝日本人の社会にはどのような階層が見られたのか、さらにはそうした在朝日本人をいわゆる「内地」の人間はどのようなまなざしで見たのかについて知ることが必要である。第二に在朝日本人の世界を朝鮮人との関係から捉えることである。そのことは、在朝日本人にとって朝鮮とはどのような存在だったのか、そして同時に日本とはどのような存在だったのかについて知る手がかりとなるだろう。その前提として、まずは居留地形成から引揚までの在朝日本人社会の変遷を、関連する政策や事件などを中心に概観したい。

I　在朝日本人社会の変遷

1　居留地の拡大と居留民社会の形成

一八七六年、日朝修好条規により釜山が開港され、日本人専管居留地が開設された。それ以前にも釜山には倭館が存在しており、前近代の「在朝日本人」が存在する唯一の場所であったという歴史的・地理的背景を有していたため、開港当初の釜山の在朝日本人のほとんどは対馬出身者で占められていた。一八七六年段階の在朝日本人の人口については諸説あるが、森田芳夫氏によれば、当初は五四名であったが、翌年には三四五名に増加したという［森田芳夫一九六四、二頁］。朝鮮での日本人の活動を支援するために、日本政府は朝鮮への日本人の渡航を推進する政策をとった。日朝修好条規では、日本人による朝鮮の土地の賃貸や家屋の造営・賃貸のほか、居留地での治外法権が認められており、同年一〇月には日本人の朝鮮への自由渡航及び貿易が認められた。釜山には在朝日本人が生活していくために郵便局、病院、学校、及び第一国立銀行釜山支店などが設立され、在朝日本人の諸活動が展開していった。一八八〇年には釜山に領事館が設置され、領事館警察も併設された。

同じく一八八〇年には元山が開港され、専管居留地及び領事館が開設された。元山の開港にはそもそもロシアに対する軍事的意味が強く反映されており、政府からの資金補助など積極的な動きがあった。また、軍医が派遣されて病院が設立されたり、上層商人が経営する支店が設立され、定期航海便が月に一回だされた。政府による在朝日本人関係政策は、三菱、第一国立銀行、大倉組、三井などの経済活動を保護するものであった。また、一般渡航者に対して渡航の便宜を図り、渡航の制限緩和や自由化を実現させた。元山開港と同年の八〇年四月には漢城に日本公使館が設置されていたが、一八八二年七月に起こった壬午軍乱の影響で締結された済物浦条約では漢城に日本兵が常駐することが決められ、同時に修好条規続約により日本人の自由通行区域が拡大された。その後八三年には日本人の漢城居住も許可されるようになり、八四年一〇月には漢城に領事館が置かれた。一方、一八八三年の仁川開港によって、さらに在朝日本人の居留地が拡大されていた。仁川は清国専管租界や各国共同租界があり、特に清国とは日清戦争から日露戦争まで経済的対抗関係にあるなど、釜山や元山とは異なる状況にあった。仁川の在朝日本人の人口は、開港直後の約一六人からわずか八ヵ月で約二七倍になり、在朝日本人の活動は急速に展開した［高崎宗司二〇〇二、一三頁］。

このように在朝日本人の活動の場所は徐々に広がっていったが、人口も時事情勢に従って増減を繰り返しつつ増加傾向を続けた。日露戦争以前に朝鮮へ渡航した在朝日本人の出身地は、第一位が長崎県、第二位が山口県で合わせると六割近くであり、九州を中心とする西日本に偏在していた［木村健二一九八九、一四頁］。初期居留民の活動は、主に貿易、漁業の他に金融業（高利貸）などであった。在朝日本人の経済活動は、一部の上層と大多数の下層という構造を持っていた。一部の中・上層の経営者は日本国内にいるよりも多額の収入を得たが、大部分は依然として下層であった。ただし、労働者や職人は国内のほぼ二倍の賃金を得ることができた。このように下層の労働者の収入で考えれば、朝鮮は確かに賃金や収入が高く、利益を得ようとしてやってくる日本人にとっては魅力のある土地であったが、出資するリスクも高く、失敗の可能性も大きかった。実際に利益を得ることに失敗して没落する在朝日本人も多くおり、そのために在朝日本人社会内部の変動も激しかった。明治期の居留地においては、一部の上層を除いては非常に流動性の高い社会であった。初期の在朝日本人の活動をその生業別にみていくと、海運業や米穀業、貿易業などが多くを占めていた。その他にも宗教活動のために渡航してくる日本人の姿も見られ、特に東本願寺の奥村円心は有名である。在朝日本人による商業活動は、いわゆる政商と呼ばれる三井や渋沢などの上層による活動から、冒険的有力商人、さらには朝鮮に活路を求める「一旗組」［梶村秀樹一九七四］などが存在した。また、玄洋社や黒竜会などの大陸浪人の活動も盛んに行われた。商業活動は、穀物（米・大豆）・牛皮・砂金等の買い入れを行い、初期には欧米で生産された金巾・染料、あるいは日本で生産された綿織糸・綿布や雑貨品の販売を行った。上層では金融業に携わる人間も多く存在し、特に朝鮮人を対象とした高利貸しで利益を得る在朝日本人が存在した。七八年に釜山に第一銀行の支店が設立されると、八〇年には元山、八二年には仁川、八七年には漢城に次々と出張所が設立され、朝鮮での日本人による経済活動を資金面で支える融資が行われた。輸出入品に対する無関税と日本貨幣の通用が認められ、居留地内における日本貨幣の自由流通以降、日清戦争の頃迄には日本の円銀が朝鮮に完全に流通した。また、日本人による地主経営も行われた。日本人地主の土地集積の背景にも政府の積極的な奨励策が存在した。その他漁業に関しては八三年に全羅道など四道への通漁往来権を認めさせ、八九年の「通漁規則」では違反者に対する日本領事館の処分権を獲得し、九九年には朝鮮通漁組合の設立を各府県に奨励するなど積極的な通漁推進策を展開した。

在朝日本人人口の増加にともなって定住化が進むと、在朝日本人内の自治的な組織である居留民団や商業会議所が形成され始めた。居留民団とは、在朝日本人社会内部における戸籍関係処理や土木事業などを始め、教育、衛生、消防などの公共的な事業を行う組織であり、商業会議所とは、商業、貿易活動関係を処理する組織である［木村健二一九八九、六七頁］。日清戦前には日本郵船などの日本国内の有力層が多く、朝鮮に定住する在朝日本人の役員及び議員は少数であったが、日露戦後に定住日本人の有力層が現れた。こうした在朝日本人の自治的活動に対する規則として、一八八七年には仁川などの領事によって「居留地（民）規則」が発布され、一八九六年に改正された。一方で日本政府は増加する「無産無頼の徒」に対する管理・取締りのために一八八三年「清国及朝鮮国在留日本人規則」を作成した。これは外国人による日本人蔑視の口実を防ごうとするものであったが、外交問題化しないかぎり日本の勢力拡大のために容認された［木村健二一九八九、二五頁］。その結果、一八九八年には西＝ローゼン協定において朝鮮における日本勢力の優秀なことをロシアに認めさせることとなった。

2　日清・日露戦争から併合へ

日清戦争前は朝鮮に日本からいわゆる「壮士」が続々とやってきた。戦争中には戦争の災禍を避けて一時的に釜山から内地へ引き揚げる在朝日本人が増加したが、その一方で戦争を期に利益を得ようとする「冒険商人」が増加し、軍需品の運搬や貿易を行った。戦争を契機にして日本における朝鮮貿易への関心も高まった。戦争を経て地価が高騰した影響で、日清戦争前後に土地売買で利益を得る人間もいた。一方で日本軍は仁川や元山など在朝日本人居留地に上陸したため、戦争中にも朝鮮へ残り続けた在朝日本人による物資の調達や通訳などの協力が行われた。こうした戦争を契機とした人の流入に加えて、日本政府は戦争中から移民を積極的に奨励する政策をとった。日清戦後から日露戦争目前には朝鮮に対する「荒蕪地・遺利」のイメージが流布され、同時に移民や朝鮮貿易を勧める世論の高まりがあり、実際に戦後の居留地の日本人は倍増した。同時に日本語学校も積極的に設立され、日本語教師の中には与謝野鉄幹などの有名人もいた。また、日清戦争後には鉄道の敷設も盛んに行われ、京釜線や京義線の敷設工事が進められた。戦争が終わっても「壮士」の活動は行われていた。その中で閔妃（明成皇后）が暗殺される事件が起こった。また鶏林奨業団をはじめとする暴力行為を行う商人集団による行商が行われた。一方で断髪令に対する反発などから引き起こされた朝鮮人による義兵闘争や高宗のロシア公使館避難（俄館播遷）などが起こり、この間に居留民は減少した。日清戦争後には上記三つ以外の開港が次々に行われた。九七年には木浦と鎮南浦に、九八年には馬山、城津、群山にそれぞれ共同租界が設定された。また既に日本人が居住していた平壌も正式に日本人の居留が認められた。日露戦争が始まると義勇隊の活動や通訳としての従軍など、日清戦争の時と同様に在朝日本人による戦争協力が行われた。

3　植民地から引揚へ

在朝日本人の人口は甲申政変等、政治的な事件の影響で増減を繰り返しつつも日清・日露戦争時には激増し、併合時点には一七万余名の在留者数となっていた。男女の比率で言えば、戦争末期の時期を除いて働き盛りの独身男性の比率が多かった。日露戦争後に渡航してきた在朝日本人の出身地は、山口が一位、長崎が二位で、相変わらず西日本を中心としていたが、次第に全国的広がりをみせるようになっていた［木村健二一九八九、一四頁］。

併合後に居留民団法と居留地制度が撤廃されると、在朝日本人社会に大きな影響を与えた。在朝日本人は朝鮮人と同様の地位に「低下」させられるとして猛反発したのである。このように植民地化は在朝日本人社会を少しずつ変えながら進行していった。一九〇八年には国策会社として東洋拓殖株式会社が設立され、農業経営や移民などの拓殖事業を展開した。大規模な土地所有者は日露戦争の直後から土地集積を行い、日韓併合を契機に土地集積は拡大された。併合以前の慶南、京畿、全南から併合以後に忠南、黄海も日本人の土地所有者が積極的に土地集積を行うようになった。土地集積と売買は「土地家屋証明規則」（一九〇六年）や「国有未墾地利用法」（一九〇七年）、「土地家屋所有権証明規則」（一九〇八年）によって合法化されたが、実際には潜買などによって土地集積は行われていた。最終的には「土地調査事業」の実施を通じて法的に確定され、東洋拓殖株式会社や不二興業株式会社によって在朝日本人による地主経営の道がさらに拡大された。

植民地期の在朝日本人の人口は増加の一途を辿った。一九一〇年の約一七万人から、一九一九年の約三四万人へと飛躍的に増加した［森田芳夫一九六四、二頁］。併合後の在朝日本人社会の変化として特徴的なのは、統監府及び総督府の設置により在朝日本人官吏が激増したことが挙げられる。統監府が開設された時点で既に各所に理事庁が置かれていたため、在朝日本人官吏の活動はさらに広範囲に及ぶようになった。統計によれば、朝鮮総督府における在朝日本人の官僚数は一九一三年に既に一万四三〇〇人を越えており、一九四二年には五万七〇〇〇人以上に達していた［岡本真希子二〇〇八、六〇頁］。また、官吏だけでなく、教員として朝鮮へ渡航してくる在朝日本人も激増した。各所に日本式の普通学校が開設され、日本人教師が配置されることになったからである。植民地下の在朝日本人官僚は、加俸制度によって朝鮮人との給料格差が設けられており、朝鮮人よりも相対的に裕福な暮らしをすることができた。また、植民地下で在朝日本人が従事した職業は官吏や商工業者が圧倒的に多く、農業の従事者は少数であった。こうした状況の中、在朝日本人の人口は最終的に一九四四年に七一万余に達した［森田芳夫一九六四・木村健二一九八九］。戦時体制下になると、「内鮮融和」のもとで在朝日本人も戦争協力の活動を行うようになった。また、戦争中は、朝鮮にも日本軍が「朝鮮軍司令部」として置かれていた。兵隊の数については正確に把握されていないが、一九四五年時点で約三二万人の兵隊がいたという［森田芳夫一九六四、一二三頁］。戦争末期になると、非戦闘員である在朝日本人の避難計画も立てられていた。そして、一九四五年八月には多くの在朝日本人が「内地」へ引き揚げることとなった。

Ⅱ　在朝日本人内の葛藤と「内地」

いわゆる「内地」とは、植民地を対置した時の日本「国内」を表す言葉である。当時の史料を見ると在朝日本人のことを「内地人」と呼ぶ場合も多数あるが、ここでは便宜的に「内地人」と在朝日本人とを単語の上で区別し、日本本土に居住する日本人（「内地人」）と朝鮮に居住する日本人（在朝日本人）との関係について注目したい。在朝日本人はそもそもどのような理由により朝鮮へと渡ったのか、また「内地」のどのような社会背景が彼らを朝鮮へと渡らせる要因となったのかについて、具体的な事例を挙げながらみていきたい。続いて朝鮮で形成された在朝日本人社会の内部でどのような階層差が存在し、そのことが社会内部にどのような矛盾や軋轢を生むことになったのかについて概観する。同時に、「内地人」が在朝日本人をどのようにとらえ、それに対して在朝日本人は「内地」をどのようにとらえていたのかについても併せてみていくこととする。そこには「内地人」による在朝日本人批判の存在や、在朝日本人の上層による下層批判など、在朝日本人をとりまく社会の複雑な構造が存在していた。

1　朝鮮渡航の事情

在朝日本人が書き記した手記は数多く存在するが、中には手記を残した本人やその祖先が朝鮮へ渡航した事情が語られているものがある。これらは渡航した本人やその子孫が後年になってから語ったものがほとんどであり、必ずしも事実をそのまま映したものと判断することはできないが、彼らがなぜ朝鮮で在朝日本人として生きることになったのか、その詳細な事情を垣間見ることはできる。

詩人の村松武司は一九二四年に朝鮮のソウルで生まれ育った在朝日本人三世であった。彼は引揚によって帰国した後、一九七二年に『朝鮮植民者―ある明治人の生涯』という著書を刊行し、自身の祖父である浦尾文蔵が語った彼の人生を、村松自身の体験と視点を交えながら書き綴っている［村松武司一九七二］。村松の手記によれば、浦尾文蔵は山口県下関壇ノ浦に生まれた。八人兄弟の末っ子で人並み以下に体が小さく、兄達からつねに蔑まれていたが、家内の者よりも世間の人たちに可愛がられて育ったという。彼の家は代々庄屋の家柄であったが、祖父が放蕩で身代をつぶし、彼が二〇歳になるころには家は没落の一途をたどっていた。そこで彼は離郷を決意するが、北海道と朝鮮のどちらへ渡航するか迷った挙句、母や友人の勧めに従って二一歳の時に朝鮮にいる姉を頼って渡航した。彼の姉は一度結婚したものの、夫の放蕩癖による離縁が原因で独身となり朝鮮に渡っていた。姉の嫁入り衣装を質に入れては流してしまう夫に愛想を尽かした姉は離縁した後朝鮮へ渡り独身を貫いたという。前述の通り、当時の在朝日本人の中で山口出身者の占める割合は高く、彼ら姉弟もそうした状況の中で朝鮮へ渡航した者と位置づけることができる。

日本社会で境遇に恵まれず、朝鮮に活路を見出そうとした渡航者は数多くいた。日本での没落や貧困から抜け出し、朝鮮で成功をおさめた人々の成功譚も多く存在する。中には一攫千金の夢を追って暴力や詐欺的な行為で富を得ようとする「一旗組」［梶村秀樹一九七四］と呼ばれる者達さえ存在した。上記の浦尾文蔵も人参の密売や贋金作り等の違法行為によって利益を得ようとした一人であったが、彼の場合はそうした手段で富を得ることに失敗した。「一旗組」の一攫千金の夢は必ずしも成功するとは限らず、朝鮮でさらに没落の道をたどる者も少なくなかった。

日本で不遇な境遇にあって朝鮮に希望を託して渡航したという意味では、朝鮮に七年間滞在した金子文子もまた同様の背景を背負って渡航した在朝日本人の一人であった［金子ふみ子一九三一］。もっとも彼女は一九一二年の渡航当時にはまだ児童であり、自らの意志で渡航したわけではなかった。彼女は家庭の事情から「無籍者」として人々に蔑まれながら貧困の中で育てられ、日本で両親の知人や親戚の家を転々とした後、一九一二年に父の妹の嫁ぎ先である朝鮮に引き取られた。彼女は朝鮮に引き取られる直前に朝鮮から彼女を引き取りにきた祖母に会い、それまでに見たこともなかった綺麗な着物を着せられた。望むものは全て買い与えて何不自由ない生活をさせてあげる、という祖母の言葉を信じ、「私の幸福を待っていてくれる希望の光に満ちた朝鮮」へ渡航した、と彼女は後年になって語っている。ところが彼女の手記によれば、彼女を待ち受けていたのは、やはり「無籍者」であったということを理由に彼女を蔑み過酷な扱いをする祖母や叔母の仕打ちであった。

このように在朝日本人社会内部においても下層に位置づけられた金子文子とは異なり、官僚や教育者として朝鮮へ渡航してきた在朝日本人が特に併合後に増大した。後述する農学者の高橋昇も一九一八年に東京帝国大学を卒業し、翌年に朝鮮総督府勧業模範場勤務となった官僚の一人であった［河田宏二〇〇七］。彼は福岡県の筑後地方の農村地帯で幼少から農業の手伝いに従事しながら育ち、東京帝国大学で農学を学んだ後朝鮮で農業の実態調査を行った人物である。また、上甲米太郎は父親が破産したために高校進学を諦めて京城の教員養成所へ入学し、慶尚南道の普通学校で教鞭をとった教師であった。彼は朝鮮で共産主義運動を行い逮捕された異色の経歴の持ち主である［新藤東洋男一九八一］。

2 在朝日本人社会内部の葛藤

このように様々な事情を抱えて朝鮮で暮らすようになった在朝日本人社会内部にも階層差が存在した。前述の通り、初期の商工業者という点に絞ってみても所得の格差が存在した［木村健二一九八九、一四〜一九頁］。また職業別に見た場合にも一部の上層と大多数の下層が存在する状況であった。こうした在朝日本人社会に存在する階層差がしばしば内部の軋轢を生んだ。

初期居留民社会内部の摩擦としては、対馬出身商人の衰退と大阪商人の台頭による摩擦が挙げられる［山田昭次一九七九］。釜山が開港された当初、居留民のほとんどは対馬出身であった。そこには地理的に近いという要因以外にも歴史的に対馬の人間が倭館を通じて朝鮮との貿易を行っていたという背景があった。ところが、時代が下るにつれて朝鮮貿易の主軸は大阪へと移った。これは単に地域のみの問題ではなく、上層の商人と結びついた有力商人である大阪の商人と、そこから排除されていく対馬出身の小商人との対立という階層的な側面も併せ持っていた。一八八〇年代の前半には対馬出身の商人が有力商人に対して攻撃をするという事件がしばしば発生した。後述する亀浦事件のように、対馬出身の小商人が朝鮮人と衝突する場面もあったが、その背景には競争激化の中での対馬出身商人の貿易の衰退があった。こうした状況の中で、彼らは大阪商人などの有力商人を自分たちの利益を侵害する者とみなしたのである。

在朝日本人内の階層差は、直接的な利害衝突だけでなく在朝日本人上層による下層に対する批判を生みだした。例えば、開港後の仁川に移住した多数の日本人雑業層に対する上層日本人の批判が挙げられる〔橋谷弘二〇〇四、七一、七二頁〕。開港後の仁川に多数移住してきた日本人雑業層の肌脱ぎ姿を見た上層の人々が嘆く状況にあったという。一方で、行政側においても在朝日本人社会の中でも最下層の者を排除しようとする動きは早くから行われていた。一八八三年には「清国及朝鮮国在留日本人規則」が成立し、「無産・無頼の徒」を排除しようとする動きがみられるようになる。この規則自体は、諸外国による日本批判を避けるために設けられたという側面もあった。こうした上層による下層に対する批判的なまなざしは、単に上層の人間が下層の人間に対して優越意識を持っていたという側面だけではなく、下層の在朝日本人が外国人や朝鮮人から侮蔑あるいは批判を受けることを避けたいという心理も働いていた。下層の在朝日本人がそうした侮蔑を受けるということは上層の在朝日本人にとっては望ましくないことであった。

併合後の在朝日本人社会においても、財力を築いて長期間在留している在朝日本人の富裕層が定着し、彼らによる下層に対する侮蔑や批判が展開していた。前述の金子文子の手記には、彼女が一九一二年に移り住んだ芙江で、在朝日本人社会内部の階層差がはっきりと分かれていたことが書かれている（史料1）。

当時芙江には四〇家族ほどの在朝日本人集落があったという。地域の多くは朝鮮人が住居していたが、在朝日本人の集落と朝鮮人の集落はそれぞれ個別の自治体を形成しており、朝鮮人社会と在朝日本人社会の間にも隔たりが存在した。同様に、小さな在朝日本人社会内部においても、上層と下層の区別が存在した。金子文子が引き取られた父方の祖母の家である岩下家は、山林と小作地を保有し、高利貸を行って収入を得ている上層の部類に入る家であった。彼女の祖母は事あるごとに「下司の貧乏人の子」を蔑み、文子が彼らと交流することを忌み嫌ったという。

3　在朝日本人批判と「内地」

在朝日本人社会内部の階層差による衝突と同様に、統治側と在朝日本人との間においても利害衝突は存在した。それは一九〇五年に「保護国化」に伴って統監府が設置された際に顕在化し、統監府と在朝日本人との利害衝突となって表れた。統監府政治に対して在朝日本人からは反発の声が上がった（史料2）。

統監府政治への反発には、「世界一等国民」である「日本帝国民」としての自己認識と、自分達在朝日本人こそが朝鮮半島の統治を担う主体であるという認識があった。そうした認識はジャーナリズムによる統監府政治批判（伊藤批判）にも表れており、統監府の統治方針に対して在朝日本人は「韓国本位主義」と批判した〔市川まりえ二〇〇七〕。「亡国の民」である朝鮮人と我々は違うのだ、という認識を明確に持ち、統監府による政策を「統監府の排日思想」と批判した。その背景には統監府と朝鮮人によって自分たちの利権が侵害されるという警戒感が存在した。

このように統治側と在朝日本人の利害が衝突したのは、統監府政治の時だけではなかった。朝鮮憲兵隊司令部が一九三三年に作成した『朝鮮同胞に対する内地人反省資録』には、植民地時代の統治下で在朝日本人がどのような存在として見られていたかが分かる。この冊子の最初には、在朝日本人が朝鮮人に対して「好ましからざる」行為を行っている様々な事例を挙げ、反省を促すことが目的であると記されている。ただし、この冊子は「内地人の指導階級有識層」の一部にしか配布しないとしている。内容の一例を挙げると以下の通りである（史料3）。ある理髪店の主人が在朝日本人と思って散髪をしたところ、彼が帰った後に朝鮮人と明らかになると、途端に態度を翻し「汚い」と罵った。そこにたまたま居合わせてそれを聞いた朝鮮人が反論して喧嘩となり、店主が殴りつけたが巡査に止められ謝罪したという。このように、この冊子の特徴的なところは、一つ一つの事例を挙げるにあたって、朝鮮人からの反論を載せている点である。例えば、汽車の中で在朝日本人の芸者が「おいヨボさん」と傍らにいた地方有力者の朝鮮人を呼んでカーテンを閉めさせようとした時、「朝鮮人であるが故に芸者風情に迄斯くの如く侮辱を受けるのだと口には出さないが心の中で憤慨したのも無理はない。」という内容が書かれている。その他にも在朝日本人と朝鮮人間で商売をする時、「朝鮮人に預金なんかあるものか」と在朝日本人が罵ると、商売相手の朝鮮人は以後取引をやめ、「朝鮮人に預金がないとは何を根拠にして云ふか」と反論し、「兎に角ヨボヨボと我々を軽蔑するのは下劣な根性だ。だから商人間も決して親しみはない、商売だから表向きの付き合こそすれ融和なんぞは望んでも出来ない」と語った、という内容が書かれている。こうした朝鮮人からの「反論」は、そもそも朝鮮憲兵隊司令部で想定された問答であり、その背景には「内鮮融和」政策が存在したことは明らかである。陸軍少将岩佐禄郎によって書かれた「はしがき」をみると、この文章が「内鮮融和」のために書かれたことが分かる。「内鮮融和」を進めようとしている総督府側から見れば、それをあたかも阻害するような行動をとる在朝日本人がいるということは看過しがたいことであった。

在朝日本人の存在が朝鮮統治の妨げになるとみなされた時に、在朝日本人批判は展開されたが、それは朝鮮を統治する統監府や総督府による批判であると同時に、「内地」から見た在朝日本人に対する批判でもあった。なぜなら、上記のような批判すべき在朝日本人像が形成される背景には、「内地人」による在朝日本人批判が存在したからである。

一九一五年に中井錦城が書いた『朝鮮回顧録』には、朝鮮に到着したばかりの中井が在朝日本人をどのように見ていたのかが書かれている［中井錦城一九一五］。中井によれば、初めて朝鮮へ渡航し釜山へ到着したところ、日本人が朝鮮人を過酷に取り扱っていることが目についたという。二、三十分間に四、五度も在朝日本人が朝鮮人を殴打するところを目撃した中井は、そうした状況を悲しんで、宿屋の下女に向かって在朝日本人は朝鮮人に対してずいぶん酷いことをする、と話しかけると、あの位はしてやらなければ、少しよい顔をするとすぐにつけ上がります。内地から初めて来る人々は皆余りにひどいとおっしゃいますが、その方々がすぐに同じようになさいます、と下女は答えたため、釜山では下女までがこうなのか、と中井は考えたが、後にはその下女の言う通りであると悟ったという。中井錦城は中井喜太郎ともいい周防岩国出身の読売新聞記者である。一九〇五年発行『在韓人士名鑑』（『韓国併合史研究資料五七』）によれば、一八九二年に初めて朝鮮へ渡航し、東亜同文会・朝鮮協会などを設立し、一九〇三年には京城居留民長となった。その彼が初めて釜山へ行った時、彼は「内地人」としてのまなざしをもって在朝日本人を眺めた。その時には在朝日本人の朝鮮人に対する態度が「過酷」であると感じていた中井は、やがて在朝日本人として自らも

【コラム❶】朝鮮生まれの日本人

一九二四年に朝鮮で生まれた詩人の村松武司は、自身の祖父浦尾文蔵が語った人生を「朝鮮植民者」の生涯として叙述している。その序文で、村松は彼自身の在朝日本人としての立場を以下のように語っている。「わたしは朝鮮で生まれてから、自分は日本人でありたいと思っていた。しかし日本に帰ったとき、はじめて自分が日本人でないことを自覚するようになった」〔村松武司一九七二、一二頁〕彼の手記の中には、在朝日本人三世として二世以上に「内地」を理想化する考えを持ったことが書かれている。しかし、戦時下において朝鮮で生まれた彼自身の拠り所は、朝鮮と日本を結合する形へと発展し、それはやがて「大東亜」の理想へと帰着したのであった。戦後の引揚を経験した後、彼はその矛盾に気づき、自身の「植民者」としての立場を顧みるまなざしは、やがて祖父文蔵の存在へと向かうのである。

またそのような態度をとるようになったことを意識するようになるのである。

初期居留民の多くは朝鮮に定住するよりも朝鮮で「ひと稼ぎ」した後に日本へ帰るということを考えていた。村松武司が「一代植民者はやがて日本に帰る。彼らがここ（朝鮮）に住むのは日本に帰るためである」と指摘したように［村松武司一九七二、五一頁］、あくまで朝鮮は仮の住まいであって、彼らがいるべき場所は「内地」であった。しかし、時代が下るにつれて、次第に朝鮮へ定住する在朝日本人は増えていった。朝鮮に定着した在朝日本人は、自分達に対する「内地」からの批判に敏感に反応し、自分達こそが朝鮮問題を解決する主体なのだと主張した。そこには自分達こそが「日本帝国」を背負っているのだという自己認識が存在した。定住して自らの利益を守ろうとする在朝日本人は、「文明国」にふさわしい振る舞いをしない下層の在朝日本人や、朝鮮を仮の住まいと考えて横暴な振る舞いをする「出稼ぎ根性」の「一代植民者」を批判した。こうした状況の中で、やがては朝鮮で生まれ育った在朝日本人の二世及び三世が誕生することとなる。彼らにとっての「内地」とは、遠く存在する「故郷」である反面、自分たちとは異なる文化を持ち、時には自分たちを批判する「他者」でもあった。そうした違和感は、特に引揚後に顕在化することになる［木村健二二〇〇一、九二頁］。「引揚者」が帰国後に「内地」に対して抱いたイメージには、「他人のことを気にしすぎる」「小さなことにこだわりすぎる」「閉鎖的」「こせこせして気ぜわしい」「内地の習慣が違う」「厄介物に思われた」などが挙げられている。二代目、三代目へと受け継がれてきた美化され理想化された「内地」へと辿り着いた時、在朝日本人はそこが単純に「故郷」と言いきれない場所であることを再認識するのである。

Ⅲ　在朝日本人と朝鮮人

以上のように、在朝日本人は朝鮮人との関係において「内地」から時には批判される存在であった。それでは、在朝日本人と朝鮮人との関係はどのようなものだったのだろうか。在朝日本人が異文化の朝鮮へやってきた時、その文化の違い（例えば「匂い」など）から朝鮮に対して否定的な認識を持つことや侮蔑的な認識を持つことはあった。そこには「文明国」としての日本という自己認識と、「未開」の朝鮮という認識も存在しており、そうした優越意識は併合後に特に顕著となった。先述の『朝鮮同胞に対する内地人反省資録』の事例に見られるように、この時期の在朝日本人の中で朝鮮人に対して優越意識や侮蔑意識を持って接する者がいたことは、つとに指摘されている事実である。ただし、在朝日本人は単に朝鮮人にまなざしを向けるだけの存在ではない。朝鮮半島という土地に居住しながら、人口としては自分達よりもはるかに多い朝鮮人からのまなざしを直接あるいは間接的に受けなければならない立場にいたことも事実である。

先述の通り、在朝日本人上層に対する下層への批判には、西洋列強からの批判を避けると同時に朝鮮人の在朝日本人に対する侮蔑を避けたいという心理が働いていた。なぜなら日本人の風習が朝鮮の風習と異なる故に朝鮮人から侮蔑を受けることがあったからである。例えば、先述の中井錦城は、同じく『朝鮮回顧録』の中で自身の体験談を次のように語っている〔中井錦城一九一五、九頁〕。

朝鮮に着いたばかりの中井錦城は、ある日の夕方懇意になった巡査のもとへぶらりと遊びにでかけた。風呂上がりの彼は、帽子もかぶらず足袋も履かず、浴衣一枚に団扇を持ち、夕涼みのつもりで巡査の前に現れた。すると巡査は突然彼に向って「違警罪」だと言い出した。「何が違警罪か」と彼が問うと、「帽子も被らず足袋も穿かないのが違警罪だ、韓人は賎業者と雖もチャンと冠を被り足袋を穿いて居るに、先進国ともいふべき日本の人民が、頭を露はし、足を出すとは何事だ、韓人に対して恥しくはないか」と巡査は答えたという。

当時何もせずにぶらぶらと遊んでいる彼を見て警察は不審に思っていたらしく、「こんなに巡査に苛められたのは、どうも自分一人らしかつた」と後から彼は述懐しているが、朝鮮社会における在朝日本人の姿の一端を垣間見ることができる。一八八八年の清国・朝鮮国駐在領事裁判規則によって領事が在朝日本人に関する治安・違警罪・始審・軽罪の各裁判所の権限に属する事件を裁判することとなった。このうちの「違警罪」は在朝日本人社会において対外的な批判を避けるという機能を果たしていた。

こうした風習の違いによる朝鮮人からの侮蔑のまなざし以外にも、開港後に在朝日本人が朝鮮へ渡航して来た際、既に朝鮮社会にはある一定の日本人像が形成されていた。そのうちのマイナスイメージの中でも特徴的なものは倭乱の記憶と斥邪思想に裏打ちされた洋夷としての日本人である。倭乱とは文禄・慶長の役（壬辰・丁酉倭乱）のことであり、既に朝鮮後期（日本で言えば江戸時代）の時期から日本を「不倶戴天の讐」とみる意識は形成されていた。さらに近代に入り、一八七五年に勃発した江華島事件は、朝鮮社会における日本人観をさらに硬化させた。初期の在朝日本人が朝鮮社会に入っていく時、そうした朝鮮社会に存在する日本人への敵意に晒されることになる。

朝鮮社会の中で生きようとする在朝日本人と朝鮮人との間には、しばしば衝突が発生した。特に初期には在朝日本人が定められた境界を越えて朝鮮人と接触する時に紛争が発生しやすかった。初期の居留民は日朝修好条規の規定により居留地から四里以内の外出は認められていたが、この規制を破って越境する人間が現れ、中には越境した日本人と朝鮮人との間に紛争が起こることがあった。例えば釜山で一八八一年に亀浦事件とよばれる日本人殴打事件が起こった〔山田昭次一九七九、七七頁〕。この事件は、在朝日本人の米仲買商人が貸金の返済催促の掛け合いのために許可範囲外で朝鮮人と交渉をし、在朝日本人が朝鮮人に対して攻撃をした結果、多勢の朝鮮人から殴打や投石をされたという事件である。この事件の当事者は対馬出身の商人であった。その中に当時釜山に派遣されていた半井桃水が騒動の当事者として関わっていたことから、彼の実録が『朝日新聞』に掲載され日本でも反響を呼んだ。その他にも一八八二年四月に元山の郊外で日本人が朝鮮人に襲われた元山事件〔高崎宗司二〇〇二、一八頁〕、一八九八年に電車が男児をひき殺してしまったために起きた電車焼き討ち事件〔高崎宗司二〇〇二、六九頁〕など、衝突は頻繁に発生した。なかでも大規模なものは、日本への主要な輸入品であった穀物に対して朝鮮側が輸出禁止措置をとろうとして在朝日本人の商人と朝鮮人との間にたびたび生じた衝突である防穀令事件が挙げられる。朝鮮からの穀物の過度な輸出を防止するために制定されたが、日本商人と朝鮮人との間で一八八四年から一九〇一年にかけて二七回の紛糾が起こった末、在朝日本人の要求によって撤回された。さらに広範囲で政治的な事件としては、壬午軍乱、義兵運動や三・一運動などが挙げられる。また、関東大震災の際には朝鮮人虐殺事件の噂が朝鮮にまで広まり、在朝日本人が自主的に自警団を形成するなど、緊張が高まった〔丸本健次二〇〇六〕。この時、総督府当局は関東大震災にあたって、日本人と在日朝鮮人が共に助け合っているという「美談」を喧伝したが、日本から朝鮮へ帰国してくる朝鮮人から噂が広まると、朝鮮人の憤慨を呼び、それに対して在朝日本人が危機感を募らせたという〔丸本健次二〇〇六、二六頁〕。このように在朝日本人は朝鮮人との接触が避けられない境遇におかれていたために、朝鮮人との衝突を多く経験することになる。朝鮮に日本人が渡航し始めた初期の頃にはよりその傾向が強かったが、植民地化が進むにつれて表面上は大きな衝突もなく在朝日本人社会が安定したように見える場合でも同様であった。在朝日本人が「日本社会」の中だけで場合によっては日本語のみで生活することもできるようになったとしても、朝鮮半島という地域に暮らしている以上、完全に朝鮮人との接触を避けることができた人々は稀であった。そのために有事の際には在朝日本人社会の間に緊張が走り、時には衝突が発生することもあった。

では在朝日本人と朝鮮人との接触の場面について、いくつかの事例を見てみよう。在朝日本人に対して朝鮮人から向けられたまなざしについて、先述の中井錦城の『朝鮮回顧録』にも記述がある（史料4）。橋の上に建てられた朝鮮人の家を中に朝鮮人がいると知りながら大勢の日本人が撤去してしまったという事件が起きた時、抗議のためにやって来た朝鮮人が険悪なまなざしでジッとこちらを見た様子が忘れられない、と中井は語っている。このように朝鮮人から敵意のまなざしを受ける場面は多く存在した。それは漁業という形で朝鮮社会に深く関わらざるをえない在朝日本人の漁業関係者も同じであった。一八七七年には日本から来た漁民が漁を行おうとして済州島民と争いになり、島民を殺傷する事件が起こっている。木村忠太郎は、元山口県豊浦郡の網元であり、一九〇五年頃に巨文島に移住して大敷網とイリコ（カタクチイワシの煮干）製造で成功した人物だが、彼は当時この島に「日本に反抗する徒ら」がおり、盗難や暴行にあうことがあったため、地域の住民の理解を得るために病人の世話をするなど奔走したと語っている［崔吉城一九九四、六三頁］。彼よりも先に巨文島に移住していた鳥取県出身の小山光正は、日本人漁師にこの地方は博学なところであるから風紀を乱さないように行動を慎むように周知させ、自身が外出する時には儒学者（ソンビ）のように正装したとも伝えられている［崔吉城一九九四、六三頁］。このように、朝鮮社会で生きていくために朝鮮人の立場を考慮しなければ生計が成り立たないため、朝鮮人との利害衝突を避けようとする在朝日本人も存在した。

一方で先述した浦尾文蔵は、一歩間違えれば衝突になりかねない状況に陥った経験を次のように語っている［村松武司一九七二、四〇・四一頁］。日清戦争後、居留民の増加を背景に、人参の密輸入が盛んに行われていた。そのために居留民が盛んに人参を求めて山地へとでかけていった。文蔵は次々と山へ出かける当時の居留民の例に洩れず、朝鮮人参売買の見本を得るためにある日江原道金城郡の大城山に登った。到着したのは午後一〇時ごろであったが、人参のできなどを見ているうちにすっかり夜も更けてしまった。午前一時を過ぎたころ、月明かりの照らす山道を一人で歩いていると、一四、五間ほど向こうに火縄を持って振り回している人間がいる。文蔵は恐怖した。しかし逃げ出して打たれるよりは自分から近寄ったほうが有利だと決心した文蔵は、右手にピストルを、左手に刀を握って彼にぶつかるように接近した。ところが、火縄を振り回していた人間は、決して文蔵に敵意をもっていたわけではなかった。お前は誰だ、と問う文蔵に向って、彼は、ノロを狩りにきました、と穏やかに答えた。彼は心底安心して、自分が持っていたタバコを彼に渡し、自分も一本彼の火縄の火を借りてタバコを吸い始めた。結局夜が明けてから彼の家で朝食までごちそうになった文蔵は、帰り際に彼の父に向って、夜道で物騒な人間に出会ったと思って非常に怖れをなしたと話したところ、父は大笑いし、傍らにいた彼の母は「私の息子は仏様です」と答えたという。その他にも彼は朝鮮について旅行先で出会う礼儀の厚い両班の存在を「昔からの美風」だと語っており、先述した優越意識と侮蔑意識で固定化された朝鮮観とは異なる多様な朝鮮像を語っている（史料5）。その他にも科挙の様子や両班の生活ぶり、「泣人」などの朝鮮の風俗に対する違和感、政権の腐敗など、彼の眼に映る朝鮮は多様であった。また「虐げられた女性」の話をするが、「彼女たちも人間であるから、すべてが内向的で、貞節であったわけでもない」という。僧侶の地位の低さも、日本との違いから眼にとまったようだ。

在朝日本人と朝鮮人との接触の場面において、直接的な衝突ばかりが発生するわけではなかった。例えば在朝日本人社会の底辺に位置づけられていた金子文子は、自分を虐げる祖母と対照的な朝鮮人の「おかみさん」との接触について以下のように語っている。祖母から食事を与えられずに空腹を耐えていた彼女は、近所の朝鮮人女性から親切に声をかけられた。「また、おばあさんに叱られたのですか」と問われたため文子が黙って頷くと、「かわいそうに！」と同情し、空腹の彼女のために食事を用意しようとしてくれたという。そのことについて文子は手記の中で「朝鮮に

【コラム❷】「同化」する日本人

本論で挙げた中井錦城が書いた『朝鮮回顧録』には多くのエピソードが残されている。ここではその内で興味深い一例を紹介したい。「日清戦争の時予備で召集され、此鎮南浦で分隊長をしていました、戦争が済んで国に帰りましたが、どうも此地が気に入って恋しいものですから、再び遣って参りまして、身を韓人部落に寄せ、村長の様の事や、学校教師抔を勤め、（中略）自分は朝鮮服の侭で軍艦を訪問し、甲板の上で御目に掛り、此度は御苦労ですと挨拶すると、君は日本語が出来るかとの御問で、イヤ私は日本人で御座いますと御答申上げると、石井さんはひどく御驚きでありました（後略）」［中井錦城一九一五、四四頁］。このように、朝鮮で朝鮮文化に魅せられて朝鮮人のようにふるまおうとした日本人も存在した。浅川巧が電車の中で朝鮮服を着用して座席に腰をおろしていたところ、日本人に怒鳴りつけられたが、抗弁せずに甘んじてそれを受けたことは有名な話である。

いた永い永い七ヵ年の間を通じて、この時ほど私は人間の愛というものに感動したことはなかった」と述懐している［金子ふみ子一九三一］。このように在朝日本人と朝鮮人との間に人間的な交流が生まれることも稀にあった。朝鮮の美術品を愛し、朝鮮の文化の理解のために在朝日本人として生きた浅川伯教・巧兄弟などが著名である。

また一方で、植民地の中で「植民者」として生きながらも「朝鮮のために」働こうとする在朝日本人が存在した。例えば農学者の高橋昇は、農業試験場西鮮支場長を務めた総督府の官僚でありながら、朝鮮の農法を遅れたものとみなす当時の風潮を批判し、朝鮮の伝統農業を残すべきであると主張した人物である［河田宏二〇〇七］。彼は植民地官僚の中では稀有な存在であったが、それでも、そもそも朝鮮の農業が日本の植民地政策の結果として疲弊しているという側面があるという矛盾に気づくことはできなかった。彼らが真摯に活動を行ったとしても、その基盤にある構造が朝鮮のためというよりむしろ日本のために機能してしまう構造が植民地には存在するということに自覚的になることができた在朝日本人は稀であった。大きな社会構造の中で生きる時、その構造の矛盾に気づくことは容易ではない。それは先述の浦尾文蔵についても同様であり、彼は人参の密売や贋金作り等の違法行為によって利益を得ようとした初期居留民であり、その後も「植民者」として引揚までを経験した典型的な在朝日本人であったが、自らが「植民者」であるということに対しては無自覚であった。そのことの矛盾に気づく者は、自らの土台であった社会構造が崩れてしまう「引揚」を比較的若い段階で経験した二世・三世の在朝日本人の中に存在した。

おわりに

在朝日本人社会内部の階層差は上層による下層に対する批判を生みだした。その背景には下層の在朝日本人が自ら帯びている日本文化を捨て切れずに「文明化」された振る舞いをすることができないという事実があった。そのために下層の在朝日本人は朝鮮人からも侮蔑のまなざしを受けることがあったが、一方で金子文子の例の様に在朝日本人社会の底辺に位置づけられたからこそ朝鮮人と心を通わせることができる場合もあった。

また、在朝日本人は、「内地」からも時には批判を受ける存在であった。そうした「内地」からの批判を背景に、統治側と在朝日本人社会との間に利害衝突が起こることもしばしばあり、そうした批判に反発する形で在朝日本人が自分達こそ朝鮮問題を解決する主体であると主張する時、「日本帝国」を支える「一等国民」としての自己認識が再生産されていった。「内地」からの在朝日本人に対する批判の背景には、朝鮮人に対する在朝日本人の行動に対する批判的なまなざしがあった。「内地」から朝鮮へ来た「内地人」が、在朝日本人と朝鮮人との接触の場面での在朝日本人の対応の仕方を批判することがあったが、それは実際に朝鮮人に対して過酷な扱いをしたり、優越意識や侮蔑意識を露わにする人間が存在したからである。しかし、そうした在朝日本人の行動の背景には、朝鮮半島という地域に暮らすことによって朝鮮人と直接あるいは間接の接触を避けられない状況からくる衝突の可能性に対する緊張感が存在した。その可能性は、しばしば現実に在朝日本人と朝鮮人の衝突となって表れた。あるいは衝突の回避や人間的な交流を行うなど、在朝日本人によってそれぞれの朝鮮人との接触の場面があり、その中には「朝鮮のため」と信じて奔走した者も少なくなかった。しかしその行動は、植民地であるが故に「朝鮮のため」に行っていることがともすると「日本のため」だけに機能してしまうという矛盾を抱えた社会構造の上に成り立っていた。引揚によってその社会構造が崩れた時、在朝日本人はその矛盾をつきつけられることになる。「内地」と朝鮮とのはざまにあり、その両者に対する愛着と、反発あるいは侮蔑というアンビヴァレントな感情の入り混じった世界こそ、在朝日本人が生きた世界であった。

史料

(1) 在朝日本人社会内部の階層差

中でも一番有力なのは、啻に金を持っているというばかりでなく、幾許かの田や畑をもって、ここに生活の根をおろしているものであった。――それには高利貸業者が一番多かった。――それに次いでは、憲兵、駅長、医者、学校教師といった連中が有力で、この辺までの女は「奥さん」という敬称でよばれていたが、これより下の、商人や百姓や工夫や大工などの細君は、一からめに「おかみさん」の名をもって称ばれていた。だから、部落はまさに二つの階級から成っていると見ていいのだが、この二つの階級は水と油とのようにはっきりと区別されていた。余程の事でもない限り互いに行き来するようなことがなく法事をするのにも、祝い事をするのにも、招かれる範囲はきまっていた。（金子ふみ子『何が私をこうさせたか』春秋社、一九九八〈初版一九三一〉年、八〇頁）。

(2) 在朝日本人による統監府政治への反発

（前略）朝鮮の事は即ち吾人在韓十五万の同胞自ら解決するの勇無かる可らず、韓半島は即ち吾人十五万の同胞自ら、之を支配するの覚悟と自負心無かるべからず。（中略）東洋の覇権を握り、黄色人種の指導を以て任ずる世界一等国民の班に列せる吾人日本帝国民が此犬豕的亡国民と同一に取り扱はるる如き憐むべき今日の境遇形勢を打破せざるべからず（後略）（「朝鮮問題は在韓邦人にて解決せざるべからず」〈『朝鮮』三―二、一九〇九年四月〉）

(3) 統治側の在朝日本人批判

内地人と思って丁寧に散髪し後で朝鮮の人だと知って侮辱す

昭和八年三月十一日の夜のこと慶南釜山府某町の内地人理髪店主内山一夫（仮名）は折柄散髪に来た人品いやしからぬ客に対して丁寧に取扱ひ、其の客は理髪をすませて立去つた。すると其の後で内山の弟子某は今の客は内地語は流暢だが李完相（仮名）と云ふ朝鮮人だと告げた、之を聞いた内山は『なんだヨボか汚い奴ぢや器具の手入をよくして置け、実際朝鮮人は内地語が少し判ると実に生意気だ』と侮辱した。所が其の場に居合せて之を聞いていた金某（仮名）は痛く憤慨し忽ち内山に喰つてかかり『ヨボは汚い生意気だとは何か、いやしくも客に向つて此の侮辱は何事だ』と激昂して反駁し内山亦之に応酬して激論を交へた末遂に内山は金君に打撲傷を負はしめたが折よく巡廻中の巡査の為め制止され内山の謝罪で事は終つた（『朝鮮同胞に対する内地人反省資録』）

（4）朝鮮人からのまなざし

（前略）幾度交渉しても、日本人が要らぬ世話と云つて取合はなかつたが、今度は消防夫等十六名を遣して、夜談判を始めると、五月蝿がつて内から錠を掛けた、是幸ひと十六人で家を舁いで、其の近辺の道側（わき）に棄てて了つた、橋の上に家を作るのも乱暴だが、それを舁いで棄て了ふのも乱暴だ、翌日其のヨボが民役所へ談判に来て、ヂツと自分を睨み付た顔は、今に忘られぬ様な険悪であつた（中井錦城『朝鮮回顧録』糖業研究会出版部、一九一五年、一一三頁）

（5）多様な朝鮮像

日清戦争から明治三〇年にかけて、朝鮮を旅行することがよくあった。その頃は朝鮮旅行券というものが必要で、領事館から下付して貰うことになっていた。旅費は日程によって胴に巻く。一日の食費と宿泊料は約六〇銭で充分であった。二〇日間の旅程は一二円で足りるが、これを胴に巻くときゅうくつだし、重量があるので歩くのにへいこうする。穴のあいた昔の二厘銭くらいあるので、実にやっかいな携帯法である。その他の準備として、守田の宝丹とマラリヤの薬など、旅費に窮したときのために持って歩いた。日程に狂いが生じて、金を使い果したときは、富豪または両班の家に行き、事情を話すと喜んで待遇してくれたばかりでなく、二、三日滞在して遊んでゆかれるべしと勧めてくれた。翌朝、食事がすみ、わかれの挨拶をして携行した薬品をお礼の代りに差しだすと、むしろ赤面して薬の代価を払わせてくださいという。そこから「京城」までの旅費に、幾分余るほど勘定して貸してくれたから、またわたしたちも日本人の体面を汚さぬよう心得て、「京城」に来られたらぜひ寄って下さいと笑ってわかれた。この人たちは、村のはずれまで親子が服装を改めて見送ってくれた。礼義の厚いことに、実に頭の下がる思いがする。その言葉づかいなどもていねいで、これが朝鮮八道のいずれのところも同じで、昔からの美風、習慣であるのだろう。漢詩でもつくることのできる旅人は、何年間でも共に喜び、共に学問趣味を交換しあえたことであろう。このような習慣は、しかし消えてしまった。この習慣を悪用する高等乞食が横行するようになったからである。わたしはこのようなよき時代に旅を続けることができた。晩秋から寒さに向かう頃、よく鷹狩に誘われたことがある。行けばかならず雉を獲って、雉料理の馳走をうけた。旅愁を慰めてくれたこの人人を思い出すと感無量である。この人々が「京城」に来て訪問をうけるときは、日本の料理屋に案内し、牛のスキヤキで日本酒を飲んでもらうことにしていた。非常に喜んでくれて、帰ったあと雉のオスとメスを組にして贈ってくれたりする。いまのせちがらい世の中に比べると、当時の朝鮮は天国のようなものだ。この天国が少しずつ変化していった。日本人の悪党に染まり、わるいことをする朝鮮人は、仲間から「サンノム」といわれていた。国が滅びていっても、志のあるものの子弟は、このよき時代の風習を精神のどこかにひそめていたであろう（村松武司『朝鮮植民者―ある明治人の生涯―』三省堂、一九七二年、五八・五九頁）

〈参考文献〉

安秉珆《アンビョンテ》『朝鮮社会の構造と日本帝国主義』（龍渓書舎、一九七七年）
市川まりえ『一九〇五―一九一〇年在韓日本人民間言論の統監府政治観』（ソウル大学国史学科修士論文、二〇〇七年）
岡本真希子『植民地官僚の政治史―朝鮮・台湾総督府と帝国日本』（三元社、二〇〇八年）
梶村秀樹「植民地と日本人」（『日本生活文化史8』一九七四年）

金子ふみ子『何が私をこうさせたか』（〈初版一九三一年〉春秋社、一九九八年）
河田　宏『朝鮮全土を歩いた日本人―農学者・高橋昇の生涯』（日本評論社、二〇〇七年）
木村健二『在朝日本人の社会史』（未来社、一九八九年）
〃「植民地下新義州在住日本人の異文化接触」（『交錯する国家・民族・宗教―移民の社会適応』不二出版、二〇〇一年）
崔吉城《チェギルソン》編『日本植民地と文化変容』（御茶の水書房、一九九四年）
坂本悠一・木村健二『近代植民地都市　釜山』（桜井書店、二〇〇七年）
新藤東洋男『在朝日本人教師』（白石書店、一九八一年）
辛　美　喜《シンミヒ》「在朝日本人の意識と行動―『韓国併合』以前のソウルの日本人を中心に―」（『大阪大学日本学報』一四、一九九五年）
高崎宗司『植民地朝鮮の日本人』（岩波書店、二〇〇二年）
中井錦城『朝鮮回顧録』（糖業研究会出版部、一九一五年）
中村　均『韓国巨文島にっぽん村』（中央公論社、一九九四年）
橋谷　弘『帝国日本と植民地都市』（吉川弘文館、二〇〇四年）
丸本健次「関東大震災に対する植民地朝鮮での反応」（東京大学修士論文、二〇〇六年）
村松武司『朝鮮植民者―ある明治人の生涯―』（三省堂、一九七二年）
森田芳夫『朝鮮終戦の記録』（巌南堂書店、一九六四年）
山田昭次「明治前期の日朝貿易―その日本側の担い手と構造について―」（『近代日本の国家と思想』三省堂、一九七九年）
尹　慧　瑛《ユンヘヨン》『暴力と和解のあいだ―北アイルランド紛争を生きる人びと』（法政大学出版局、二〇〇七年）

第六章　在日朝鮮人の世界

鄭　栄桓

はじめに

この章では関東大震災後から満州事変、日中全面戦争、そして朝鮮「解放」／日本敗戦後に至る時期の在日朝鮮人社会の様相と、それをめぐる日本の諸施策の展開過程について扱う。一般に在日朝鮮人史の叙述においては、一九四五年八月一五日を境に区切るのが通例であるが、本章では一九二〇年代から一九五〇年前後の時期を一つの時代として展望する。もちろん、朝鮮解放／日本敗戦が在日朝鮮人にとっても極めて大きい画期であることに間違いは無いが、一九二〇年代以降に形成された在日朝鮮人の社会や民族団体、そしてこれをめぐる政府や日本社会の対応のあり方は、解放後の在日朝鮮人のあり方に深い影響を及ぼしていることもまた否定できない。

とりわけ、戦時強制連行・強制動員期以前の在日朝鮮人の存在形態が解放後にいかに引き継がれたのかを明らかにするためには、むしろ一九二〇年代以降の流れのなかで在日朝鮮人史を位置づけることが必要である。近年、朝鮮人強制連行の強制性や差別性を否定すれば、それをもって在日朝鮮人が自由な経済移民といえるかのような言説が登場しているが、かかる視角はこうした平板な歴史認識を再検討する上でも有用なものであると思われる。

筆者は、在日朝鮮人の職業構成や生活世界、文化、民族運動、あるいはそれらをめぐる日本政府の諸施策の基本的発想などのいずれをとっても、その大まかな原基は一九二〇年代以降に形成されているとの考えに立っており、そうした意味では関東大震災を契機として、在日朝鮮人にとっての「現代」が始まるということも可能であろう。以下、時期ごとの特徴をおさえつつ、「在日朝鮮人の世界」について検討したい。

I　渡日者の増加と渡航管理体制

1　渡日者増加の要因と渡航経路

一九二四年六月、関東大震災後に朝鮮総督府が採っていた渡日制限が解除されると、再び朝鮮からの渡日は増加する。（表1）は一九二三年から一九五〇年までの朝鮮人の渡日者数を示したものだが、これを見ても二〇年代以降の増加の趨勢は一目瞭然である。また、日朝間には極めて頻繁な往来があり、その数もまた増加の一途を辿ったことがわかる（表2）。

これほどまでに渡日が増加した背景として第一に挙げられるのは、朝鮮農村の窮乏化に伴う離農者の増加である。朝鮮では一九二〇年から三四年にかけて「産米増殖計画」が実施されたが、この過程で大地主中心の土地兼併や自作・自小作農など農村中間層の小作農化が進むことになった。また、一九三〇年前後の米価高騰による農家収支悪化、租税負担の増加に加え、一九二四年、二八年、三二年、三五年のたび重なる旱魃により、朝鮮農民の離村に拍車がかかることになる。一九二〇年から三八年までの間に、約一八〇万人が離農したともいわれる［金廣烈一九九七年］。

渡航が増大した第二の理由は日本企業側の低賃金労働者の要請である。都市化の進展や震災後の大規模土木工事の増加などに伴い、日本の産業界、特に炭鉱業界は朝鮮人の雇用に積極的になった。一例を挙げれば、一九二五年五月には釜山で朝鮮人労働者三〇名が水上警察署に逮捕された際、リーダー格の人物は福岡の炭坑で働いていた時、労働者の寄宿業をしていた日本人に一〇人程度の労働者を連れてくれれば監督にさせてやるといわれたため、朝鮮で人を集めて渡航を試みたと警察に語っている（『東亜日報』一九二五年五月一六日付）。朝鮮人の渡日の背景には、朝鮮農村の窮迫に加え、これら「内地」側企業の誘引も存在した。

朝鮮から日本への主たる渡航の経路のうち、第一は、慶尚南道釜山及び全羅南道の麗水から下関への航路であり、戦時期末期に対馬海峡封鎖により就航停止となるまで植民地期の最も主要な航路であった。なお、一九四三年には博多・釜山間の博釜連絡船も就航している。第二は済州島から大阪への航路である。日本人も多数利用した関釜連絡船とは異なり、この航路はその乗客の圧倒的多数を朝鮮人が占め、大阪における済州島出身者のコミュニティ形成の大きな要因となった。

また、少数ながら朝鮮からロシア、サハリンを経由して北海道に到達する経路もあった。当時、本州経由以外にも、朝鮮から沿海州に移住した朝鮮人がロシア革命の東漸を逃れてサハリンに移り、さらにそこから北海道へと渡ってくる例があった［桑原真人

表１　在日朝鮮人の人口（1923 〜 1950 年）

年	人員	年	人員	年	人員
1923	80,415	1933	456,217	1943	1,882,456
1924	118,152	1934	537,695	1944	1,936,843
1925	129,870	1935	625,678	1945	1,155,594
1926	143,798	1936	690,501	1946	647,006
1927	165,286	1937	735,689	1947	598,507
1928	238,102	1938	799,878	1948	601,772
1929	275,206	1939	961,591	1949	597,561
1930	298,091	1940	1,190,444	1950	544,903
1931	311,247	1941	1,469,230	1951	560,700
1932	390,543	1942	1,625,054	1952	535,065

出典：［森田芳夫 1996 年、外村大 2004 年］
注：1923-44 年は内務省による統計。1945 年は資源調査法による 11 月 1 日現在の、46 年は帰還希望者登録による 3 月 18 日現在の調査による統計。1947-52 年は外国人登録による統計。

表 2　朝鮮人の日本渡航・帰還数（1917 ～ 1945 年）

年	日本「内地」側統計		朝鮮総督府側統計		釜山港通過	
	渡航	帰還	渡航	帰還	渡航	帰還
1917	－	－	－	－	14,012	3,927
1918	－	－	8,508	1,801	17,910	9,305
1919	－	－	10,090	2,076	20,968	12,739
1920	－	－	16,756	6,911	27,497	20,947
1921	－	－	24,703	7,724	38,118	25,536
1922	－	－	53,631	15,773	70,462	46,326
1923	－	－	57,297	37,088	97,395	89,745
1924	－	－	122,243	74,432	122,215	75,427
1925	－	－	－	－	131,273	112,471
1926	－	－	－	－	91,092	83,709
1927	－	－	－	－	138,016	93,991
1928	－	－	－	－	166,286	117,522
1929	－	－	－	－	153,570	98,275
1930	127,776	141,860	－	－	95,491	107,771
1931	140,179	107,420	102,164	83,651	93,699	77,578
1932	149,597	103,458	113,615	77,575	101,887	69,488
1933	198,637	113,218	153,299	89,120	136,029	79,280
1934	175,301	117,665	159,176	112,462	132,530	87,707
1935	112,141	105,946	108,659	106,117	85,035	81,844
1936	115,866	113,162	113,714	110,559	－	－
1937	118,912	115,586	121,882	120,748	－	－
1938	161,222	140,789	164,923	142,667	－	－
1939	316,424	195,430	284,726	176,956	－	－
1940	385,822	256,037	334,168	218,027	－	－
1941	368,416	289,838	325,643	242,469	－	－
1942	381,673	268,672	334,565	219,373	－	－
1943	401,059	272,770	－	－	－	－
1945 (1～5月)	121,101	131,294	－	－	－	－

出典：［森田芳夫 1996 年］

一九八二］。本州への労働力の流出のため北海道の炭鉱業界は朝鮮人労働者の「募集」に積極的で、例えば、北海道炭礦汽船は総督府と折衝して咸鏡南道で労働者を募集し、一九二四年下半期に一〇二八人の朝鮮人労働者を入山させている［岩村登志夫一九七二］。

これらの他に木浦、清津等からも船が出ていたが、主要な出発港が朝鮮南部に集中していたことからも、在日朝鮮人の出身地分布は圧倒的に朝鮮半島南部に偏っている。一九三八年の統計では渡日者の出身地域は多い順に慶尚南道が三七・五%、慶尚北道が二三・一%、済州島を含む全羅南道が二〇・六%、全羅北道が六・一%と、実に九割弱を朝鮮南部出身者が占めている［森田芳夫一九九六年］。ただし、学生は必ずしもこの限りではなく、学生層の出身地構成は朝鮮全域にほぼ等しく分布していた。朝鮮内で高等教育を受ける機会が制

図１　警察署・駐在所への証明書出願から発給・諭止までの流れ

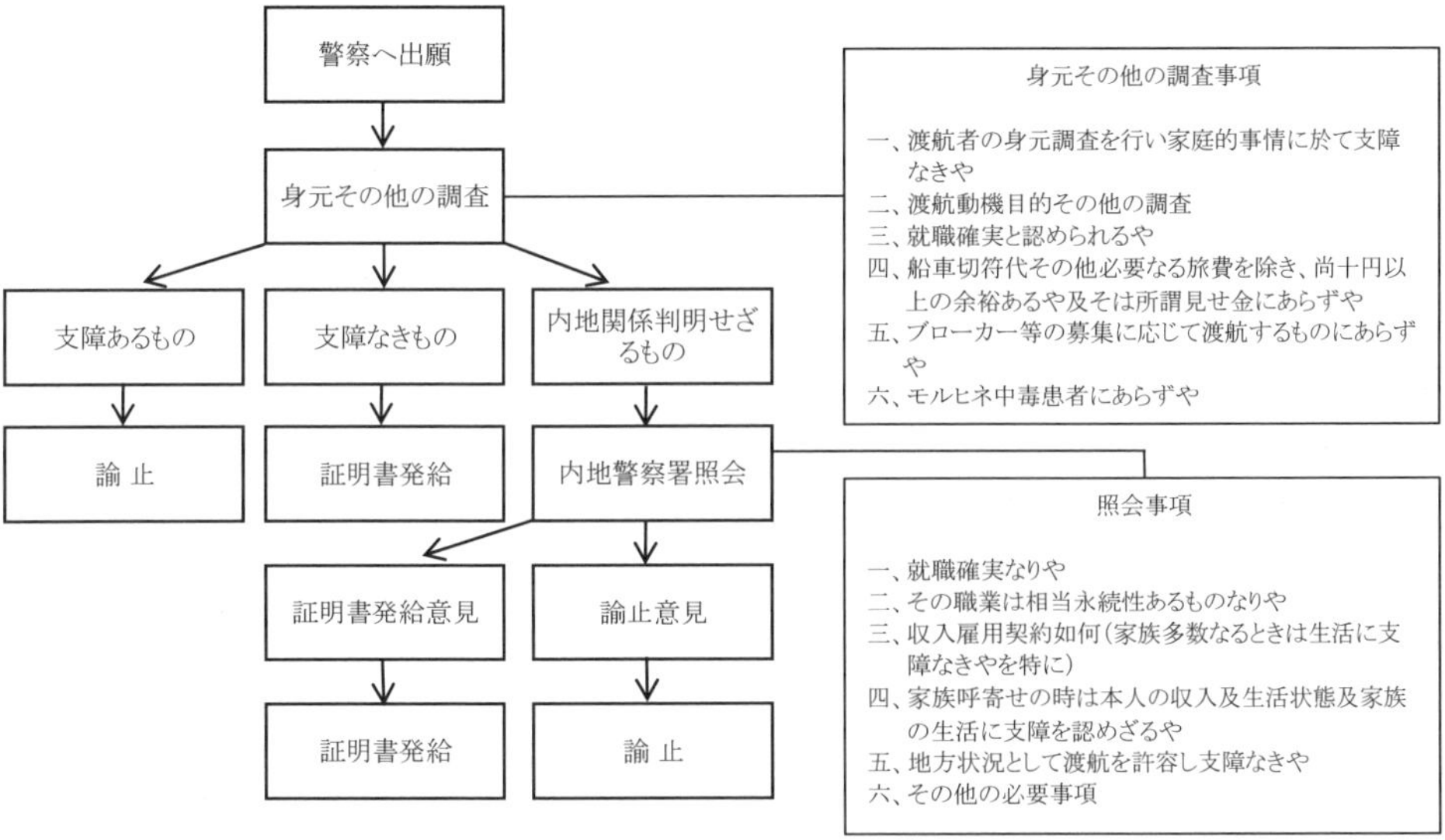
警察へ出願
身元その他の調査
支障あるもの
支障なきもの
内地関係判明せざるもの
諭 止
証明書発給
内地警察署照会
証明書発給意見
諭止意見
証明書発給
諭 止
身元その他の調査事項
一、渡航者の身元調査を行い家庭的事情に於て支障なきや
二、渡航動機目的その他の調査
三、就職確実と認められるや
四、船車切符代その他必要なる旅費を除き、尚十円以上の余裕あるや及その所謂見せ金にあらずや
五、ブローカー等の募集に応じて渡航するものにあらずや
六、モルヒネ中毒患者にあらずや
照会事項
一、就職確実なりや
二、その職業は相当永続性あるものなりや
三、収入雇用契約如何（家族多数なるときは生活に支障なきやを特に）
四、家族呼寄せの時は本人の収入及生活状態及家族の生活に支障を認めざるや
五、地方状況として渡航を許容し支障なきや
六、その他の必要事項

出典：［安藤文司 1934 年］より筆者作成

限されていたため、朝鮮全域から「内地」の高等教育機関での就学を目指して渡航したといえよう。

2　渡航管理体制

こうした朝鮮人の渡日は決して自由であったわけではない。一九一〇年代の総督府による渡航規制は、労働者募集規制と旅行証明制度という二つの柱で構成されていたが（↓第三章）、震災後の旅行証明制度が撤廃され渡航者数が増大すると、内務省と朝鮮総督府は渡日者抑制のための新たな方法を講じることになる。ここでは一九二〇年代以降の日朝間の渡航管理体制について見てみよう。

朝鮮人に対する渡航規制は外国人に対する出入国管理とは異なる枠組みで行われた。中国人労働者の場合は「外国人」の入国規制の問題として扱われたが、朝鮮人は建前上「帝国臣民」であるため、内務省は朝鮮総督府に朝鮮の出発地点での渡航管理を要請し、朝鮮人に対する渡航規制は出境規制という形態を採った。

表3　朝鮮人労働者の渡航「諭止」
（1925年10月～1938年）

年	出発港論止	出発地元	
		出願	論止
総数	163,760	−	727,094
1925（10～12月）	3,774	−	−
1926	21,407	−	−
1927	58,296	−	−
1928	47,297	−	−
1929	9,405	−	−
1930	2,566	−	−
1931	3,995	−	−
1932	2,980	−	−
1933	3,396	300,053	169,121
1934	4,317	294,947	188,600
1935	3,227	200,656	135,528
1936	1,610	161,477	87,070
1937	1,491	130,430	71,559
1938	−	−	75,216

出典：［森田芳夫 1996 年］

その結果、一九二五年一〇月に始まったのが釜山水上警察署による渡航「諭止」である。これは釜山水上警察署が、就職確実か、必要旅費以外に一〇円以上の所持金があるか、モルヒネ注射常習者ではないか、ブローカーの募集による渡航ではないかなどをチェックし、該当者の渡航を「諭止」するというものである。一九二八年七月には全朝鮮に拡大し、渡航希望者は居住地警察署長から戸籍謄本の裏書を受領し、これを紹介状として釜山水上警察署がチェックするという形式が確立することになる。この際、渡航希望者は地元、「内地」、そして出発港の各警察署による三重のチェックをクリアしなければならなかった（図1）。特に「内地」での就職や雇用内容のチェックに重点を置いており、在日朝鮮人失業者の増大が治安問題に発展することを恐れての措置であったことがわかる。釜山・麗水港における渡航阻止は、渡航証明制度が出来た直後や一九三〇年代中盤以降の阻止人数が極めて多く、また地元での渡航出願数に対し実際に許可された数は半数以下であった（表3）。

他方、一九二九年の世界恐慌により失業が社会問題化すると、内務省は一九二九年八月三日付で通牒「朝鮮人労働者ノ証明ニ関スル件」を発し、いわゆる「一時帰鮮《ママ》証明書」制度を設けた。これは、在日朝鮮人が朝鮮に一時帰還する際、あらかじめ就労地の警察署より証明書を受給しておけば、再渡日に際して渡航証明書を不要とするというものであった。対象となる職種は工場・鉱山労働者に限定されており（後に「官署傭人、会社従業員」「有識職業」「独立営業者」に拡大）再渡航後に同様の雇用主のもとで働くことが発給の条件であった。これは朝鮮人の往来を「内地」側の必要とする産業の労働者に限定しようとするもので、渡航証明制度と対をなすものであった。

このようにして、一九二〇年代末には総督府・内務省による渡航規制に支えられた「朝鮮人選別導入体制」［樋口雄一一九八六］が作り出されることになる。渡日の背景たる朝鮮農村の窮乏化に手をつけないなかでのこうした施策は、かえって渡航証明制度の枠外での無許可渡航を生み出すことになり、結果、渡航証明制度のもとで当局は無許可渡航の取締に血眼になる一方、渡日を希望する朝鮮人は「密航」を斡旋する業者への経済的負担を負わねばならなくなった。

Ⅱ　在日朝鮮人の社会と運動

1　「滞留」する在日朝鮮人と社会形成

一九二〇年代から三〇年代にかけて在日朝鮮人を特徴づける要素は、日本内への「滞留」とでもいえる現象である。そもそも渡日者の出身階層は一定の所持金と交通費が無ければ渡航規制を通過できなかった事情などを反映して、「最底辺よりちょっと上」の階層といわれており［樋口雄一一九九五］、一九二〇年代には稼ぎ手が単身渡航し、故郷の家族に送金するという形態が目立った。渡航した在日朝鮮人の多くは労働者となり、一九二四年の全国調査によれば、朝鮮人労働者全八万八二六二名のうち「精神労働者」はわずか〇・四％（二九一名）であるのに対し、「筋肉労働者」は九〇％（七万七九八〇名）をしめ、しかも同一職業の場合でも日本人労働者との間には差別賃金・差別労働が課され、朝鮮人労働者は都市下層雑業層のさらに底辺に組み込まれた［松村高夫二〇〇七］。

しかし、一九三〇年代に入るとこうした世帯を分けたかたちでの渡日・送金は経済的に維持が難しくなり、世帯を挙げての渡航や家族呼寄せが大勢を占めるようになる［梶村秀樹一九九三］。一方、渡航管理体制に強く規制され、いったん、朝鮮に戻るといつ再び日本に渡航できるかわからない状況があったため、朝鮮人の多くは日本内へ「滞留」することになる。朝鮮内の貧窮状況が改善されないなかでの妻や家族の呼び寄せは、送金の負担を減少させると同時に働き手を増やす意味があった。

人口に占める女性の割合の増加はこうした趨勢をよく示している。一九二〇年の国勢調査の時点では一五歳から三四歳の男性が全在日朝鮮人の七五％を占め、女性は一一・五％に過ぎなかったのが、一九三〇年には女性が二八・九五％、一九四〇年には四〇・〇四％に増加している［森田芳夫一九九六］。朝鮮からの世帯全体の渡日により、祭祀を日本で執り行う傾向も増えはじめ、こうした中農的な朝鮮農村社会の文化が、在日朝鮮人の間でも維持される傾向が顕著になるのもこの時期である［梶村秀樹一九九三］。

また家族呼び寄せのみならず、単身渡航者が婚姻により新たに家族を形成するケースも増加する［外村大二〇〇六］。ここでも婚姻は単身では生活が困難なため稼ぎ手を増やす目的でなされたケースが多く、そのため婚姻後も朝鮮人女性のほとんどは家内手工業的な事業所や食料品販売、飯場での食事の用意やくず鉄拾いなどの労働に従事した。また容易に朝鮮に戻れないため、配偶者の選択（主に両親あるいは男性による選択）にあっては同郷者の紐帯に頼ることが多く、写真だけで結婚するケースもあった。なかには労務管理と結びついた人身売買まがいの結婚紹介すら存在した。こうしたなかで、大阪などの朝鮮人集住地では朝鮮人を対象とした食料品店や商店が生まれ始め、在日朝鮮人の社会形成が促進されるようになる。

一般に一九二〇年代から三〇年代に在日朝鮮人の「定住化」が促進されたとされているが、それは自然的なものというよりも、農村の窮乏と渡航管理体制、そして渡航後の貧困といった諸要素に規定されて、在日朝鮮人が日本内に「滞留」せざるを得なかったというほうが正確であろう。

2 民族運動・労働運動の高揚

次に、一九二〇年代に高揚期を迎えた在日朝鮮人運動の動向を見てみよう。関東大震災直後の状況を観察した文筆家の鄭然圭《チョンヨンギュ》は、震災を契機に東京の朝鮮人の思想的傾向が左右対立から相愛会ら親日派をめぐる対立へと一変したと記している（『報知新聞』一九二四年一月二四日付）。確かに、一九二四年以後、在日朝鮮人の運動は従来の思想的対立を越えて、新たな方向へと動き始めた。

その中でも、最も急速に成長したのは労働運動である。朝鮮人労働者の組織化は震災後に急速に進み、震災前に東京や大阪、名古屋などで差別賃金の撤廃や待遇改善を求めて争議を行なっていた一一の労働組合が集まり、一九二五年二月に在日本朝鮮労働総同盟（以下、在日朝鮮労総）が結成される［朴慶植一九七九］。在日朝鮮労総は「資本家階級の抑圧と迫害とにたいして徹底的に抗争すること」「労働組合の実力を以て労働者階級の完全なる解放と自由平等の新社会の建設とを期す」ことを綱領に掲げ、八時間労働、最低賃金の設定、悪法の撤廃などを主張、機関紙『朝鮮労働』を発行した。初の全国的な在日朝鮮人の労働組合組織である。

朝鮮人労働者は、朝鮮人に限定した解雇や賃金未払い、あるいは民族差別賃金など労働者一般の運動に解消しえない問題に直面していた［外村大二〇〇四］。そもそも労働現場自体が日本人と区別されているケースも多く、契約関係も日本人労働者が工場主から直接雇用されているのに対し、朝鮮人は別の請負業者を通して雇われるなどの事例も少なくなかったのである。しかも日本人労働者の差別感情や言語不通により一般の労働組合に入ることも困難であった。こうした状況が在日朝鮮労総を生み出す背景となった。日本人雇用主のみならず朝鮮人飯場頭を追い出そうとする例もあり、単なる条件闘争ではなく、朝鮮人労働者の状況を低位に追い込んでいる構造そのものを変えようとする動きが現れてきたといえる。

こうした戦闘的な労働運動は、在日朝鮮人の民族団体の基盤となる。この頃、東京では安光泉《アングァンチョン》、李如星《イヨソン》らが中心となり思想団体・一月会が二五年一月に結成された他、青年団体の在東京朝鮮無産青年同盟会（二五年一月結成）、女性団体の三月会（同年三月結成）などが組織され、社会主義系の労働、思想、青年、女性各分野の朝鮮人組織が東京で出揃うことになった。これら四団体は二五年一一月に共同の声明書を発表し、朝鮮人労働者の団結をはかること、留学生を思想的に指導し無産階級側に立たせること、日朝無産階級の提携を行うこと、出版の自由の無い朝鮮に「民衆教養」の材料を提供することを在日諸団体の任務と掲げ、朝鮮社会主義運動の派閥抗争を解消せよと呼びかけた。

「朝鮮民族運動の一環としての在日朝鮮人運動」という認識と、「運動の統一」を図るという方向性は、一九二〇年代の在日朝鮮人運動の基調となった。諸団体は朝鮮水害飢饉救援運動や、三一運動記念式、関東大震災朝鮮人虐殺追悼会、また、朝鮮人の「暴動」を想定した小樽高等商業学校の軍事教練への抗議運動など、活発な運動を展開した。そして一九二七年二月には一八の団体代表により日本帝国主義反対、総督政治反対、民族解放を目標とする朝鮮人団体協議会を結成、さらに朝鮮における新幹会運動と呼応するかたちで、一九二七年五月七日の新幹会東京支会（支会長：趙憲泳）の設立に至った［水野直樹一九七九］。

高揚期の在日朝鮮人運動の認識を明瞭に示しているのが、在日朝鮮労総が出した一九二七年九月の第三回大会宣言である（史料1「在日本朝鮮労働総同盟第三回大会宣言」）。この宣言は、在日朝鮮人が階級的・民族的な「二重の桎梏」にあり、その身分は「民族的賃金奴隷」であるため、単なる「経済的、組合的世界観」に留まることなくその意識は「帝国主義に対する抗争」へと向かっていくことを鋭く指摘している。帝国主義への批判と在日朝鮮人の形成を結びつけて理解したものといえよう。また、朝鮮の運動に対してはむしろ「先発隊」という意識も持っていた。こうした「二重の桎梏」という理解に基づき、在日朝鮮労総や新幹会・槿友会支会は朝鮮総督暴圧政治反対闘争と同時に、日本の労農党支持や選挙でのハングル投票の承認など、日本政治への積極的な関わりを持とうと運動を展開した（図2）。

しかし、当局は労働運動・民族運動に対し苛烈な弾圧姿勢で望んだ。とりわけ当局は朝鮮共産党日本総局、高麗共産青年会日本部が設立され、在日朝鮮人の共産主義運動の影響力も高まったことを警戒し、一九二八年頃から弾圧を強めはじめる。特に昭和天皇即位にあわせた「御大典弾圧」では金天海《キムチョネ》をはじめとする多くの活動家を逮捕し、在日朝鮮労総、新幹会支会、朝鮮共産党日本総局の活動は困難な状況に追い込まれることになる。

その後、在日朝鮮人運動は日本の左翼運動へと接近する傾向を見せる。一九三〇年代に入ると、民族統一戦線を牽引した在日朝鮮労総や新幹会支会、あるいは朝鮮共産党日本総局といった団体がコミンテルンの「一国一党の原則」の下で解消し、朝鮮人活動家たちが日本共産党や共産党系の労働組合である日本労働組合全国協議会（以下、全協）や、大衆団体である反帝同盟へと加わって活動した［朴慶植一九七九、井上学二〇〇九］。しかし民族的な労働組合であった在日朝鮮労総が無くなったことにより、在日朝鮮人労働者全体を取りまとめる求心点が失われ、全協や総同盟支部などに

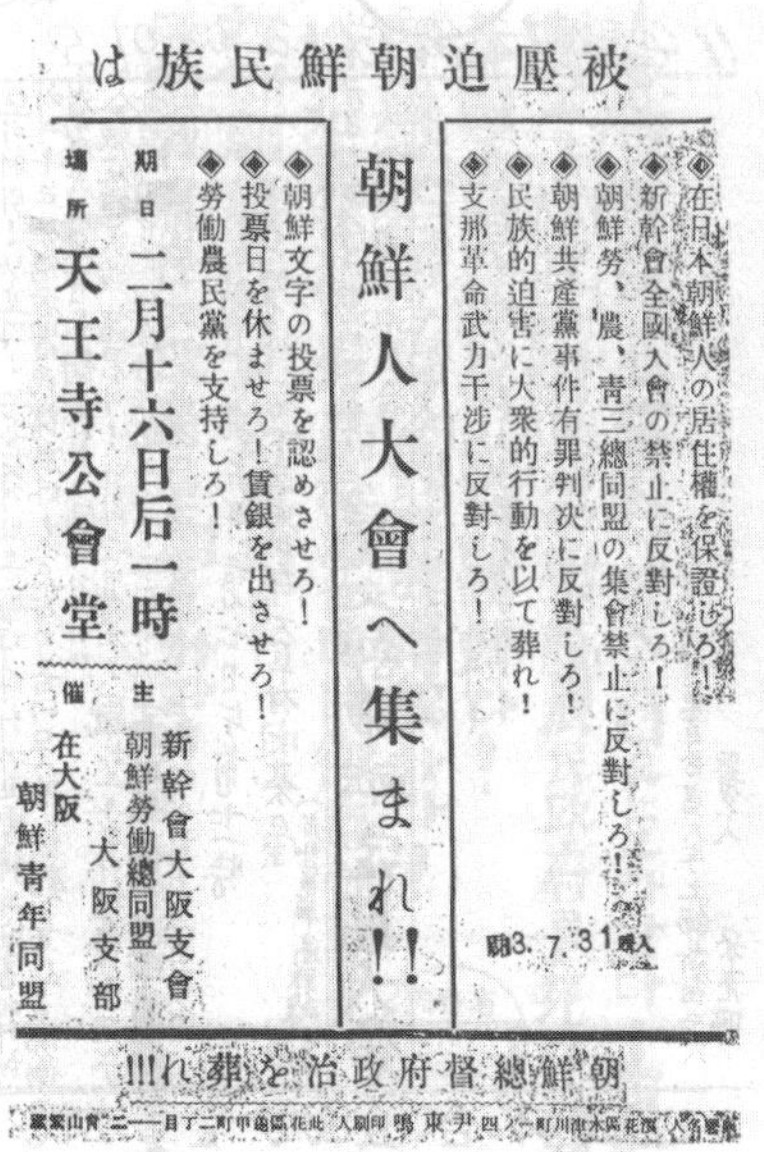

図2　大阪での朝鮮人大会開催を知らせるビラ

分散して所属することになった。

それでも全協や反帝同盟によった在日朝鮮人活動家は、こうした厳しい状況下で日本の左翼運動を支えることになる〔西川洋一九八一〕。全協大阪などは一時組合員の半数を朝鮮人が占めたほどで、解放後に在日朝鮮人運動の再建に関わる活動家の多くは、一九三〇年代に労働運動に加わった者が多い。また、皮肉にも一九三〇年代の労働運動の中心となったのは、共産党や全協が主要な闘争の場とみなした大工場の労働者ではなく、むしろ都市下層社会を構成する中小・零細工場の労働者による争議であった。ゴム労働者や紡績労働者、あるいは失業者や自由労働者を中心とする争議は三〇年代に激烈を極め、それへの弾圧も激しかった。一九三〇年から三七年までに治安維持法で起訴された在日朝鮮人活動家は二九二名にのぼったほか、争議の過程で殺害された者も少なくない〔朴慶植一九八六〕。

3 「内鮮融和」団体

一方当局側は、関東大震災が在日朝鮮人の反日本感情を高揚させたことを問題視し、「内鮮融和」団体の設置によりこれを懐柔しようと試みる。震災直後、斎藤実朝鮮総督は朝鮮人の「保護救済」と「内鮮融和」のための団体を作ることを指示する〔樋口雄一一九八六〕。一九二四年五月には朝鮮人人口の多かった大阪で大阪府内鮮協和会が作られ、続いて神奈川や兵庫にも同様の団体が作られた。これらの団体では朝鮮人の住宅問題の解決や職業紹介、そして夜学の運営を行うなどの社会事業を行う一方、震災時に朝鮮人を救った日本人の「美談集」を発行するなどした。初期の「融和」団体は、各地方の朝鮮人有力者や民間の篤志家が主体となりこれに警察や地方行政当局が援助して運営する形態を取ったものが多い。戦時期に協和会が全国的に上から作られていくまでは、こうした民間主導の「内鮮融和」団体が中心であった。

「内鮮融和」団体の中でも最も有力だったのが相愛会である。相愛会は震災前の一九二一年一二月に東京で設立されたが（会長：李起東《イギドン》、副会長：朴春琴《パクチュングム》）、飛躍的に勢力を伸ばしたのは震災後の焼死体処理などの勤労奉仕への見返

【コラム❶】世界恐慌と朝鮮人送還

当時の在日朝鮮人独自のスローガンとして「居住権」の要求がある（図2）。これは大家による恣意的な立ち退きを排除することに加え、官憲によりみだりに送還されない権利を含んでいた。

一九二九年九月、新聞は東京市社会局が日本人失業者救済のため、朝鮮人労働者二万名に旅費を渡して送還する計画を考慮していると報道した。世界恐慌期、都市部を中心に失業者が増大し、当局はこれへの対応として地方農村出身の日本人労働者の「帰農」を奨励することになるが、これのいわば朝鮮人版として集団的「送還」案が議論されたのである。

こうした在日朝鮮人の貧窮状態を改善するのではなく、在日朝鮮人を朝鮮に送還することにより「問題」そのものを無くしてしまおうとする姿勢には批判が殺到し、ある在日朝鮮人は「そこで彼等は、現在の国内における生活の不安定と失業者の大量的生産が、あたかも朝鮮労働者の入国に原因しているものの如くに宣伝したのである」（朴英波「朝鮮人追放計画の真相をあばく」『法律戦線』第八巻十一号、一九二九年一一月）と鋭く批判した。

結局、総督府政務総監まで朝鮮統治上望ましくないとの見解を示したため（『東亜日報』一九二九年九月一九・二六日付）、この「送還」案は沙汰やみとなったが、この時東京市には在日朝鮮人団体のみならず、朝鮮労働総同盟や平壌の関西黒友会からも抗議の意思が表明され、咸興では朝鮮労働者送還反対の演説を警察が制止する事態も起きている。

これは、失業問題に対し旅費付きの「送還」で応じるという当時の行政当局の排外的な対応を示すものであると当時に、在日朝鮮人の「居住権」の要求が、朝鮮植民地支配そのものの矛盾を示す「問題」として朝鮮全域で注目されていたことをよく示す事件である。

りとして当局より多額の援助を受けてからである。日本人役員として朝鮮総督の斉藤実をはじめ、丸山鶴吉、水野錬太郎、赤池濃などの有力人物が日本人役員として名を連ねた。相愛会は東京以外にも、大阪、静岡、愛知、豊橋、瀬戸、三重、山陰、九州などに本部を持ち、朝鮮人労働者への職業紹介や、宿泊所の経営、朝鮮語・日本語を教える夜学校の運営などを行った〔リングホーファー一九八二〕。なかでも相愛会が威力を発揮したのは、労働争議への経営側からの介入、つまり「スト潰し」であったため、在日朝鮮労総と正面から対立することになる。このように「内鮮融和」団体は、当局の援助を受けながら在日朝鮮人の生活上の諸問題を取り扱い、日本に批判的な民族運動を抑制する役割を期待されたといえる。

また、この頃になると、地方行政当局による直接的な在日朝鮮人調査や社会事業も模索されている。当時、わずかな所持金で日本に渡航した朝鮮人は被救恤的窮民層に転落するものも多く、「極貧者」に分類される朝鮮人の数も決して少なくなかった。一九二〇年代中盤以降、東京や大阪、名古屋、兵庫などの社会局による在日朝鮮人の渡日の背景や職業や賃金、教育水準、犯罪などについての調査が盛んに行われることになるのは、こうした行政当局の関心を示している。しかし社会事業の実施にあたっては、そもそも朝鮮人の生活水準が低いことなどを理由に朝鮮人と日本人の基準に格差を設けるなどして救済基準を低位に設定した地域もあった〔許光茂二〇〇〇〕。

4　在日朝鮮人社会の諸相

以上のような様々な団体活動の背景には、この頃に成立した在日朝鮮人社会とでも呼べる空間があった。すでに一九二〇年前後には下関、門司を中心に朝鮮人部落が成立していたが、日本人家主側の「不潔、騒々しい、家賃を払わない、密集」などといった朝鮮人労働者観が、朝鮮人の住居確保を困難にしたため、一九二〇年代末頃には東京、大阪、名古屋といった大都市に広汎な朝鮮人集住地が形成された。そのなかでも経済的な力がつくと、飯場・人夫部屋、住み込み・寮から借間・借家へと移り、一部、借間・借家に成功した朝鮮人が下宿屋あるいは「人夫部屋」を経営し、経営者（親方）と同郷の労働者たちが集まる傾向にあった［金廣烈一九九七］。

こうして在日朝鮮人の「社会」が形成されるにつれ、生活上の諸問題が発生するようになる。

その第一は児童の教育である。家族形成が進めば当然教育が問題となるが、当時、在日朝鮮人児童の就学率はおしなべて低かった。一九三五年の統計では横浜市だけが八六％と例外的に高いが、その他は全て五〇％以下で、神戸市に至っては二四％であった。朝鮮人集住地には「書堂（ソダン）」があり、そこで簡単な読み書きが教えられたりもしたが、一九三〇年代に入ると都市部に朝鮮人が経営する教育施設が現れ始める。労働組合やキリスト教会、あるいは相愛会などの「内鮮融和」団体がこうした夜学を経営し、朝鮮語や日本語、算術などが教えられた。児童以外にも労働夜学なども存在した［水野直樹二〇〇四］。

また、厳しい渡航管理体制下でいかに朝鮮半島との往来を確保するのかも問題となった。何より、当時の在日朝鮮人と朝鮮半島の出身地域との関係は非常に密接であり、出身者たちが同郷団体を結成し、故郷の水害義捐金や教育のための援助をするといった「郷里事業」は日常的に行われていた。一九二六年に全羅南道莞島郡所安面の所安学校が総督府によって閉鎖の危機に追い込まれたとき、多くの莞島出身の在日朝鮮人が閉鎖反対の運動に立ち上がったような、積極的な抵抗運動につながる例もあった［外村大二〇〇四］。

なかでも東亜通航組合の活動は注目される。済州島からの渡航については釜山・麗水とは若干条件を異にしており、「済州島日本渡航者組合」（会長は済州島庁島司）に年額一円の組合費を払うことが渡航の条件だった［杉原達一九九八］。この「組合費」は実質的に乗船時運賃に上乗せされる形で徴収されており、いわば「内地」の大手資本と済州島庁当局が結託する形で朝鮮人から運賃を搾取していた。このため、大阪の済州島出身者たちは「御用的済州共済組合撲滅運動」を開始し、航路を独占する朝鮮郵船、尼崎汽船に運賃値下げを要請した。だがこれらが容れられなかったため、一九三〇年に有志で東亜通航組合を結成、通航組合は「全無産階級の船」として「伏木丸」という自前の船を就航させた。組合は大阪在住の済州島出身者約一万人を組合員とし、伏木丸就航の他にも、済州青年同盟と手を結んで海女闘争と連携を持つなど広範に活動した。だが、官憲は伏木丸による渡航者の再渡航禁止等の妨害措置を採り、幹部の検挙等の弾圧は激しく、一九三三年にはこの運動も頓挫することになるが、自主的な渡航・往来という在日朝鮮人の生活に直結する運動として注目されるものである。

一九三〇年代には有力者の中から日本の議会政治に参加しようとする者が登場した。そもそも朝鮮では衆議院議員選挙法が施行されていなかったが、同法は属地法であったため、一九二五年の普通選挙法成立により一定の条件を満たした二五歳以上の「内地」在住朝鮮人男子には参政権が認められることになった［松田利彦一九九五］。

前述のように、一九二〇年代から在日朝鮮労総や新幹会は労働農民党の選挙応援を行っていたが、本格的に朝鮮人の立候補者が現れるのは一九三〇年代である。なかでも朴春琴は相愛会を率いて労働運動の弾圧に加担して頭角を現し、四度の衆議院議員選挙に立候補して一九三二年と三七年の二度当選している。植民地期を通して唯一の朝鮮人衆議院議員であった。

朴春琴当選の影響で三〇年代には立候補者が増え、一九四三年までをみても衆議院で延べ一二名、県会・府会以下で同じく三六二名が立候補し、市会や区会、町会等では少なくない当選者を出した。立候補者の職業は、市議会選挙を例に取ると、総数一八四のうち土木請負業・人夫供給業が三四人と圧倒的に多く、朝鮮人参や薬の販売業や、古物商、会社員、鉄・金属加工・織物などの製造業がこれに続いている［岡本真希子一九九四］。一九三〇年代に形成された在日朝鮮人社会内の有力者が、地方政治への影響力を行使しようとした姿がうかがえる。

ただ、朝鮮人が選挙人名簿に載るには同一選挙区内に一年以上居住しなければならなかったため、移動が多かった朝鮮人の場合有権者になるには高い障壁があった。また立候補者の多くは、有権者の多くが日本人であることも作用して「内鮮融和」を掲げるケースが多く、むしろ日本のモデル・マイノリティーを演じる役割を与えられたともいえる。日中戦争を前後して立候補者が増える傾向を示しているのも、そうした趨勢と無関係ではないだろう。

Ⅲ　戦時体制と在日朝鮮人

1　「朝鮮人移住対策要目」から協和会へ

一九三二年の「満州国」設立により日本が中国東北全域を植民地支配下においたことは、在日朝鮮人政策にも一つの画期をもたらした。一九二〇年代の渡航管理は朝鮮総督府、内務省の両セクションごとに進められてきたが、一九三四年十月三〇日に「朝鮮人移住対策要目」が閣議決定されたことにより、在日朝鮮人政策はより総合的な「朝鮮人移住」政策の中に位置づけられることになったのである（〔史料2〕「朝鮮人移住対策要目」）。

「移住対策要目」では、朝鮮人を「満洲及北鮮《ママ》」に移住させて「内地」への移住を減少させ、「内地」にあっては「融和」を図り「保護団体」の強化を図ることが定められた。朝鮮人の渡航をめぐっては、渡日抑制を主張する内務省と朝鮮内での失業者滞留を恐れて渡日緩和を主張する朝鮮総督府の間に若干の対立があったが、「移住対策要目」は全朝鮮人を中国東北へ振り分けることでこれを「解決」しようとしたといえよう。

また、すでに在住している在日朝鮮人についても「内地ニ同化」させる方針がはっきりと打ち出された。「移住対策要目」が出て以降、一九三五年には「学齢児童は原則として小学校に就学せしむること」「朝鮮人の経営する教育施設は成るべく認めざること」『朝鮮語の教育は絶対行はしめざること」などを定めた「朝鮮人簡易教育取締」が出され、多くの教育施設が閉鎖に追い込まれた〔水野直樹二〇〇四〕。しかし閉鎖後の朝鮮人児童の取扱いに特に配慮していたわけでもなかったようだ。当時の朝鮮人発行新聞は、日本の学校に入学するためには「寄留届」を提出する必要があり、それには家主の承諾書がいるが、借家問題などで対立しているためもらえず、行政当局側も対策を講じていないことを批判している（〔史料3〕「社説　朝鮮人児童と新学期」）。

また渡航管理も強化され、夫のもとに渡航しようとした妻に渡航許可が降りず、その結果離婚・家出したケースが一四二件にのぼると朝鮮総督が拓務大臣に訴えるほどだった（「朝鮮人ノ内地渡航制限ニ関スル件」一九三八年三月二六日、〔朴慶植一九七五〕）。当時の在日朝鮮人発行新聞は、渡航規制、送還、そして警察による突然の家宅捜索は「三位一体」であり、特に送還の恐怖が朝鮮人に与える影響は計り知れないと批判している（『民衆時報』一九三五年九月一五日）。しかし実際には日朝間の往来がこの間も絶えることはなく、むしろ増加した。

日中全面戦争開戦は、これをさらに一歩前進させた。戦時体制に在日朝鮮人を組み込むため、全国に散在していた「内鮮融和」団体を政府が統合・改編しあらたな在日朝鮮人統制団体が作りだされることになった。こうし一九三九年六月に設立されたのが、財団法人中央協和会である。

すでに大阪や神奈川、兵庫などの地域に協和会は設置されていたが、中央協和会の設立により一九四〇年には全国的規模に拡大することになった。これと前後して相愛会など従前の「融和」団体はその財産を「寄付」して解消し、在日朝鮮人団体は協和会に一元化された。中央での管轄は厚生省が行ったが、支部組織はすべて各警察署に置かれ、在日朝鮮人は警察管区ごとに組織された。協和会は治安対策、戦時動員対策、志願兵・徴兵の実施の他、神社参拝・

日の丸掲揚・献金・日本語強要・和服強制などの「皇民化」政策も担った［樋口雄一 一九八六］。協和会はそれまでの「内鮮融和」団体とは異なり、全在日朝鮮人を自らの統制の下に置こうとしたため、在日朝鮮人のうち「世帯主」を「会員」とし、それ以外を「準会員」と位置づけて協和会会員章を配布した。

2　強制連行・強制動員と渡航管理の強化

こうして戦時動員の基盤が整えられた後、在日朝鮮人には朝鮮に先駆けて一九四二年一〇月に国民徴用令が適用され、日本国内はもちろん、南方などの占領地に軍属として送られることになる。特に海軍の軍属とされた者が多く、これは陸軍工兵隊のような正式な設営組織の無かった海軍が朝鮮人・台湾人でそれを補充しようとしたからであった［樋口雄一 一九九一］。また、一九四一年二月一一日には朝鮮教育会奨学部を朝鮮奨学会（総裁：南次郎総督、会長：大野緑一郎政務総監）に改め、学生生徒の実態調査や「皇国臣民」化に乗り出す。一九四三年に朝鮮人学生への「志願」兵募集が始まると、朝鮮奨学会は率先して朝鮮人学生の「志願」送出に熱を上げることになる［姜徳相 一九九七］。

また、日中全面戦争開戦後、渡航管理体制も戦時強制連行・強制動員政策に従属する形で再編された。政府は一九三九年七月四日に一九三九年度「労務動員実施計画綱領」を閣議決定し、いわゆる「募集」形式による戦時労働動員を開始した。ここでは八万五〇〇〇人が「移住朝鮮人」として想定され、企業は総督府から認可を得た朝鮮人労働者を集団「募集」することになったが、この時点では一九三四年の閣議決定「移住対策要目」が生きており、治安政策上の配慮からも産業分野も限定され、人数も最小限度が想定されていた［樋口雄一ほか 二〇〇五］。

だが日本軍の東南アジアへの侵略と日米開戦に伴う軍用員の拡大に伴い、一九四二年二月一三日に閣議決定「朝鮮人労務者活用ニ関スル方策」が出され「今ヤ内地労務者ノ資質ニ鑑ミ所要ノ朝鮮人労務者ヲ内地ニ於テ活用スルハ不可欠ノ要請」であるとの判断が示されることになる。それまでの出来るだけ朝鮮人は日本にはいれない、という方針が廃棄され、朝鮮人を「皇国労務者」として「労務統制」強化のもとで「内地」での労働に従事させることになったのである。以後、「官斡旋」から「徴用」方式へと、戦時強制連行・強制動員は強化の一途を辿ることになる（↓第七章）。

こうした動員政策の変化はより徹底した渡航の管理をもたらした。ここでも協和会が渡航証明の発行権を握り、治安政策上好ましくない者や定職の無い者の強制送還まで担った。また、協和会会員章は強制連行労働者の身分証として機能し、それを所持していない場合、国民労務手帳の交付を受けられず、逃亡者かどうかを見分ける指標としても利用された。「志願」を忌避して日本に逃れてくる朝鮮人学生の検問も強化された〔姜徳相一九九七〕。

また、ここで注目されるのはこの時期に渡航証明制度が「満州国」に拡大していることである。一九四一年一月、「満州国」では「在満朝鮮人取扱要領」を作成し、「内地」への直接渡航について旅行者以外の「非労働者」は原則としてこれを「諭止」し、労働者については条件を満たした者にのみ渡航紹介状を発給すると定めた（「在満朝鮮人ノ渡日取扱要領」、『在日朝鮮人史研究』第三二号、二〇〇二年）。渡航証明制度という同様の制度が「満州国」に移植されていることがわかると同時に、当時朝鮮から日本のみならず、中国東北地方から直接日本へと向う朝鮮人の流れが相当数存在したことがわかる。

3 「内鮮一体」の現実

次に戦時体制下での在日朝鮮人の生活について見てみよう。二〇年代から三〇年代にかけて形成された在日朝鮮人の社会も、戦時体制に呑みこまれるなかで変動を強いられることになる。特に軍需産業にかかわりの無い者は転業・廃業を強いられることになったほか、国民徴用実施により在日朝鮮人の生活は大きな打撃を受けることになった。特に、「徴用に依り急速に収入が激減し加ふるに近時徴用の範囲拡大せられ独身者より寧ろ三十歳以上妻帯者に其の重心が移行されるにつれ家族の受くる影響はより深刻」という状況のため、徴用に応じない者は非常に多く、一九四四年六月の時点で応じた者は六割程度に過ぎなかった(「徴用朝鮮人の動向」『思想旬報』第七号、一九四四年六月〔朴慶植一九七六〕)。逆に、こうした状況を逆手にとって積極的に軍需産業に転換し、利益を得た者もいた〔外村大二〇〇四〕。

創氏改名は「内地」でも実施されたが、「創氏」した割合が七六・四%だった朝鮮とは異なり、「内地」は一四・二%に留まった。これは、朝鮮では創氏届強要のさいの「渡航許可を出さない」「公務員にしない」などの脅し文句が用いられたが、これが在日朝鮮人の場合機能しなかったためともいわれているが〔金英達、二〇〇二年〕、実際には商売のために日本名を作ったり、あるいは雇用主に強制的に名づけられるなどして「内地名」を名乗っているケースがあった〔水野直樹二〇〇九〕。

協和会との関係では、従来の「内鮮融和」団体とは異なり、協和会は朝鮮人を補導員・指導員という名で末端に配置し、朝鮮人の中から日本語のできる者や飯場の親方等を選んでいた。ここには二〇年代に民族運動に関わったり「内鮮融和」団体の指導者だった者が組み込まれることもあったが〔外村大二〇〇四〕、こうした朝鮮人指導員による「指導」は在日朝鮮人全体に受けいれられたとはいえず、朝鮮人指導員からは「指導員は一般会員よりも低級に見られている」といった声があがっており、それゆえに協和会支会に「挺身隊」という名の警察権を持つ隊を組織して在日朝鮮人の服装、言葉を徹底指導させてはどうか、などの強硬な声すらあった(「密集地区懇談会記録抜粋」、〔樋口雄一一九九一〕)。日本語講習のための夜学に日本人講師が十人待っていたのに、朝鮮人の参加者はたった五名だったとの例もある(『東亜新聞』一九四一年一〇月五日)。在日朝鮮人の社会は表立った抵抗運動を組織できたわけではないが、こうした「非同調」行動を生み、また逃亡した強制連行労働者を既存の朝鮮人たちが匿うなどの行動を生んだ。

一方、当局の側も朝鮮人への猜疑の目を怠らなかった。「皇民化」教育の推進により、不就学状態にあった朝鮮人児童も次第に学校へと収容されるようになるが、こうした在日朝鮮人児童に対し官憲は陰湿な監視を怠らず、一九四四年頃に大阪で特高警察をしていた井形正寿は、朝鮮人児童の成績を意図的に下げるよう学校に圧力をかけたと語っている［井形正寿二〇〇八］。さらに当時朝鮮人と日本人は戸籍により峻別されており、朝鮮人は「内地」の戸籍へ転籍することができなかった。「内鮮一体」を支持する在日朝鮮人の間からでさえも、朝鮮人にのみ課される渡航規制や、こうした転籍の禁止は不満として募った。こうした不満を反映してか、一九四四年一二月二二日、「朝鮮及び台湾同胞に対する処遇改善に関する件」が閣議決定され、中央協和会は中央興生会と改められ、「内地渡航制限ノ緩和」や「移籍ノ途ヲ拓クコト」が議論されることになるが、これも結局実施されることは無かった。

Ⅳ　朝鮮「解放」前後の在日朝鮮人

1　空襲と避難から帰還へ

一九四五年八月一五日、「玉音放送」により日本の無条件降伏が明らかとなる。しかし、在日朝鮮人の朝鮮へと向う動きは、八月一五日を境に突如起ったわけではない。日本の敗色が濃厚となり、空襲被害は在日朝鮮人にも及び、戦災者の数は二三万九〇〇〇人に上った。これと共に東京、京都、大阪などの大都市に居住する在日朝鮮人の数は一九四二年前後をピークに減少を始め、逆に朝鮮への出発港のある山口県の人口は逆に増加する傾向を示していた［西成田豊一九九七］。戦時末期にすでに胎動していたこうした避難の動きは日本敗戦と同時に加速し、仙崎、博多、下関などの港には帰還を待つ人々が殺到することになる。八月一五日以後に大挙して朝鮮を目指した人々は、こうして自ら船を調達して朝鮮を目指した者だった。その数は約四〇万人に上ったといわれる。

朝鮮への帰還には大別して政府の計画によるものと、自主的なものがあった〔金英達一九九五〕。前者は主として労務動員計画、国民動員計画により朝鮮より強制動員された朝鮮人に関するものであるが、政府は当初、これらの朝鮮人労働者を引続き基幹産業に釘付けにしておこうとしていた。だが、各地で未払い賃金の支払いや早期の帰還を求める労働争議が巻き起こったため、戦時状態の維持よりも労働者を送還したほうが得策と考えるようになり、八月二一日にこれらの朝鮮人の徴用を解除し、軍人・軍属と併せて優先的に帰還させた。こうした政府ルートでの帰還には一般の在日朝鮮人も加って四六年三月までに約一〇〇万人が帰還したと推計されている。

残る六〇万の在日朝鮮人についても、日本を占領した連合国軍は政府に帰還計画を策定するよう指示し、四六年三月にはこの指令に基いて「帰還希望者」に関する調査が行われた。この調査によれば、六四万のうち七九・五％を占める五一万四〇六〇人が帰還を希望したが、GHQが帰還に際しての持ち出し財産を少額に制限したことや、帰還者には一切の再入国が禁じられていたことなどは在日朝鮮人に帰還を思いとどまらせる要因となった。

それどころか、四六年に入ると朝鮮から日本への渡航者が再び増加する。当時、朝鮮には中国と日本、東南アジア各地からの帰還者により、一九四六年現在の南朝鮮地域の人口は、一九四四年と比較して二一・四五％も増加し、住宅、食糧、生活必需品などが極度の欠乏状態に陥っていたからである〔李淵植一九九八〕。これらの再渡航者には戦時期末期に朝鮮に避難した者や、徴用・徴兵解除後に朝鮮に直接送還された元日本居住者も数多く含まれていたが、日本政府とGHQはこれを「密航」とみなして厳しく取締った。厳しい渡航管理体制のもとでとはいえ、植民地期にそれでも存在した朝鮮人の合法的日朝往来は、ここに完全に遮断されるに至る。

「帰還希望者」の割合から見て、在日朝鮮人の帰還意思は決して弱いものではなかったが、こうした環境のもとで帰還を選ぶことは、投機的性格の極めて強い「片道きっぷ」を選ぶことと等しかった。結果、差当り状況を見守らざるを得なくなった六〇万前後の人々が日本に残留することになったが、その後、南北分断、朝鮮戦争へと至るなかでこうした状況が緩和されることはなく、この人々は「解放」後における在日朝鮮人の原基となっていったのである。

2 在日朝鮮人団体の叢生と法的地位

一方、戦時期に協和会・興生会の統制のもとにあった在日朝鮮人は、「解放」と共に自主的に民族団体を結成していった。一九四五年一〇月一五日には各地の団体を糾合して在日本朝鮮人連盟（以下、朝連）が結成された。朝連の指導層を構成したのは一九二〇年代から三〇年代に民族運動や労働運動に関わった活動家たちであったが、朝連は全在日朝鮮人をその構成員とすることを標榜し、各地の炭坑争議の指導や船の斡旋などの帰還援護事業、また自治隊・保安隊などを結成して治安維持の任にも当った［鄭栄桓二〇〇六］。一九四六年の時点ですでに朝連は全都道府県に本部を設置しその下に五四一の支部、一〇一三の分会を擁しており、またソウルにも出張所を設け在日朝鮮人の代表機関として朝鮮の政党・社会団体とも密接な連絡を取った。また、朝連以外にも朝鮮建国促進青年同盟や、朴烈を擁した新朝鮮建設同盟などの団体も結成された［朴慶植一九八九］。

これらの在日朝鮮人団体が特に重視したのは民族教育事業である。前述の通り在日朝鮮人の帰還意思は非常に強かったが、一方で戦時期の「皇民化」教育の結果、在日朝鮮人児童の朝鮮語習得状況は低位に留まっていたからである。このため各地に国語講習所が開講され、後に朝連はこれらを整備して体系的な民族教育を作り上げる。民族教育の発展は目覚しく、一九四八年九月の時点で朝連は全国各地に五六六の初等学院、四八の中等学校を擁し、五万八九五〇人の児童が初等学院で学ぶに至った。朝連経営以外の朝鮮人学校も数多く存在した。これらの学校では朝鮮語のみならず算数や理科、歴史などの体系的な学校教育が施された。朝連は教員養成のための師範学校や、学令児童以外を対象とした青年学院、活動家養成のための高等学院等も広範に運営し、継続的に在日朝鮮人に民族教育を施すためのシステムを作り上げたのである［鄭栄桓二〇一〇］。

一方、こうした在日朝鮮人の法的地位は極めて複雑だった。GHQは四五年一一月の初期基本指令で在日朝鮮人を「解放人民」としながらも、場合によっては「敵国民」、つまり日本人と同様に取り扱うという曖昧な位置づけを行っていた。これに対し、日本政府は積極的に在日朝鮮人が引き続き「帝国臣民」であるとGHQに働きかける一方、在日朝鮮人の参政権については天皇制廃止への危機意識から一九四五年一二月の衆議院議員選挙法改正時に、その対象を「戸籍法」の適用対象に限定することによって「停止」した［水野直樹一九九六］。在日朝鮮人の多くは「解放民族」として扱うことを求めたが、依然として自らの統治権限内に置きたい日本政府の方針が敗戦後にも貫徹した一方で、参政権から除外されたのである。

GHQと日本政府は在日朝鮮人の帰還の足が鈍ると、むしろ朝鮮半島からの再渡航者の取締や「不法入国」者の送還に関心を示し、このための法制度として日本国憲法施行の前日である一九四七年五月二日に勅令として外国人登録令を公布した。外国人登録令はその後の外国人登録法と出入国管理令の双方を包含した総合的な入管法令であり、外国人の登録と登録証明書の携帯を義務づけていた。日本政府は在日朝鮮人について講和条約まで「日本人」との立場に立ち、その「独立」を認めていなかったが、外国人登録令第一〇条で朝鮮人・台湾人は「外国人とみなす」との規定を入れることにより、外国人としての地位を認めない一方で、入国禁止や退去強制などの対象に入れることに成功した［大沼保昭一九九三］。

【コラム❷】サハリンの「在日」朝鮮人

一般に「在日」朝鮮人の範囲にサハリン在住朝鮮人が含まれることはない。だが、サハリン島北緯五十度線以南の地域は、日露戦争以後「(南) 樺太」として日本の支配下に置かれ、一九四二年には樺太庁が内務省へ移管されて行政上は「内地」となったため、「在日＝在内地」とするならば在「樺」朝鮮人もまた、「在日」朝鮮人の一部を構成するともいえる。南サハリンでは一九一〇年代より三井鉱山川上鉱業所が朝鮮で「募集」した労働者が働いていたが、シベリア干渉戦争にともなう日本軍の北サハリン占領と撤退により朝鮮人も南下したため、以後「樺太」の朝鮮人人口は顕著に増加し、一九二六年にはその数は四三八七人に達したといわれる。在「樺」朝鮮人は坑夫や日雇労働、杣夫の他、農業従事者もおり農場主となった者もいた。炭鉱周辺にはまた沿海州、北サハリンからの避難民たちが親睦会を結成し、比較的強固な朝鮮人社会を形成した［三木理史二〇〇三］。日本人が圧倒的多数を占めるなかに相対的に少数の朝鮮人が存在するという南サハリンの人口構成も、「内地」と類似していた。

さらに戦時期には朝鮮南部の農村を中心に南サハリンへの強制連行が行われた。その数は一万六〇〇〇人ともいわれ、過酷な強制労働にさらされた。しかし一九四五年八月にソ連が対日参戦し南サハリンへ侵攻すると、多くの日本人は北海道へ緊急疎開し、その過程で「朝鮮人はソ連軍のスパイ」とする流言により朝鮮人虐殺事件が起きる［林えいだい一九九二］。また、日本敗戦後の「引揚」においては日本人のみが対象とされたため、サハリン在住朝鮮人はそのまま置き去りにされ、しかも朝鮮南部出身者が多かった事情から韓国・ソ連間の帰還協定が締結されず、こうした「棄民」状態は半世紀以上も継続することになった［大沼保昭一九九二］。

「在日朝鮮人」という言葉から抜け落ちがちな、「内地」南サハリンの朝鮮人の運命は、植民地支配と戦争、そして朝鮮分断のただなかで翻弄された離散朝鮮人の縮図といえる。

また、日本政府は朝鮮人の自主的民族教育を認めず、一九四八年一月二四日に文部省は通達を発し、学校の閉鎖を命じた。これはいわば一九三五年に朝鮮学校の閉鎖を命じた「朝鮮人簡易教育取締」を再演したものであり、在日朝鮮人の間では広範な民族教育擁護闘争が巻き起こったが、GHQはこれを南朝鮮における大韓民国政府樹立に反対するものとみなし、神戸では非常事態宣言まで発令して弾圧した［荒敬二〇〇二］。一九四八年夏に南北分断政府が樹立するなかで、朝連は朝鮮民主主義人民共和国を、民団は大韓民国を支持し、朝連はGHQとの対立を深めていった。そして一九四九年九月八日、日本政府は団体等規正令により朝連と青年団体たる在日本朝鮮民主青年同盟を解散指定し、役員の公職追放と団体財産の接収を行う一方、これを理由に全朝鮮学校の閉鎖を命じたのである。

そして、サンフランシスコ講和条約発効直前の一九五二年四月一九日、日本政府は通達により在日朝鮮人の日本国籍「喪失」措置を採った。講和条約には朝鮮の代表は参加しておらず、日本とは南北朝鮮ともに国交が無い状態での「喪失」措置は、事実上の無国籍化に等しかった。こうした在日朝鮮人の「独立」は承認されることなく、極めて不安定かつ特殊な法的地位のまま、「戦後」の日本を生きていくことになった。

おわりに

以上見たように、一九二〇年代以降の日本と朝鮮半島の関係において、在日朝鮮人の位相はそれ以前とは比べ物にならないほど高まった。渡日により在日朝鮮人数が量的な増加を辿り、すでに一九一七年には在日朝鮮人は中国人を抜いて「内地」最大の異民族集団となっていたが、在外朝鮮人のなかでも、当初中国東北やソビエト・ロシア在住の朝鮮人が多数を占めたのに対し、一九二六年にはソ連を抜いて日本が中国に次いで二番目に在外朝鮮人人口の多い地域となった［外村大二〇〇四］。

そして、こうした一九二〇年代から三〇年代にかけての在日朝鮮人の増加に伴い、この頃には「在日朝鮮人社会」とでも呼びうる独自の生活世界が形成されるに至り、朝鮮半島と緊密なつながりを持った在日朝鮮人運動が展開される一方で、生活レベルでも人々は朝鮮での出身地域の地縁や親族間の血縁を基盤に親睦団体を作り、厳しい渡航管理体制のもとでも朝鮮半島とのつながりを保ちながら、決して日本社会の文化に解消されない独自の生活圏を構成していった。こうして形成された在日朝鮮人の社会は、戦時体制に組み込まれるなかで変容を被りながらも、解放後の在日朝鮮人社会の基盤となったといえよう。

他方、日本政府や総督府は朝鮮人の往来を管理しようと渡航管理体制を構築し、こうしたなかで朝鮮人は恣意的な渡航「諭止」や送還などの特殊な取締にさらされることになる。敗戦後における在日朝鮮人に対する日本の取り組みは、戦時期から直接に継続しているというよりも、二〇年代から三〇年代にかけて構築したこうした植民地民に対する移動の管理・取締というシステムを、「外国人登録令」という新たな法形式により維持したものと見ることができるだろう。

史料

(1) 在日本朝鮮労働総同盟第三回大会宣言(一九二七年四月二〇日)

わが朝鮮は植民地である。わが朝鮮の人口の大多数は農民である。われわれは不幸にもこの植民地の歴史をもつ朝鮮において農民として小市民化する機会を得られなかった。われわれは全朝鮮弱小民族の先頭で特殊な金融搾取機関の威圧を酷く受けながら貧窮のどん底でひしめくようになった。昨日の封土は今日は金融組合の質草に、今日の小作権は明日は東拓会社の移民に。こうしてわが農民は農村から駆逐され都会に転向していった。しかし近代的工業が発達していない植民地朝鮮の都市にはこの貧窮した大衆を収容できる工場がなかった。貧窮の洪水に漂流した大衆は故国への愛着心を悪刀で切断されてしまった。あるいは単身で、あるいは弱い妻や子供らとともに、九死に一生を得る道を選んだ。一隊は荒れはてた農土を求めて、寒冷な満州の曠野で飢をさけびながら、一隊は低廉な賃金を得るために夢想だにしなかった日本市場で、人間とも思えない姿を現している。これがわが民族の社会的な生きざまであり、破滅しつつある最後の状態である。

（中略）

われわれはもともと農村の貧窮者である。教育を受ける機会に欠け意識の程度は極めて低い。そして労働運動が組織化されてない本国において組合運動の訓練も確かに不足している。しかし一層冷酷な異郷での生活はわれわれをして百戦苦闘しなければならなかった。日常における経験と随所における感触でわれわれは組織の偉大さと、教育の必要を必然的に、いな切実に感知するようになった。

われわれの労働生活は日本の労働者に比べて全く特殊的な取扱いを受けている。民族的差別と虐待はわれわれの二重の桎梏である。

そしてわれわれの大多数は自由労働者であるので、その組合の形態は職業別、産業別の基準をもつことができなかった。それだけではない。われわれの大多数は言語の不通、感情のくいちがい、習慣の相異、知識の不足その他いろいろの条件によって日本労働組合に直接参加することが事実上不可能という過渡期にある。しかしわれわれの生活は決りきっている最低賃金である。日本の地域はわれわれにとって極悪の一大工場である。したがってわれわれの身分は朝鮮民族という民族的賃金奴隷である。これによってわれわれの意識は速かに反省し、また深化する。換言すればわれらの意識は経済的、組合的世界観で遅留的興味を感じることなく、常に政治的、権力的戦線で、闘争の目的を発見しようとしている。そしてその民族的階級的心理は帝国主義に対する抗争を一層勇敢に主張する。またそうせざるを得ない。

（中略）

本大会は以上のような概括的宣言を宣明すると同時に、これにもとづいて来る一年間具体的方針、論綱およびその他決議を確定しようとする。

全朝鮮の民族的政治闘争の先発隊となろう！！

日本無産階級の政治戦線に積極的に参加しよう！！

極東弱小民族は団結せよ！！

万国のプロレタリアは団結せよ！！

「資料(三)在日本朝鮮労働総同盟第三回大会宣言・綱領・規約（一九二七・四・二〇）」『在日朝鮮人史研究』創刊号、一九七七年一二月。

(2)「社説　朝鮮人児童と新学期」〈『民衆時報』（一九三六年二月一日）〉

手続問題の中でも最も繁雑で辛酸なものは、寄留届である。この寄留届の手続を踏むにあたっても、原籍地への民籍謄本の請求、家主の承諾書等を要することになり、子女の入学手続だけのために何日も休業しても目的を達しえず悲観する者が目立つ。民籍謄本のようなものであれば、少々注意すれば問題ではないが、家主の承諾書のようなものは難事中の難事である。借家問題にあって正常的に順調に家一間を得ることのできない朝鮮人にとって、容易に承諾書に捺印してくれる家主は極少数しか見ることができない。〔中略〕為政当局は朝鮮人児童就学に対して特別な方法により手続きの簡易化を図り、寄留届のような手続にあっても家主承諾書無しに、現在の居住場所が明確な時には躊躇無く履行させ、でなければ原籍地の民籍を参照して学齢に達した児童をまずは入学を許可した後に、各般手続を行なわせるのも一つの方法であろう。

(3) 閣議決定「朝鮮人移住対策要目」(一九三四年一〇月三〇日)

一、朝鮮内ニ於テ朝鮮人ヲ安住セシムル措置ヲ講ズルコト

〔略〕

二、朝鮮人ヲ満洲及北鮮《ママ》ニ移住セシムル措置ヲ講ズルコト

〔略〕

三、朝鮮人ノ内地移住ヲ一層減少スルコト

(一)朝鮮内ニ於ケル内地渡航熱ヲ抑制スルコト

(二)朝鮮内ニ於ケル地元諭止ヲ一層強化スルコト

(三)密航ノ取締ヲ一層厳重ニスルコト

(四)内地ノ雇傭者ニ諭示シ其ノ朝鮮ヨリ新ニ労働者ヲ雇入レントスルヲ差控ヘ内地在住朝鮮人又ハ内地人ヲ雇傭セシムル様勧告スルコト

四、内地ニ於ケル朝鮮人ノ指導向上及其ノ内地融和ヲ図ルコト

(一)朝鮮保護団体ノ統一強化ヲ図ルト共ニ其ノ指導奨励監督ノ方法ヲ講ズルコト

（二）朝鮮人密集地帯ノ保安衛生其ノ他生活状態ノ改善向上ヲ図ルコト
（三）朝鮮人ヲ指導教化シテ内地ニ同化セシムルコト

〈参考文献〉
荒　敬『日本占領史研究序説』（柏書房、二〇〇二年）
井形正寿「反戦投書―戦時下庶民のレジスタンス」（『世界』二〇〇八年四月号）
井上　学『日本反帝同盟運動史研究』（不二出版、二〇〇九年）
岩村登志夫『在日朝鮮人と日本労働者階級』（校倉書房、一九七二年）
大沼保昭『新版　単一民族社会の神話を超えて　在日韓国・朝鮮人と出入国管理体制』（東信堂、一九九三年）
〃『サハリン棄民　戦後責任の点景』中公新書、一九九二年
岡本真希子「植民地時期における在日朝鮮人の選挙運動　一九三〇年代後半まで」（『在日朝鮮人史研究』第二四号、一九九四年）
梶村秀樹『梶村秀樹著作集第六巻　在日朝鮮人論』（明石書店、一九九三年）
金　廣　烈《キムグァンヨル》「戦間期日本における定住朝鮮人の形成過程」（一橋大学博士学位論文、一九九七年）
金　英達「占領軍の在日朝鮮人政策」（『季刊青丘』二一号、一九九五年）
桑原真人『近代北海道史研究序説』（北海道大学図書刊行会、一九八二年）
鄭　栄　桓《チョンヨンファン》「『解放』直後在日朝鮮人自衛組織に関する一考察―朝連自治隊を中心に」（『朝鮮史研究会論文集』第四四集、二〇〇六年）
〃「『解放』後在日朝鮮人史研究序説（一九四五―一九五〇年）」（一橋大学博士学位論文、二〇一〇年）
外村　大『在日朝鮮人社会の歴史学的研究』（緑蔭書房、二〇〇四年）
〃「『日本内地』在住朝鮮人男性の家族形成」阿部恒久他篇『男性史2　モダニズムから総力戦へ』（日本経済評論社、二〇〇六年）
西川　洋「在日朝鮮人共産党員・同調者の実態―警保局資料による一九三〇年代前半期の統計的分析」（『人文学報』、五〇号、一九八一年）
朴慶植編『在日朝鮮人関係資料集成』第三巻（三一書房、一九七五年）
〃『在日朝鮮人関係資料集成』第五巻（三一書房、一九七六年）

朴 慶 植『在日朝鮮人運動史　八・一五前』三一書房、一九七九年
〃　『解放後在日朝鮮人運動史』（三一書房、一九八九年）
林えいだい『証言・樺太朝鮮人虐殺事件』（風媒社、一九九二年）
樋口雄一『協和会』（社会評論社、一九八六年）
〃　『皇軍兵士にされた朝鮮人　一五年戦争下の総動員体制の研究』（社会評論社、一九九一年）
樋口雄一編『協和会資料集Ⅳ』（緑蔭書房、一九九一年）
樋口雄一「朝鮮人日本渡航者の出身階層」（『在日朝鮮人史研究』二五号、一九九五年）
樋口雄一・山田昭次・古庄正『朝鮮人戦時労働動員』（岩波書店、二〇〇五年）
許 光 茂《ホグァンモ》「戦前貧困者救済における朝鮮人差別　『二重基準』の背景を中心に」（『歴史学研究』七三三号、二〇〇〇年）
松田利彦『戦前期の在日朝鮮人と参政権』（明石書店、一九九五年）
松村高夫『日本帝国主義下の植民地労働史』（不二出版、二〇〇七年）
マンフレッド・リングホーファー「相愛会　朝鮮人同化団体の歩み」（『在日朝鮮人史研究』第一〇号、一九八二年）
三木理史「戦間期樺太における朝鮮人社会の形成　『在日』朝鮮人史研究の空間性をめぐって」（『社会経済史学』第六八巻五号、二〇〇三年）
水野直樹「新幹会東京支会の活動について」（『朝鮮史叢』第一号、一九七九年）
〃　「戦前・戦後日本における民族教育・民族学校と『国民教育』」（『和光大学総合文化研究所年報二〇〇四　東西南北』二〇〇四年）
〃　「在日朝鮮人・台湾人参政権『停止』条項の成立　在日朝鮮人参政権問題の歴史的検討（一）」（『世界人権問題研究センター研究紀要』第一号、一九九六年）
森田芳夫『数字が語る在日韓国・朝鮮人の歴史』（明石書店、一九九六年）
＊李 淵 植《イヨンシク》「解放直後海外同胞の帰還と美軍政の政策」（ソウル市立大学校大学院国史学科修士論文、一九九八年）

第七章　総力戦体制の形成と展開

松田利彦

はじめに

一九三七年の日中戦争全面化以後、植民地朝鮮は本格的に総力戦体制に突入する。これ以前の一九三〇年代前半を「準戦時体制期」と規定して、満洲事変勃発から日本の敗戦までの朝鮮支配を一連の過程としてとらえる見方もあるが、筆者はそのような立場は取らない。農村振興運動に代表される一九三〇年代前半期の諸政策には銃後動員のような戦時色は見出しがたいからである［池秀傑一九八四］。このような観点から、ここでは、主に一九三七年以降を見ながら、朝鮮総督府の戦争認識や動員政策、当時期の工業化の進展、朝鮮人社会主義者の「転向」などの問題を追っていきたい。

また、この時代をどのように規定するかをめぐってもいまだ定説はない。論者によって「総力戦体制」「植民地ファシズム期」などの用語がさまざまに使われているのが現状である。まずはこの時代に何が起こったのかを確認することが重要なのはいうまでもないが、それらを今日の研究者が全体としてどのように規定しようとしているかという問題にも最後に触れてみたい。

Ⅰ　総動員計画の策定と総力戦への突入

朝鮮総督府は既に一九三〇年頃から「総力戦」を意識していた。この年六月、総督府は、諮問機関として朝鮮資源調査委員会を設け、本国関係者も交えて総動員体制構築の計画を練った［김혜수一九九四］。ただし、実際に、総動員体制に必要な人員と予算が計上されるのは一九三七年度予算からである。同年度予算編成から総督府財政は急膨張し、総督府官僚の人数もこの前後、約三万六〇〇〇名から四万名以上へと急増した。官僚の増加は、主に戦時統制経済の第一線で動員や取締に当たる朝鮮人官僚・警察官の拡充によるものだった［橋谷弘一九九〇］。

総督府の機構強化の背景には、南次郎総督（一九三六年八月就任）を頂点とする朝鮮総督府首脳の総力戦に対する危機感があった。

一九三七年七月、日中戦争が勃発すると、中国大陸への兵員・物資輸送ルートに当たった朝鮮半島では、人々は戦争の規模の大きさを否応なく実感し不安を募らせた（史料1）。日本軍の大部隊の通過をはじめ、自動車・軍馬の徴発や経済統制、物価騰貴など、さまざまな異変が身の回りに起こっていたが、大多数の民衆は何が起こっているか正確に知るすべをもたなかった。ラジオや新聞などのメディアとは無縁の生活を送っていたためである。彼らの情報源は、当局から「不穏言動」と呼ばれた流言飛語であった。日中戦争勃発当初から種々の流言飛語が広まり、警察はその取締のためにたびたび通牒を発している。

朝鮮総督府では、早い時期からこの戦争が長期化し、総力戦となることを予測していた。南総督自身、盧溝橋事件から間もない一九三七年八月の道知事会議や九月の総督諭告で長期戦の見通しを語っている。一九三八年秋以後、日中戦争は泥沼化していくが、総督府もこれと符丁をあわせるように各種会議で「総力戦」の語を多用するようになった。それとともに、長期の総力戦を勝ち抜かんがため、銃後の朝鮮半島ではさまざまな人的・物的動員政策が展開されることになった。

Ⅱ　戦時動員政策・「皇民化」政策

日中戦争期に行われた人的・物的動員政策や「皇民化」政策の代表的なものを概観しておこう。

(1) 強制労務動員　いわゆる「強制連行」の代表とされる強制労務動員は、一九三九年七月に労務動員計画（第一次）が閣議決定されたことに始まる。同計画は、日本人兵士の出征のために不足した国内労働力を補うため、内地・外地を通じた労働者の移動と再配置を定めた。朝鮮では、民間企業による集団募集（一九三九年～）、朝鮮総督府の外郭団体たる朝鮮労務協会を介した官斡旋（四二年～）、令状による徴用（四四年～）へと動員方式が変えられた。ただし、このことは動員の主体が民から官へと移っていったということではない。初期の集団募集段階から、企業から派遣された募集員は募集地域の割り当て・人員募集など、多くの点で現地朝鮮の警察官や面官吏に依存していたからである［古庄正二〇〇三］。強制労務動員によって約七〇万名の朝鮮人が日本に送りこまれ、炭坑・金属鉱山などに配置された［飛田雄一ほか一九九四］。朝鮮人の労働条件は過酷で、労働者の逃亡や集団争議も日本人より高い比率を示した［西成田豊一九九七］（史料２）。

(2) 兵力動員　朝鮮人に対する兵力動員としては、まず陸軍特別志願兵制度が一九三八年に実施された。総力戦下の朝鮮統治に危機感を抱いていた朝鮮軍（朝鮮に駐屯していた日本軍）が主導して立案し、志願兵を朝鮮人全体に対する「皇民化」政策の牽引力にしようと考えていた。そのために、志願者の銓衡にあたっては警察の全面的関与のもと思想堅固な青年を選び出し、志願兵訓練所での訓練期間（当初六ヵ月、一九四〇年より四ヵ月）において、日本語の常用はもとより生活様式すべてを日本化させようとした。一九三八年から四三年の累計で約八〇万名の青年が、アメ（志願兵やその家族に対する優遇策）とムチ（警察や末端官吏による強制）によって志願兵となった。

次いで、一九四二年に朝鮮人徴兵制度が閣議決定され、四四年から実施された。朝鮮人徴兵制度は、志願兵制度とは異なり、明らかに朝鮮人を兵力資源とすることを目的としていた。研究立案を進めた本国陸軍省軍務局は、戦争によって日本民族が損耗することをおそれ、植民地民族を活用しようとしたのである。しかし、朝鮮人に対しては、徴兵制はあくまで「皇国臣民」のみに許される特権であり「内鮮一体」の具現化だと吹聴された［宮田節子一九八五］。

こうして兵力として動員された朝鮮人は、戦後の厚生省の調査によれば、陸軍約一八・七万名、海軍二・二万名に達する［樋口雄一二〇〇一］。また、これ以外に、朝鮮人は軍属としても大量に動員された（陸軍約七万名、海軍約八万名）。

（3）日本軍慰安婦

軍事動員であるとともに女性に対する動員政策としての性格ももつのが日本軍慰安婦（「従軍慰安婦」）である。軍が設置・経営する慰安所は一五年戦争初期よりつくられ、日中戦争期、中国戦線の拡大とともにひろがった。一九四二年以降は太平洋地域へも拡大している。日本軍人による現地女性強姦のために地域住民の感情が悪化したり、日本兵が性病に罹患したりすることを防ぐことを主な目的としていた。

慰安婦の総数は、五万人から二〇万人まで諸説ある。慰安婦は、朝鮮・台湾・中国・東南アジア・日本本国などから集められた。朝鮮の場合、警察や行政機関が、女性を集める業者と連携したり、身分証明書の発給を通じて渡航送出をしたりしたとされる。また、その際、植民地期に日本が朝鮮に移植した公娼制度のもとでつくられた接客業婦の供給メカニズムが活用された。元慰安婦たちの証言によれば、朝鮮からの徴集では、就業詐欺がもっとも多く、そのほか暴力的連行・誘拐・人身売買などさまざまな経路で未成年を含む女性が戦場の慰安所に送られた［吉見義明

【コラム❶】「慰安婦」問題

日本軍慰安婦の問題は戦後長く忘れ去られていた。日本政府はこの問題を積極的に取りあげようとしなかったし、韓国でも元慰安婦たちも貞操観念の強い儒教社会のなかで沈黙を続けざるをえなかった。状況が大きく変わったのは、一九九〇年代である。一九九〇年五月、盧泰愚《ノテウ》韓国大統領の訪日に際して、韓国の女性団体はこの問題に対する謝罪と補償を要求する声明を発表した。日本政府は当初国家・軍の関与を認めなかったが、韓国の女性団体はこれに抗議し、「韓国挺身隊問題対策協議会」を結成した（韓国では当初、挺身隊と慰安婦が混同されていたが、挺身隊は一九四四年に出された女子挺身勤労令による日本内地の工場などへの女子動員である）。翌一九九一年には、はじめて三名の韓国人元慰安婦が日本政府の謝罪と補償を求めて東京地裁に提訴し、日本社会にも大きな衝撃を与えた。

日本政府は、一九九二年と翌年の調査結果を通じて政府の直接関与を公式に認めたが、補償問題については言及しなかった。その後、一九九五年、村山富市内閣は「女性のためのアジア平和国民基金」を発足させ、「償い金」を元慰安婦に支給したが、韓国では受けとった元慰安婦は少数にとどまった（同基金は二〇〇七年に解散）。また、韓国・台湾・中国・フィリピンなどの被害者により日本政府に謝罪と賠償を求める提訴が相次いだが、ほとんどの裁判の判決は事実認定をせず、原告の請求を退けた。

一九九五、尹明淑二〇〇三］。

(4) 戦時経済統制

ある韓国人研究者が「母の印象では戦争というのは植民地支配が厳しくなって物資が足りなくなった状態」だったと回顧しているように、経済統制は、当時の朝鮮人にとって戦争の影響を如実に感じさせる政策だった［イ・ヨンスク談、川村湊・成田龍一ほか一九九九］。経済統制が朝鮮人の生活に及ぼした影響は幅広い。ヤミ取引を断つために、価格等統制令（一九三九年）を中心に違反業者（多くは朝鮮人）が取り締まられただけではない。食糧や民需統制のために、農村部では一九三九年からは米穀供出が、都市部では一九四〇年から配給制度がはじまり次第に強化された。生産・流通・消費の各場面において経済統制法令による取締が行われたのである。

この取締を担ったのが一九三八年に新設された経済警察だった。二〇〇〇名近くの人員を抱えた経済警察部門は物価、配給の統制を通じたヤミ経済の取締のみならず、アジア・太平洋戦争の時期には、強制労務動員をも管轄した［松田利彦二〇〇九］。

（5）神社参拝の強制　朝鮮人の同化のために国家神道を利用する政策は日中戦争以前から行われていた。一九二五年朝鮮神宮が京城府南山に建てられ、三〇年代半ばから神社ヒエラルキーが整備されるとともに、一面一神祠計画が推進された。日中戦争期になると、特に学校やキリスト教徒に対する神社参拝の強要がなされ、抵抗の強かった長老派を中心に牧師や教徒に弾圧が加えられた［韓晳曦一九八八］。

（6）創氏改名　「皇民化」政策の代表とされる創氏改名は、一九四〇年、朝鮮民事令改正によって行われた。父系血統をあらわす「姓」は朝鮮では不変とされ女性は結婚しても姓を変えない（したがって夫婦や母子は別姓になる）。これに対して、創氏改名は、家の称号である「氏」を新たに法的につくることで、父兄血統にもとづく宗族集団の力を弱め日本的なイエ制度を朝鮮に導入しようとした。このように創氏改名は、単に日本式に名前を変えさせるのみならず、朝鮮の伝統的な家族制度を変えることを意図しており、実際この政策の結果、人口の約八割が日本式の氏になった。総督府は、これまである程度存続を認めてきた伝統的な慣習の領域にまでふみこんでいったのである［宮田節子・金英達・梁泰昊一九九二、水野直樹二〇〇八］。

次に、こうした政策の推進組織について見てみよう。

政策の推進の担い手としてまずあげられるのは、国民精神総動員運動によってつくられた組織である。一九三八年七月に国民精神総動員朝鮮聯盟が結成され（一九四〇年に国民総力朝鮮連盟へと改編）、その下に地方行政体ごとに地方連盟が結成された。さらに、末端では、約一〇戸を標準としてほぼ全ての世帯を網羅する愛国班が作られている［庵逧由香一九九五、崔由利一九九七］。愛国班は、宮城遙拝や国旗掲揚など日常的な「皇民化」政策の担い手となるとともに、配給・勤労動員など戦時動員のための末端組織としても機能した。個々の家庭を末端に組みこんだ点や、画一的な組織によって朝鮮全域を組織化しようとした点で、愛国班は従来の民衆組織化政策とは一線を画した。愛国班によって民衆は生活を統制され相互監視の状態に置かれたが、一方で常会では配給などの利益をめぐって積極的な「参加」意識が見られる場合もあった［李鐘旼二〇〇四］。

このようなコーポラティズム的な社会体制の形成は日本本国でも見られた。ただし、朝鮮では、日本の大政翼賛会以上に、このような運動組織の政治組織化が警戒された。南総督は、一九三八年末、総督府の局長や国民精神総動員朝鮮聯盟の役員に対して、聯盟が「精神的ならしむること」を求め「政治に関与せさる」ようたびたび警告している（南日記、一九三八年一二月六日付、同一二月七日付。南家所蔵。なお原文のカタカナをひらがなに改めた。以下、他のカタカナ混じりの史料についても同様）。政治運動組織との誤解を朝鮮人に与えれば、朝鮮人の権利伸張、はては独立願望に火をつけかねないと恐れていたのだろう。

このような半官半民組織とならんで、既存の総督府機関も戦争動員と民衆生活への介入を強めた。特に行政機関に匹敵する末端機関を擁していた警察官署が積極的にその役割を担った。総督府警察は、日中戦争勃発後、駐在所を単位として津々浦々の農村で「時局座談会」を開催した。数十人規模の民衆を集め、時局認識を徹底させ流言飛語を封じようとしたのである。一九四一年半ばには時局座談会の開催回数は七〇万回以上に達し、延べ参集人数は三〇〇〇万人を超えた［松田利彦二〇〇九］。

それでは、最後に、これらの諸政策に共通した背景や思想について考えてみよう。まず、南総督が日中戦争期の最高統治目標として、諸政策の場面で繰り返し呼号したスローガンたる「内鮮一体」を見てみよう。南総督は、朝鮮人の精神的教化の必要を感じ、教育の重要性を早くから意識していた。南の日記によれば、日中戦争勃発前の一九三七年二月、来訪した小磯国昭朝鮮軍司令官に「戦時半島人心の安定は教育にあり」と語っている。やがて日中戦争期になると一九三八年三月、南は腹心の塩原時三郎学務局長に命じて第三次教育令の改正を実施したが、その眼目は、朝鮮語科目の実質的廃止や「内鮮共学」など教育方針の「内鮮一体」化にあった。同

【コラム❷】警察による「時局座談会」

警察による「時局座談会」は当時の総督府警務局長・三橋孝一郎じきじきのアイデアだった。三橋の指示でつくられた「時局座談会実施要項」（一九三七年九月）によれば、座談会の目的は「非常時国民としての確乎たる決意と覚悟を促す」こととともに、「座談会を通じて民心の趨向を仔細に観察」することにおかれていた。駐在所単位の密度や朝鮮の全人口を超えた参集者の規模は、従来の施策には見られない特徴であり、また、本国や他の植民地には見られない朝鮮独自の施策だった。

時局座談会は、初期には戦争目的や国際情勢の解説に重点を置いていたが、やがて志願兵制度や創氏改名といった「皇民化」政策の宣伝にも使われた。また、座談会は民衆に質問を促すことで民情の掌握にも活用された。民衆の質問を記録した資料も残されているが、そこには、日本の軍事力・国際的地位への不信やマスメディアへの疑念をぬぐえず、戦争終結を願望する朝鮮民衆の心情を読みとることができる。

じ頃、南日記は、「内鮮一体」は「重大イデオロギー」だとして、「内鮮一体主義を内地朝鮮満洲一円で言論界に出さしむること、又之を北支蒙疆に通達せしむることとす」と記している（南日記、一九三八年二月二〇日付）。総督自ら率先して、「内鮮一体」を朝鮮内ひいては帝国日本全体に行きわたらせようとしていたのである。また、同年九月には、総督の肝いりで時局対策調査会が開催されたが、その諮問事項の筆頭には「内鮮一体の強化徹底に関する件」がかかげられた。

このような「内鮮一体」論は二律背反の論理を内包していた。日本人支配者の側は、「同化の論理」として朝鮮人に強要しようとした。たとえば徴兵制度こそは日本人と朝鮮人の差別をなくす「内鮮一体の具現」だと意義づけた。「内鮮一体」の論理によって、朝鮮人を内発的な「皇民化」へ導こうとしたのである。他方、朝鮮独立への展望を失ってしまった一部の朝鮮人知識人にとっては、「内鮮一体」は「差別からの脱出」の論理として受けとめられた。彼らは、朝鮮人が日本人化することによって対等な権利・義務を得ることを夢想したのである。しかし、このような朝鮮人側の論理を総督府は「民度の相違」を楯に拒み、朝鮮人との差別消滅を本心では決して許容していなかった［宮田一九八五］。

のみならず、アジア・太平洋戦争期には、日本の本国政府が東南アジア諸国の「独立」を約束すると、「朝鮮が当然日本なるが故に（独立には―引用者註）言及せざるも内鮮一体を強調すべし」とされた（南日記、一九四二年一月二五日付）。朝鮮人の動揺を防ぐため「内鮮一体」論によって朝鮮独立論の噴出をせき止めようというのである。「内鮮一体」論は一面で朝鮮人に幻想を与え、一面でその独立願望を押しつぶそうとするヤヌスの如き相貌をもっていた。「内鮮一体」は、総力戦下、支配者の都合によって融通無碍の解釈を与えられ、朝鮮人を翻弄したのである。

次に、もろもろの政策に見え隠れする「強制」の性格について考えてみたい。

一見奇妙なことだが、戦時動員政策や「皇民化」政策の実施にあたって、総督府中央は、朝鮮人の目に強制と映らぬよう細心の注意を払っていた。その一方で、政策を遂行する末端機関では、公権力を楯にした強制が日常的に行われていた。たとえば、一九三八年の志願兵制度の実施の際、総督府は、志願兵制度は徴兵制度の前提ではなく志願は「自由意志」によると繰り返し宣伝していた。しかし、現実には志願者数は愛国熱を測るバロメーターとされ、末端行政機関・警察機関は競って割当数を確保しようとした。当時の警察幹部も、志願兵募集の勧誘が「場合によつては割当の数を出さなければならぬといふ関係で、どうかすると中には強要の程度まで行く」と、問題視していた（『京城日報』一九四一年一一月一一日付）。

創氏改名にもよく似た状況が見てとれる。併合初期に総督府学務局長を務めた大御所関屋貞三郎に対して、南総督は、書簡の中で、創氏改名は強制などではなく「希望者に進路を開きたるもの」だ、「一部の鮮人等が強制云々」などと言っているのは「恰も国語奨励が鮮語禁止と触れ廻ると同様のねじけ根性」だと反発している（一九三九年一二月三一日付書簡。『関屋貞三郎関係文書』一〇四三—九、国会図書館憲政資料室所蔵）。にもかかわらず、現場の空気は明らかに異なっていた。たとえば黄海道警察部は管下の全警察署・駐在所に創氏相談所を設置し、先述の時局座談会をもっぱら創氏制度の普及徹底にふりむけている。

「皇民化」政策期には、こうした総督府首脳の主張と現場の施策の齟齬がたえず生じていた。南総督自身もそのような状況を自覚しており、前出の関屋宛書簡で、「皇化運動も末梢に至れば親の心、子知らずにて圧迫感を地方民に与ふること尠からず」と記している。当時、関屋貞三郎は中央朝鮮協会長として急進的な「皇民化」政策に苦言を呈していた。南としては、統治政策に批判的な大先輩を説得すべく本音を漏らしたというところだろう。

ただし、「皇民化」政策の問題点は単に「親の心、子知らず」というような統治機構内の意思疎通の不具合とのみ考えてよいのか。いいかえれば、総督の考えを理解していなかった末端官吏にのみ強制の責任があるのか。それは違うだろう。総督には総督府全官吏の監督責任があるという法的問題だけではない。総督府首脳の公式見解では朝鮮人の民族意識を刺激せぬようその自発性を強調せざるをえなかったであろうし、末端機関の方では、朝鮮人の自発性に頼ろうとすれば到底戦争協力など望めないことを熟知しているため、数値目標の達成に「強制」もいとわなかった。こうして、総督府中央は強制の外形を帯びることを慎重に避けようとする一方で、末端では目標達成のために強制に走りがちになるという構図が生まれたのである。

そして、一見相反しているかに見えるこれら二つのモメントが、実際には両者相まって「皇民化」政策を推進する力となったに違いない。現場では末端官吏の圧力によって政策への順応が強制されながら、総督府の公式見解は、朝鮮人に常にそれを主体的な自発性と錯覚させようとする力として作用した。「皇民化」政策のさまざまな場面で「自発性の強要」が見られたことが指摘されているが［姜徳相一九九七、水野直樹二〇〇八］、それはこうした植民地権力のあり方がもたらしたものだった。こうしてみると少なくとも結果的には、総督府官僚機構全体として、単純な強制一辺倒よりも巧妙な戦略で朝鮮人の「皇民化」を推進しようとした、といえよう。

Ⅲ　朝鮮の「大陸兵站基地」化と「植民地近代化論」

一九三〇年代は朝鮮の工業化が進展した。これは朝鮮社会にとって新しい経験だったのみならず、世界史的に見ても植民地を巻きこんで帝国の工業生産力が拡充されていくのは珍しい現象だった。

このような植民地朝鮮の工業化は、南総督が意識的に推進しようとしたものだった。そのスローガンとされたのが

「大陸兵站基地化」である。一九三七年二月、南総督が朝鮮軍司令官に人心安定のための「教育」を強調したことは前述したが、このとき南は、二大統治方針のもう一つとして「大陸兵站基地化」を力説した。朝鮮を「兵站基地化」しようと考えたのは、朝鮮が中国戦線に近いこと、労働力に恵まれていること、軽工業がすでに発達し重工業も起こっていたことなどが理由だった〈史料3〉。そして、一九三八年の時局対策調査会での諮問答申では、一九四一年をめどとした軍需工業の拡充がかかげられた。

それでは、朝鮮の工業化の実態はどのようなものだったのだろうか。南自身が指摘したように、朝鮮の工業は、一九二〇年代の軽工業中心から三〇年代には重化学工業へと軸足を移しつつあった。一九三〇年代、総督府が複数の資本の競争による電源開発を促したためである。特に日本窒素肥料（日窒）は、鴨緑江水系に大規模なダムを造り、水力発電による豊富な電力によって、興南肥料工場をはじめ朝鮮北部に化学工業を発達させた。このように工業化の担い手が日窒系や日産系など日本の新興財閥だったことが朝鮮工業化の特徴の一つであり、反面、朝鮮人資本は周辺的な零細企業に集中していた。

また、この時期、農村内に滞留していた労働者が離農し一部が工業部門へ流入したり、あるいは日本や「満洲」など朝鮮外へ人口流出が進んだりして、農村にも工業化・資本主義化の影響が及びはじめた。当時の朝鮮は、工業生産の付加価値が農業生産のそれの過半に至り、資本主義化の水準はおおよそ日露戦争前の日本本国の段階に到達していたともされる［堀和生一九九五］。

さて、朝鮮工業化の性格に関わり朝鮮近現代史研究に強いインパクトを与えた議論が「植民地近代化論」である。一九九〇年代、朝鮮近代経済史研究者の一部によって唱えられた「植民地近代化論」は、（1）朝鮮人資本家の成長や重化学工業化の進展など植民地期の「工業の発達と社会の変化」を強調しつつ、（2）朝鮮人のなかで単純労働者ばかりでなく一定の熟練労働者や企業経営者を含む「人力の成長とノウハウの蓄積」がすすんだとする。それとともに、（3）土地制度や金融制度などの側面でなされた「近代的な制度と法律の整備」や、（4）鉄道・港湾・ダムなどの社会間接資本の建設、初等学校就学率（植民地末期で四五％）にあらわれている教育機関の普及などにも着目する［鄭在貞二〇〇三］。「植民地近代化論」は、こうした点をあげて、現代韓国の経済発展（いわゆるNIEs化）の歴史的淵源を植民地期に見いだしうるのではないかという問いを投げかけたのである。その根底には、植民地期と解放後がそれぞれ別個に研究されてきた現状を批判し、朝鮮近現代史の連続的な把握を試みようという問題意識がある。また、その際、朝鮮人資本や労働者の動きに光を当て、収奪対象としてのみ描かれがちだった植民地期の朝鮮人について、これまでとは異なる能動的な姿を提示しようとした。

とはいえ、「植民地近代化論」は多くの課題を残している。植民地期の社会経済変化を一応肯定的に捉えようとした議論は、植民地支配賛美論に回収されかねないとして韓国の歴史学界主流からは修正主義史観として非難を受けている。実証面でも、日本が残した工業化の遺産は朝鮮北部に集中していたのにもかかわらず、解放後の朝鮮民主主義人民共和国についてはほとんど議論に組みこめずにいること、植民地期の朝鮮人資本家と解放後の財閥に直接的な人的連続性が乏しい点について説明しえていないなどの点が問題として残されている。

さらに、資本主義の発展を無条件に肯定する近代至上主義的な発想にも批判が強い。ただ、この点に関する省察は、結果的に、植民地と近代の関係性についての議論の呼び水となったことも見逃せない。「植民地近代化論」が植民地期と解放後韓国の近代的側面を肯定的連続として捉えたことへの批判から、両時代の近代性の抑圧的性格・否定的性格の連続性に着目する「植民地近代性論」が提起された。さらに「植民地近代化論」、「植民地近代性論」ともに植民地期社会・文化のより「近代的」な部分にばかり目を向けてきたことへの反省から、植民地期社会における「非近代的」な要素あるいは近代から排除された民衆世界こそが検討対象とされなければならないという議論も近年強まってきている［板垣竜太二〇〇八、趙景達二〇〇八］。

Ⅳ 朝鮮における「転向」

一九三〇年代に入ると朝鮮では治安維持法違反者の急増を背景に、「転向」すなわち思想犯前科者の思想放棄に関わる問題が浮上し、やがて日中戦争期、朝鮮人知識人をさいなむことになる。

朝鮮の警察や検察は、一九三三年頃から朝鮮における転向政策を本格化させた。ただし、日本に比べると、朝鮮では合法運動を利用することへの警戒感が警察のなかに強く、転向者「保護・善導」団体の組織はきわめて不振だった。その代わりに、警察官個々人が、「温情主義」の名のもと転向者やその家族の生活に立ち入った監視と指導を日常的に行った。日本のように転向者への団体的指導が十分に展開できなかった朝鮮では、転向者の善導は警察官個々人のパターナリスティックな接触に依存する度合いが大きかったのである［松田利彦二〇〇九］。この後、一九三六年に朝鮮思想犯保護観察令が公布され、思想犯の「保護善導」は朝鮮内九ヵ所に設置された保護観察所が担うことになった。制度的には警察よりも主として法務局系統が転向政策を担当する体制に変わったが、転向者の内面に踏みこもうとする姿勢は一貫していた。

それでは、朝鮮人側の動向に目を移してみよう。

日本では一九三三年の共産党幹部による獄中での転向声明以来、大量転向が生じた。朝鮮でもほぼ同じ時期に転向者（準転向者を含む）の数が急増した（一九三一年―一一五名→三一年―三六一名→三三年―四九三名）。ただし、日本と比較すると朝鮮では転向者の比率は低い。一九三六年時点で比較すると、朝鮮の治安維持法違反受刑者六九二名中、転向者は一六六名（二四％）、準転向者は一六二名（二三％）だった。他方、日本においては治安維持法違反受刑者は四三八名で、転向者二四一名（五五％）、準転向者八三名（一九％）だった。朝鮮の方が治安維持法違反受刑者が多かった（人口比では四〜五倍に当たる）にも関わらず、転向者（準転向を含む）の比率は日本の半分以下だったのである。

転向の動機も異なる。「近親愛其の他家庭関係」が多いのは日本と共通する（朝鮮―三三・八％、日本―四二・七％）。しかし、「拘禁に依る後悔自新」は、朝鮮では三割以上を占めるのに日本では一割以下だった。反対に、「主義理論の精算」は朝鮮が四％程度であるのに比し、日本は一〇％以上が該当している。また、「国民的自覚」も朝鮮人ではごく少数であるのに反し、日本人では転向動機の第二位にあがっている。つまり、朝鮮人の転向は、少なくとも日中戦争以前は、「拘禁」という外的な要因に強制された面が大きく、それと表裏一体の傾向として、「主義理論の精算」や「国民的自覚」といった内発的な思想転換には乏しかった、といえよう［松田利彦一九九七］。

転向者の態度は大きく二つに分かれた。一方では沈黙を守り、政治活動から身を引いた者も多い。その一方で「逆転向」したり、そこまでいかずとも、転向が自発的意志に基づくと主張し何らかの政治的活動を続けようとした者も多く見出される。たとえば、朝鮮で初めて作られた全国的転向者団体の大東民友会（一九三六年九月）は、結成時に発表した声明書のなかで、自分たちの転向が「利慾の衝動」や「外力の強圧」によるのでなく「朝鮮民衆の幸福と発展」を念願してのものだった、と述べている。もちろん、これを背信者の自己弁護と切り捨てることはたやすい。しかし、もともと多くの朝鮮人知識人は共産主義を民族解放理論として受容してきた。かかる民族主義思想を抱いていた共産主義者たちが、共産主義は放棄しても朝鮮民衆の「救済」や「幸福」を追求したいと述べたことは、彼ら自身にとってはそれなりに筋が通った説明だった。朝鮮人転向者におけるこのような思想的一貫性の強調は、裏面では、先述のように彼らの転向に内面的転換が乏しかったことと一脈通じているだろう。

さらに日中戦争期に入り、日本の知識人や言論界が、長期化する中国との戦争を理論的に説明すべく「東亜新秩序」論を呼号すると、朝鮮の知識人はそこに新たな希望を見出そうとした。すなわち「東亜新秩序」論は、（主に中国に対して）帝国主義政策を修正すべきだと主張したが、朝鮮人社会主義者はそれが朝鮮統治にも何らかの変化をもたらすのではないかと期待したのである。こうして、日中戦争期に入るとある程度積極的な転向も現れ始めた。当時の社会主義者の転向動機を見ても、「事変に伴う時局認識」「理論上改心」など政治的動機をあげる者が、一九三九年前半時点では八割に達している［洪宗郁二〇一一］。

しかし、転向者団体が貧弱だった植民地朝鮮では、転向者運動は結局日本本国ほどにも独自の運動理念を示せなかった。政治活動を続けようとした転向者は、「内鮮一体」論に「差別からの脱出」の論理を見出して引き寄せられていった旧民族主義者と同じように、自ら進んで朝鮮民衆を「皇民化」政策に駆り立てる役割をすることになる。親日言論活動を展開した東洋之光社を拠点としながら、一九三九年以降、東亜聯盟運動に参加したとされる元朝鮮共産党幹部・姜永錫《カンヨンソク》の事例に見られるように、反体制運動の実態は乏しく、むしろ偽装のはずの親日活動ばかりが目だつ結果に終わったのである。

おわりに

以上のように、日中戦争以降の「皇民化」政策と戦争動員は、植民地朝鮮を大きく揺さぶったが、この時代をどのような概念で言い表したらよいのだろうか。序節で触れたこの問題に立ち戻っておこう。

まず近年、日本で社会思想史研究者が提唱した「総力戦体制」論を植民地朝鮮にも適用しようという議論がある。「総力戦体制」論は、戦時期日本の支配体制を「天皇制ファシズム」と見る古くからの規定を批判しつつ、システム論の方法論を歴史分析に応用し、次のように「総力戦体制」を定義づけている。

「総力戦体制においては、一国の経済的資源のみならず、人的資源までもが戦争遂行のために全面的に動員されなければならなかった。劣位の市民の存在は総力戦の遂行に際して重大な障害とならずにはいない。というのも、市民としての正当性を与えられていない劣位の諸グループは、政治的責任を負うべき立場に立たされていないがゆえに、総力戦の遂行にあたって主体的な担い手になろうとする内面的動機を欠いていたからである」。そこで、ドイツのナチズムは「強制的均質化」を通じて、非ゲルマン民族の差別・ユダヤ民族の排除を進める一方で、「世界支配の課題を担った集団の内部については、総力戦時代における民族の運命的共同性という標語のもとに、社会的身分差別の撤廃に取り組んだ」［山之内靖、ヴィクター・コシュマン一九九五］。

朝鮮近代史研究者のなかにも、このような議論を援用して「劣位のグループに属していた朝鮮人に対して……「内鮮一体」のスローガンの下に、朝鮮教育令の改定や創氏改名を通じた「強制的均質化」を断行し、「社会的身分差別の撤廃に取り組んだのであった」ということになる」と見ようとする論者がいる［並木真人二〇〇六］。総力戦期に行われたさまざまな社会変革を単に抑圧的・暴力的な動員と見るよりは、動員を通じた「強制的均質化」に着目しようという議論である。

しかし、私見では、このような「総力戦体制」論は、ファシズム研究者がつとにナチの「開かれたエリート理論」に突きつけてきた疑問に応えていないと思う。すなわち、ナチの「開かれたエリート理論」が自由主義と深い親近性を持つという議論に対しては、ファシズム研究者の側からは、「すべての人間の本来的不平等を前提としたうえで、エリート選抜の範囲を拡大しようという理論、もしくは、中間層労働者階級のなかの身分的上昇の期待に応えようという対応である。つまり……真の平等の実現の主張ではなく、『社会的流動性』の拡大による不平等の顕在化の主張である」との反論がなされてきた〔山口定二〇〇六〕。まして、植民地朝鮮の場合は、内地戸籍と朝鮮戸籍の区別が最後まで厳存したため、戸籍上、朝鮮人が日本人になることはほぼ不可能だったし、参政権の付与も空手形に終わった（衆議院議員選挙法は一九四五年の法改正で朝鮮にも施行されたが、選挙は実施されることなく日本敗戦を迎えた）。「社会的身分差別の撤廃」が進んだというよりは「不平等の顕在化」が強まったと見ざるをえまい。

なお、本章では、便宜上、「総力戦（期）」というタームを使用したが、これはもとより「総力戦体制」論を受け入れてのものではない。本章でいう「総力戦体制」とは、戦場のみならず銃後社会にも広く戦争の影響が及ぶ状況に対応して構築された政治・社会体制という字義通りの意味であり、それを通じて「強制的均質化」や「社会的身分差別の撤廃」が進んだことを含意するものではないことを断っておきたい。

さて、「総力戦体制」論を戦時期朝鮮に適用しようとするこのような見方は研究者の間で定着しているとは言いがたい。特に韓国の近代史学界では、「総力戦体制」論が植民地問題との関連性について十分分析していないとの批判に立って、通常、「（植民地）ファシズム」という呼称を用いている。しかし、筆者は、「植民地ファシズム」という用語にも問題があると考えている。近年の研究書では、「日帝軍部ファシズム支配体制の外延としての植民地ファシズム体制」と説明されているが〔田上叔二〇〇四〕、「植民地ファシズム体制」にいう「植民地性」の中身はこれまで追究されたことがなく、日本本国と植民地の差異が不明なままに用語が一人歩きしている〔申起旭二〇〇四、福井譲二〇〇六〕。

そもそも世界史的に見て、ファシズム体制が成立したとされる日独伊などの諸国においては、「権威主義反動」（既成支配層のなかの反動化した部分）と「疑似革命」（中間層を基盤として暴力組織をともなった大衆的反動運動）両者の拮抗と提携という構図が現れた［山口定二〇〇六］。このようなファシズム体制一般に共通する特性を植民地朝鮮に見出しうるのかきわめて疑問である。「権威主義反動」として南次郎朝鮮総督や腹心の塩原時三郎学務局長を措定することはあるいは可能かも知れない。しかし、「疑似革命」の立証は困難だろう。植民地末期の朝鮮においても中間層はなお未成熟だったし、彼らが（たとえば一九三〇年代の植民地インドにおいてファシズムに傾斜した一部の国民会議派政治家やヒンドゥー勢力のように）自立的運動によってファシズム体制の成立に一役買ったという事実もない。植民地朝鮮における「戦争の時代」をどのように規定したらよいか、実証と理論の両方を踏まえた議論が今後さらに望まれる。

史料

（1）日中戦争勃発と朝鮮

（朝鮮総督府警務局『第七十三回帝国議会説明資料』一九三七年〈『朝鮮総督府帝国議会説明資料』第一巻、復刻、不二出版、一九九四年、所収〉）。

北支事変は全支に波及して支那事変となり事態は益々拡大するに至り併合以来曾て見ざる在郷軍人の召集が数次に亙り実施せられ或は自動車、軍馬の徴発又は約二ヶ月に亙る内地大部隊の鮮内通過北支輸送等により一般朝鮮民衆は事変の意想外に重大なることを感知すると共に新聞紙等に伝へらるる日本に不利益なる国際的動向に刺戟せられ日本の敗戦を連想するが如き言動を為し又は鉄道輸送の制限、輸入品の統制、金融機関の融資引締或は物価の自然騰貴等の事実に依り莫然政治的経済的不安を感じ之等が種々流言となりて伝へられ（下略）。

（2）元壽鳳《ウォンスボン》（全羅北道出身、一九二三年生）の強制労務動員についての証言［『百萬人の身世打鈴』編集委員会編一九九九］

一九四二年、一九歳で徴用に取られました。八月頃でした。

そのときは日本から福島という男が来て、面事務所の労務担当の人と一緒に各家をまわって、百名を集めました。指名されれば断ることはできませんでした。期間は二年間でいいということでしたが、日本へ行ってから一年延長されました。

連れて行かれたのは長崎からまた船で一時間以上かかった崎戸炭鉱（三菱崎戸炭鉱―引用者註）で、ここは海底の洞窟の中の炭鉱でした。（中略）

坑内の仕事は四人一組でした。二交替制で、一日十時間労働です。約一坪の体積を掘り出すことが目標でした。坑内は危険で、ガス爆発で死んだ人を見ました。また、雨が降ると、坑内の水が増水しますから、これも危険なことでした。（中略）

炭鉱には日本人もいましたが、日本人と朝鮮人とは別々に住んでいました。わたしたちは八畳ぐらいの部屋に、五、六人ずつ住んでいて、毎晩点呼があって、所在を確認されました。仕事に行きたくなくて仮病を使ったり、逃げようとすると、腹ばいにして棒で殴ったりします。先に来ていた人が殴られているのを見て、怖かったですね。

（3）「南次郎日記」より「朝鮮ノ兵站基地ノ理由」についてのメモ（一九三八年六月一二日付）

一、従来瀬戸内海が作戦の原点であって内海中心主義だ、併し今日は海運界や、八、九時間の浪費は時代が許さぬ〔。〕即ち大陸に基地を進めなければならぬ。然る時は第一線に近き処がよい、之れには無条件ではいけぬ、岩石の上には種を蒔つく（ママ）も成長せぬ〔。〕成長の畑地は満洲、北支、朝鮮中で朝鮮が一番可なり。

二、労働者は豊富とか低廉計りではない〔。〕各工場を見るに鮮人は職工等のよき工人的適性を持って居る、之の恵まれたる労働者がある事畑地たる一の理由。

三、今日数年来実情は軽工業が進出した〔。〕然るにボツ〳〵重工業が起る〔。〕従て下請工業が活気づいた、そこで三十年来の小工業、中小工業が自立更生が出来る様になった

四、地下資源就中タングステンが三千五百トン迠盡され出ると云ふ〔。〕之れは日本も満洲も北支も共にないから非常に可なり。□□□自給自足だ。」（□は不明字）

〈参考文献〉

庵逧由香「朝鮮における戦争動員政策の展開—『国民運動』の組織化を中心に」（『国際関係学研究（津田塾大学）』第二一号別冊、一九九五年）。

板垣竜太『朝鮮近代の歴史民族誌—慶北尚州の植民地経験』（明石書店、二〇〇八年）

川村湊・成田龍一ほか編『戦争はどのように語られてきたか』（朝日新聞社、一九九九年）

姜徳相《カンドクサン》『朝鮮人学徒志願兵—もう一つのわだつみのこえ』（岩波書店、一九九七年）

趙景達《チョギョンダル》『植民地期朝鮮の知識人と民衆—植民地近代性論批判』（有志舎、二〇〇八年）

鄭在貞《チョンジュチョン》「日本統治下の朝鮮の社会と経済をどう見るか—『開発論』と『収奪論』を越えて」（『日本統治下の朝鮮—研究の現状と課題』国際日本文化研究センター海外研究交流室、二〇〇三年）

並木真人「『植民地公共性』と朝鮮社会—植民地期後半期を中心に」（朴忠錫・渡辺浩編著『「文明」「開化」「平和」—日本と韓国』慶應義塾大学出版会、二〇〇六年）

西成田豊『在日朝鮮人の『世界』と『帝国』国家』（東京大学出版会、一九九七年）

橋谷　弘「一九三〇・四〇年代の朝鮮社会の性格をめぐって」（『朝鮮史研究会論文集』第二七集、一九九〇年）
韓《ハン》晳《ソッ》曦《キ》『日本の朝鮮支配と宗教政策』（未來社、一九八八年）
樋口雄一『戦時下朝鮮の民衆と徴兵』（総和社、二〇〇一年）
飛田雄一・金英達・高柳俊男・外村大「朝鮮人戦時動員に関する基礎的研究」（『青丘学術論集』第四号、一九九四年三月）
「百萬人の身世打鈴」編集委員会編『百萬人の身世打鈴』（東方出版、一九九九年）
福井　譲「（書評）方基中編『日帝 파시즘 支配政策과 民衆生活』」（『アジア社会文化研究』第七号、二〇〇六年三月）
古庄　正「朝鮮人戦時動員の構造―強制連行に関する一考察―」（『日本植民地研究』第一五号、二〇〇三年六月）
堀　和生『朝鮮工業化の史的分析―日本資本主義と植民地経済』（有斐閣、一九九五年）
洪《ホン》宗《ジョン》郁《ウク》『戦時期朝鮮の転向者たち―帝国／植民地の統合と亀裂』（有志舎、二〇一一年）
松田利彦「植民地末期朝鮮におけるある転向者の運動―姜永錫と日本国体学・東亜連盟運動」（『人文学報』（京都大学人文科学研究所）第七九号、一九九七年）
〃『日本の朝鮮植民地支配と警察―一九〇五～一九一〇年』（校倉書房、二〇〇九年）
水野直樹『創氏改名―日本の朝鮮支配の中で』（岩波新書、二〇〇八年）
宮田節子『朝鮮民衆と「皇民化」政策』（未來社、一九八五年）
宮田節子・金英達・梁泰昊『創氏改名』（明石書店、一九九二年）
山口　定『ファシズム』（初版、一九七九年。岩波現代文庫版、二〇〇六年）
山之内靖・ヴィクター・コシュマン・成田龍一編『総力戦と現代化』（柏書房、一九九五年）
尹《ユン》明《ミョン》淑《スク》『日本の軍隊慰安所制度と朝鮮人軍隊慰安婦』（明石書店、二〇〇三年）
吉見義明『従軍慰安婦』（岩波新書、一九九五年）
＊김혜수《キムヘス》「一九三〇年代　朝鮮에서의‘（極秘）暫定総動員期間計画’実施」（『研究論集（梨花女子大学大学院）』第二六集、一九九四年）
＊申《シン》起《ギ》旭《ウク》「一九三〇年代 農村振興運動과 農村社会変化―植民地組合主義를 中心으로」（方基中《バンキジュン》編『日帝 파시즘 支配政策과 民衆生活』혜안、二〇〇四年）

＊李鐘旼《イジョンミン》「都市의 日常을통해본 住民動員과 生活統制—京城府의 愛国班을 中心으로」（方基中編、前掲書、二〇〇四年）
＊田上叔《チョンサンスク》「日帝軍部 파시즘 体制와 '植民地 파시즘'」（方基中編、前掲書、二〇〇四年）
＊池秀傑《チスゴル》「一九三二〜三五年間의 朝鮮農村振興運動—植民地 '体制維持政策으로서의' 機能에 関하여」（『韓国史研究』第四六号、一九八四年九月）
＊崔由利《チェユリ》『日帝末期 植民地支配政策史研究』（国学資料院、一九九七年）

第八章　戦争と朝鮮人

趙　景　達

はじめに

日中戦争が泥沼化すると、「国民政府を対手にせず」と声明していた首相近衛文麿は、開戦の翌一九三八年一一月に第二次声明を発して東亜新秩序の建設を謳った。それは中国を懐柔して侵略を合理化し、日本を中心とする日満支経済ブロックを作ろうとする独善的なものであった。しかしそれを契機に、近衛のブレーン的役割を果たしていた昭和研究会は、様々な東亜協同体論を構想理論化するに至った。

昭和研究会は官僚や学者など多様な人材によって構成され、のちにゾルゲ事件で逮捕処刑される尾崎秀美も加わっていた。従って東亜協同体論も多様に議論されたが、大体において中国ナショナリズムの存在を認めて日本主義や皇道主義を批判しつつ、資本主義の矛盾を克服してアジア連帯の普遍的原理を立ち上げようとする理想主義的性格を持っていた。

またこの時期、主に石原莞爾の構想になる東亜連盟論も提唱されたが、東亜協同体論と類似した性格を持っていた。

すなわちそれは、「東亜諸国の独立」「東亜諸国との国防の共同」「東亜諸国との経済の一体化」を標榜したが、ただその指導原理に「王道主義」をすえたことが特徴となっていた。

第七章で論じられた、日中戦争期における転向現象は、こうしたアジア融和的な議論にも後押しされていた。しかも、時の総督南次郎治世下で総力戦体制を強いられた朝鮮は、「大陸兵站基地」とされ、盛んに「内鮮一体」が叫ばれた。朝鮮は「内地」に次ぐ「第二線的地位」にあることが喧伝され、その結果実業界や知識人・文化人のなかには「二等臣民」意識のようなものが醸成された。そして、自発的に戦争協力していく者も多く現れた。

では、植民地末期のこの段階にあって、朝鮮人はどのような戦争協力をし、その論理はどのようなものであったのであろうか。実業界・宗教界・文化界などと民衆とでは、対応が相当に異なり、民衆の場合は抵抗の姿勢を強めていくが、ここでは両者の違いを視野に収めて見ていくことにしたい。また、合わせて民族独立運動の様相とその論理についても若干の言及をしてみたい。

Ⅰ　各界の戦争協力

1　実業界

満洲国成立以降、満洲への進出に活路を見出そうとしていた産業界の動きは敏感であった。大陸進出の道が切り開かれたことによって、概ね統制経済を歓迎した。第二次近衛声明以来、日本では転向社会主義者から国家社会主義者、国家主義者、観念的日本主義者に至るまで、新秩序・新体制の理念として全体主義的統制経済を標榜するようになり、それは反マルクス主義的であると同時に、反自由主義的、反資本主義的であるとされた。こうした影響もあって、朝鮮でも「大陸兵站基地化」が喧伝される中で、統制経済を当然視する議論が展開されるようになった［方基中二〇〇五］。たとえば、当時著名な実業家であった和信百貨店の社主朴興植《パクフンシク》は、個人主義を排撃して公益を重視する統制経済と全体主義を明確に支持している［李承烈二〇〇五］。

朝鮮の「大陸兵站基地化」とは、大陸での日本軍の活動を支援するために、朝鮮は産業基盤を提供するとともに、日本からの物資を中継する役割を果たすということを意味する。日本向けを除く朝鮮の対外貿易額は、一九二九年から三九年の一〇年間におよそ八倍にも伸びており、その大半が満洲向けであった［ピーティー一九九六］。また「大陸兵站基地化」は、朝鮮企業が満洲に進出する契機ともなった。その代表が京城紡織である。

東亜日報社主の金性洙《キムソンス》と季洙《ヨンス》の兄弟が率いる京城紡織は、大阪や北京に営業所を持ち、満洲には朝鮮内と同程度の紡織工場を建設した。そしてその事業は、ガス事業・水力発電・醸造・銀行業・不動産・運送・造船・金採掘・鉄道など、幅広い分野に及び、教育・文化事業にも進出していた。しかしそれは、日本帝国に従属奉仕してのみ可能となる企業発展であり、民族資本というには自律性に問題を抱えていた。であればこそ、金性洙・季洙兄弟は、戦争協力に助力を惜しまなかった。両者とも国民総力朝鮮連盟の幹部となり、総力運動に多大な寄付も行っている。また、「内鮮一体」を推し進めるべく実施された志願兵制や徴兵制、学徒出陣などにも積極的に関与した［エッカート二〇〇四］。

当時、戦争を好機として経済的実力を蓄えた朝鮮人は少なくなかった。そうした者たちは日本人所有の土地を購入したり、料理店やホテルへの出入を頻繁にするなど、羽振りがよくなった。そのことで日本人の一部には、そうした朝鮮人を「傲岸不遜」だとして、自らの既得権益が奪われるのではないかという危機感が生じ、南次郎の「内鮮一体」策を批判する者も現れた（史料1）。しかし、そのような朝鮮人の繁栄は都市部の一部に生じたものに過ぎない。しかもそれは、あくまでも日本帝国の膨張を前提とした一部人士の一時の繁栄であり、そこには日本帝国に便乗しつつ日本人と対等でありたいという亜帝国意識はあっても、そこに危険因子はほとんどなかった。

2 宗教界

日中戦争に先立ち、総督府は宗教弾圧の方向に舵を切っている。農村振興運動は皇民化運動としての一面も強く帯びていたが、それはやがて宗教の復興を標榜しつつ、その実は公認宗教（神道・仏教・キリスト教）であれ新興宗教であれ国家神道体制に組み込んで、国体観念を内面化させようとする心田開発運動に連動するに至った。心田開発運動が方針化されるのは一九三五年一月で、総督府が新興宗教の弾圧を決意するのは同年四月のことだが、それは翌年六月に終末教団の普天教を解散させて以降本格化し、多くの新興宗教が解散に追い込まれた。そして三九年四月には、教団の設立のみならず、さまざまな教団運営を認可制とする宗教団体法が公布され、宗教への国家的管理が強化された。

こうした中にあって、最大の新興宗教教団天道教も解散の危機に直面したが、親日に転向することによって免れている。当時天道教は新派と旧派に分裂していたが、新派はすでに一九三三年一一月に、大東方主義を提唱して公然と親日に転向していた。その後三七年八月、新派傘下の天道教青年党は志願兵制度の速やかな実現を求める決議を採択した。また、三九年四月四日の教祖布教開始記念日には中央・地方幹部らが挙って朝鮮神宮に参拝し、六月には国民精神総動員天道教聯盟を組織した。旧派の場合は、いわゆる独立祈祷運動が発覚したことを契機に三八年四月に転向宣言を発している。その結果旧派も、新派と同じ日に朝鮮神宮に参拝し、六月には天道教愛国班を組織した。こうして新派、旧派ともに転向した天道教は、一九四〇年四月には合同していくが、その戦争協力は自発的なものになっていった。合同大会では、「八紘一宇の信念によって東亜新秩序建設の聖業を翼賛する」ことが確認され、同年一一月には国民総力天道教聯盟を結成し、幹部ら八名が「皇紀二六〇〇年記念事業」として伊勢神宮と橿原神宮に参拝した。また、翌年八月には、「国防誠米・献金・献品・労賃貯蓄の励行」と「毎朝五時戦勝特別祈祷」が教徒に指示された。そして、東学の教典である『東経大全』を純日本的に解釈する推敲作業が開始され、それは大東方主義を先駆的に唱えたものとして位置づけられるに至った［趙景達二〇〇二a］。

宗教弾圧は、公認宗教のキリスト教に対しても猛威を振るった。一九三五年一一月平壌のミッションスクールに神社参拝を強要したのが皮切りであった。宣教師たちは神社参拝をめぐって意見を分裂させた。長老教会は最も頑強に抵抗したが、三八年九月警官監視の総会において神社参拝が暴力的に決議され、総会終了後幹部牧師たちはただちに神社に参拝した。そして同年一二月には、指導的牧師たちが全国の教会を代表して伊勢神宮や橿原神宮に参拝した。ここにおいて平壌神学校を始めとして、多くの教会が閉鎖され、多くの信徒が投獄された。殉教者も多く出ている。ＹＭＣＡやＹＷＣＡも解散され、四〇年一〇月には米国人宣教師も完全撤収した。「日本的キリスト教」の樹立ということが喧伝され、再臨思想的性格が強い群小教派は強制解散させられた。キリスト教の公認団体はそのほとんどが、強要されたとはいえ、戦争協力をすることによって生き延び、神社参拝のみならず、天道教と同様に、献金・献納運動や皇道精神錬成運動を展開していく。開化期以来の民族主義者である尹致昊《ユンチホ》を始め、多くの著名キリスト教者も自発的に戦争協力していった［閔庚培一九八一、韓国基督教歴史研究所一九九五］。

仏教界では、一九三七年二月国民精神作興運動と宗教復興運動の声の下に朝鮮仏教三一本山住持会が招集され、心田開発運動への積極的な参加が決議された。そして四月には、日本仏教各宗と共同の京城花祭奉賛会が組織され、次いで七月には華北に慰問団を派遣するにいたった。儒教界も三七年八月に経学院と明倫学院の任員や在京儒生たちが集合して時局誓願文を誓告し、九月には朝鮮儒林聯合会を結成して「皇道」の闡明や「皇軍」の後援などを決議した。そして三九年一〇月には、全儒林大会を開催して「皇道精神」に基づく儒道の振興や「東亜新秩序建設」に邁進していくことを決議し、その実践団体として朝鮮儒道聯合会を組織した［林鍾国一九九二］。

3 文化界

一九三七年六月の修養同友会事件と三八年五月の興業倶楽部事件では、改良主義的な民族主義者は根こそぎにされたが、この事件を前後する時期から多くの民族主義者が皇民化運動に合流した。それに合わせるかのように、南次郎は総督府内に社会教育課を新設し、その課長に金大羽《キムデウ》を抜擢した。「皇国臣民の誓詞」を作ったといわれる人物である。文化界における各種の御用団体はこの課によって次々と組織されていった。放送宣伝協議会（一九三七年一月）、朝鮮婦人問題研究会（一九三七年一月）、朝鮮文芸会（一九三七年五月）などがその嚆矢である。日中戦争が始まると、前線巡回時局講演班が結成されたが、これには各界の文化人が動員された。

文学者の中で最も著名な人物は文豪の李光洙《イグァンス》であろう。彼は朝鮮文芸会の組織化に関わったのを手始めに皇民化活動をエスカレートさせていき、三八年一二月には熱狂的な皇民主義者の玄永燮《ヒョンヨンソプ》や元社会主義者の印貞植《インジョンシク》などとともに時局有志円卓会議に出席し、「内鮮一体」や東亜協同体について議論した。また、三九年三月には皇軍慰問作家団の結成に加わった。この作家団は単に慰問を目的としただけでなく、礼賛的な戦争文学を書くことを目的にしており、慰問作家に選ばれた朴英熙《パクヨンヒ》と林学洙《イムハクス》は約束通り戦争作品を書いている。

作家は国民精神総動員朝鮮連盟への全面協力を余儀なくされ、そのための組織として李光洙などが中心となって三九年一〇月朝鮮文人協会が結成された。全鮮巡回講演会や「国語」文学の推進運動など、さまざまな皇民文化運動がこの協会によって行われた。また皇民文学推奨のために、国語文芸総督賞や朝鮮芸術賞など各種の賞が設けられた。雑誌などはみな一様に時局礼賛的な記事を書くことを求められ、その使用言語にも日本語が混じるようになった。わけても『東洋之光』は全面日本語で構成されていたが、東洋之光社はキリスト者で三・一運動の際に民族代表の一人であった朴熙道《パクヒド》が社長を務めていた〔林鍾国一九七六〕。

戦争協力は、映画業界などにあってはより露骨であったかもしれない。一九四〇年一月に朝鮮映画令が公布されて

【コラム❶】「半島の舞姫」崔承喜

崔承喜《チェスンヒ》の人生はまさに波瀾万丈であった。両班の出自で淑明女子高等普通学校に入学したが、家産が傾き辛酸をなめた。そうした中ソウル公演中の石井漠《ばく》に魅了され、舞踊の世界で生きていくことを決意した。東京に出て猛練習に明け暮れ、すぐに頭角を現した。京城に戻って独立するも成功できなかったが、再び石井漠のもとに戻ってから大成功を収めた。民族舞踊に西洋舞踊を取り入れたその舞踊は人々を魅了し、川端康成をはじめとして当時の著名な文化人や政界人が「半島の舞姫」と激賞した。やがて日本・朝鮮公演だけでなく、アメリカ、ヨーロッパ公演も行ってさらなる成功を収め、世界的な有名舞踊家となった。それだけに朝鮮人の声援は大変なものであった。しかし彼女は、民族的葛藤を抱きながらも、その舞踊と地位を保つために自発的に戦争協力の道を歩み、大陸に出向いて軍隊慰問に励んだ。

解放後は親日派として糾弾されるが、共産主義者の夫安漠《アンマク》について北朝鮮に渡った。そこでも金日成《キムイルソン》に厚遇され、夫ともどもに栄華を極めるが、一九五八年安漠が粛清されたと同時に表舞台から姿を消し、一九六七年頃粛清された。すでに植民地期より培われていた世界的舞踊家としての傲慢さが禍していた〔金賛汀二〇〇二〕。崔承喜の運命は上層文化人の民族的葛藤とその保身の論理を表象してあまりあるが、彼女が近代朝鮮舞踊の輝ける星であり、現在に至るも大きな影響力を持っていることもまた事実である。

統制が始まると、映画業界は会社だけでなく制作者や監督・俳優に至るまで、映画統制を積極的に支持し、米国映画の放映規制と「大東亜共栄圏」への市場進出に期待をかけていった［李俊植二〇〇四］。また舞踊界では、「半島の舞姫」といわれた崔承喜《チェスンヒ》が慰問公演を行い、戦時下であっても舞踊活動をし続けた。

ところが、新聞だけは戦争協力の手段として使われることはなかった。日中戦争期すでに新聞も論調の転換を余儀なくされており、民族主義左派の新聞とされる『朝鮮日報』も、「戦争がなくては平和がないのが真理である。支那事変も東亜における永遠の平和を確立するための戦争である」（一九三九年四月一七日付社説「戦争と平和」）として戦争賛成の態度を表明するに至っていた。これは明確な転向宣言と受け取れるものであったが、しかし総督府は朝鮮語新聞の存続を危ぶみ、一九四〇年八月『東亜日報』とともに『朝鮮日報』も強制廃刊とした。

Ⅱ　民族と親日の間

1　「内鮮一体論」と二者択一の強要

以上のように、朝鮮社会の指導的階層である各界は、親日の方向に大きく舵を取っていった。では、親日の論理である「内鮮一体」とは、朝鮮知識人の間でどのようなものとして理解されたのであろうか。端的にいって、当時その理解の仕方には二通りあった。第一は、身も心も血も日本人とならなければならないという「徹底一体論」であり、玄永燮が代表的人士であり、李光洙もそうした立場であった。もう一つは、「皇道」を生活原理としつつも、異体同心によって団結すればよいという立場に立つ「協和的内鮮一体論」であり、朝鮮知識人の大部分がこの立場に立っていた。

前者は、単なる皇民化に止まるものではなく、急進的な内容を持っていた。朝鮮人は朝鮮語を忘却して日本語だけを話し、文化的にも日本文化を完全受容し、そのためには混血によって朝鮮人は日本人と血統を同じくしなければならないというものであった。これは恐るべき朝鮮民族抹殺論であるということができる。

それに対して後者は、皇民化には賛成だが、それは朝鮮民族の文化を尊重するような多文化主義を前提としなければならないというものであった。朝鮮語は当然に廃止されてはならないし、それは帝国日本がとるべき当然の方策であると考えられた。そして、そうした主張は東亜協同体の建設とも関連してなされている。今後東亜の盟主である日本は、朝鮮民族だけでなく他の民族の頂点に立つことになるが、それは諸民族の文化の破壊の上に打ち立てられるものではないという認識である。キリスト教者の尹致昊の場合は、朝鮮をアイルランドではなく、スコットランドにしなければならないと考えていた。それは朝鮮的文脈から見た場合、朝貢体制論的認識であり、かつて中国に見出していた中華が日本に振り替わったような錯覚を起こさせる議論であった。

また、社会主義者から転向した印貞植や金明植《キムミョンシク》なども、同じく朝貢体制論的枠組において皇民思想の拡大と内面化の推進を主張した上で、日本帝国内における諸民族の共存共栄と多文化主義を主張した。そして、「大陸兵站基地化」を歓迎した上で朝鮮の産業化を推進しようとした。彼らは、志願兵制や徴兵制などにも積極的に賛意を示しており、それと引き換えに義務教育制や府県制、憲法政治の完全施行などを主張した［趙景達二〇〇八ａ］。

転向者の中には、石原完爾の東亜連盟論に傾倒する者も現れた。朴熙道が主催する東洋之光社は、転向社会主義者らを実務人とした皇民化推進のための雑誌社であったが、実は朴熙道以下多くが東亜連盟論支持者であった。東亜連盟運動は朝鮮では認められず非合法であったが、彼らは非公式に朝鮮東亜連盟本部を結成している。ただし、活動らしき活動はしておらず、やがて解放の日を迎えた［松田利彦一九九七］。

以上のような「協和的内鮮一体論」に基づく議論のうちに、民族保持の論理を見出し、それを抵抗とか脱植民地化の実践などと評価する見解が、近年盛んに行われている。しかしそれは、過大な評価というものである。彼らの議論は、どこまでも「総督府的公共＝言説空間」のうちに収まっていた。南次郎は朝鮮語廃止を主張したことは一度もなく、むしろ「朝鮮人の特徴だけはどこまでも尊重する」として、玄永燮のような朝鮮語抹殺論をしりぞけている。「国語」普及運動や創氏改名を推進しはしたが、総督府内部で朝鮮語抹殺論が大勢を占めていたなどとは決していえない［趙景達二〇〇八ａ］。

武断政治期は、服従か監獄かを選択させるような厳烈な二元論理が支配する時代であった。それに対して文化政治期は、「総督府的公共＝言説空間」の場を設けて民意を尊重しようとする姿勢を虚偽的に見せた時代である。当該期には、支配と抵抗が交差するグレーゾーンとしての「植民地公共性」が成立し、それは植民地における近代性の表れだとする議論がある［尹海東二〇〇二］。しかし、それは幻想に過ぎない。本来公共性とは、自立した個人を前提にして下から自律的に形成されるものであるが、総督府権力は自らの支配から逸脱していないと考える範囲内において、上から一方的にそうした言説空間を与えただけで、真の公共性を許容しようとはしなかった。植民地支配の本質とは近代性にあるのではない。それはあくまでも、宗主国総体から近代性をめぐって多様になされる収奪・差別・抑圧と、それを担保する暴力の体系性にこそある。従って「植民地公共性」は「総督府的公共＝言説空間」といい替えられるべきであり、しかもそれは圧倒的多数が構成する民衆的世界を排除することによって成り立っていた。

もっとも、幻想的ではあれ、総督府が設定した公共＝言説の許容領域は決して狭くはなかった。総督府支配を否定しない限りにおいて、その空間は維持された。ところが、総力戦体制期は、戦争協力か拒否かという方式で二元論理を再び鋭く問う時代となった。ただ違うのは、民族系新聞を廃刊したとはいえ、その他のマスメディアを総動員して

「総督府的公共＝言説空間」があたかもなお健全であるかのように装い、「自発性」を演出して皇民化を強要したことである。実業界も宗教界も文化界も、二元論理を受け入れるしかなかった。マスメディアで発言すること自体が戦争協力となり、そこに抵抗や脱植民地化の実践を織り込もうとすることなどできようはずがなかった。発言することはすなわち、亜帝国意識を鼓吹することにしかならなかった。知識人における親日戦争協力の仕方と論理は一様ではない。いくつかの類型が想定されるが、大きく次のような六つの類型が想定できよう。

2　親日協力の六類型

①確信犯的親日協力

職業的親日家の場合である。「皇国臣民の誓詞」制作に金大羽とともに関わったといわれる李覚鍾《イガツチョン》、かつて社会主義や無政府主義に関心を示していた玄永燮、さらにはかつて天道教傘下の朝鮮農民社の責任者として民衆指導者という顔を持っていた李晟煥《イソンファン》などがあげられる。彼らは民族・民衆に対する蔑視観が際立っており、まさに職業として親日戦争協力に邁進していた。李覚鍾は「有名な政治ブローカー」であり、解放後、反民族行為特別調査委員会に逮捕されるが、発狂（あるいは偽装発狂）して釈放された。尋常でない熱心さで朝鮮語の抹殺を主張した玄永燮は、西洋好きを公言し、民族と民衆を侮蔑することにおいて人後に落ちない。解放後身の危険を感じて密かに日本に逃亡し、在日米軍に勤務したのち、さいたま市で英語塾を開いてひっそりと暮らしたといわれる。また李晟煥は、親日協力「首級功労者」の第一指に数えられるとまでいわれた人物である。彼らは、明確に自らが行ったことの意味を認識していたが、確信犯であるがゆえに自責感はなかった。

②打算的親日協力

露骨な資本の論理や経済的利益のために親日協力した者たちである。金性洙・季洙兄弟はもとより、朴興植などが典型である。朴興植は公判で、かつて南次郎を「慈父」といったのは崇拝していたからではないといい、また「(日本を)利用しようとして利用されました」と述べた。ここには、商人的な打算がうかがわれるばかりである(高元燮編「反民者罪状記」一九四九年、キム・ハンミン他編『親日派罪状記』学民社、ソウル、一九九三年、所収)。彼らは利益を追求するのは資本家として当然だと考えており、民族より利益を優先したことへの罪責感が希薄である。

③欺瞞的親日協力

日本の東亜新秩序構想に便乗して朝鮮を第二線の地位に置き、朝鮮の亜帝国化を夢想した者たちである。尹致昊・李光洙・印貞植などが典型である。彼らはいずれも本来筋金入りの民族主義者・社会主義者であったが、朝鮮を亜帝国化することによって民族の解放を図ろうとした。しかし、「他民族を抑圧する者は自由たり得ない」(エンゲルス)という言葉の通り、それは自らの手足を縛ることになっていく。彼らは朝鮮の亜帝国化に投企することによって、日本帝国の他民族侵略と総督府権力の民族・民衆収奪に積極的に荷担した。それは明確な転向であった。民族のために行ったという大義を持とうとしたがゆえに、彼らには罪責感は薄いが、実は保身の論理も働いていたし、保身こそが第一義的であった可能性さえある。しかし、彼らは保身であることを隠蔽するかのように先覚者意識を持った。李光洙などは解放後その弁明の書「私の告白」において、日本が強制する戦争協力に自発的に協力すれば差別が解消されると考え、民族保存のためにそのような行動をとったと自己正当化の論理を展開した。

④自責的親日協力

③と同じく亜帝国意識を持ちはするが、一方で保身であることを自己認識し、罪責感を持つ者たちである。天道教総帥の崔麟や、三・一運動の独立宣言書を書いた崔南善、社会主義者の金明植などがあげられる。解放後、反民族行

為特別調査委員会に逮捕された崔麟《チェリン》は、何ら弁明することなく、涙ながらに「罪を犯した私のような奴は今死んでも恨みはありません」と懺悔した（金永鎮編『反民者大公判記』一九四九年、前掲『親日派罪状記』所収）。また中枢院参議や満洲国建国大学教授などを歴任した崔南善《チェナムソン》も、「俸禄とそれによって得る学究上の便宜を必要としたという以外のことを言いたくない」として、素直に自らの罪を認めた（同上）。金明植についてはよく分からない点があるが、文筆活動によって生計を立てていながら、突如断筆をした。彼は印貞植などとは違って民衆への思いを強く持ち、断筆という行為には自責の念にかられたという面があったのではないかと推測される。

⑤偽装的親日協力

親日協力を偽装だと自らに言い聞かせながらも、親日協力をやめようとしなかったばかりか、最後まで忠実に親日協力した者たちである。東洋之光社の人々が典型である。彼らが東亜連盟論に期待をかけていたことは事実であるにせよ、彼らの表の顔があまりに時局迎合的であったため、総督府の片棒を担いでいるとして石原莞爾からも疎まれるほどの存在であった。彼らがどれほど「民族独立の方策を胸の内に持っていたのだとしても、それは本人だけに通じる免罪符でしかなかった」といえる［松田利彦一九九七］。

⑥捏造的親日協力

何ら親日協力する気持を持たないにもかかわらず、著名人士であるがゆえに当局によって親日協力者として仕立てあげられ、それに対して正式な抗議を行わなかった人々である。呂運亨《ヨウニヨン》や安在鴻《アンジエホン》が典型である。いわゆる朝鮮人学徒出陣が行われた際に、両人は『京城日報』に学徒出陣勧奨の文を載せた。しかしこれは、強制というより捏造であった。当時『京城日報』記者であった作家の金達寿《キムダルス》は、志願したという学生に取材すると、みな異口同音に怨念を吐き、また各界名士の談話も捏造されたものがほとんどであったと証言している（『わがアリランの歌』中央公論新社、一九九九年）。安在鴻と呂運亨は解放後、『京城日報』の談話記事について捏造であることを認められはしたが、その訂正を要求しなかったとして、厳しくも被動的な親日行為であると論難された。しかし総論的には、「多くの誘惑と威脅を巧妙に謀避」した人物として賞賛されている（民族政経文化研究所編「親日派群像」一九四九年、前掲『親日派罪状記』所収）。

⑥を除くと、親日協力者に共通するのは、日本帝国の強大性に恐れおののくがゆえに抱く朝鮮独立への諦念があったということである。また、民族主義者・社会主義者でありながら、いや逆にそうであったればこそ、容易に近代化し得ない民族・民衆への侮蔑観があった。朝鮮民族の改造を唱えた李光洙や、朝鮮人を怠惰・無能・狡猾であり、派閥癖があると見た尹致昊などはその典型である（史料2）。彼らは民族・民衆のためだと言いつつ、民族・民衆からは隔絶したところで実業・言論・学究活動を行った。ただ、④のグループの人々に良心の呵責があるのを見ることができるばかりである。

しかしいずれにせよ、彼らは自身の行動とその意味を明確に認識しており、弁明しようがしまいが、罪責感を持とうが持つまいが、自らの責任において行っている。比較の対象がやや適切でないかもしれないが、日本の戦争犯罪人とは相当に違う。周知のように、丸山真男は日本の超国家主義者の心理と論理に近代天皇制に淵源する「無責任の体系」を見出したが、朝鮮の親日協力者は自己の責任の所在を認識していた。その点で、彼らは「皇道主義」「日本主義」に追随したにもかかわらず、その実は皮肉にも、天皇制からは自由であり、その中身はまぎれもない朝鮮人であった。

また⑥は、捏造という単語を冠するにせよ、親日協力者というには、あまりに厳しすぎる評価であるといえるかもしれない。確かに当時、捏造された彼らの手記や談話を読んで、やむなく戦地に赴いた若者もいたであろう。解放後彼らが一面告発されたのも理解できなくはない。しかし問題は、沈黙さえも許そうとしない、抵抗か服従かという二者択一を強いた総力戦体制の狂気性と苛酷性である。脱植民地化の実践は、監獄か沈黙か地下活動においてしかなし得ない時代となったのである。しかも沈黙さえ貫くのが難しい状況となり、多くの知識人は苦悶しつつも親日協力の道を歩むしかなかった。⑤の場合は、偽装なども到底成り立たないような事態の深刻性を示している。親日派問題の難しさはここに起因しており、今も韓国社会に亡霊のように生き続けている。

Ⅲ　戦争と民衆

1　統制と民衆

多くの知識人が戦争協力へと転向を余儀なくされていった総力戦体制期にあって、その皺寄せを最も蒙ったのは民衆である。民衆はさまざまな統制や動員に苦しんだ。しかし、民衆は無意識的に統制を乱し、あるいはしたたかな抵抗の姿も見せている。

戦時動員政策を遂行するためには、民意の合意を調達する必要がある。そこで日中戦争が開始されるや、総督府はすぐに時局認識を徹底させるために時局座談会なるものを各地で開催することにしたが、これは実質的に失敗している。動員された民衆の関心は農事や食糧、物価などの生活に関するものばかりで、時局への関心はほとんど示されなかった［松田利彦二〇〇〇］。

規律統制＝皇民化の大前提は、まずもって「日本精神」体得の要諦たるべき「国語」＝日本語の使用徹底であるが、一九四三年末段階で、「稍々解しうる者」と「普通会話に差支なき者」を併せた朝鮮人人口は全体の二二・二％にしかならなかった。学校教育でどれほど日本語を使っても家では朝鮮語を話すという二重言語が子供たちの世界であり、しかも中等・専門学校と上に進むに従って日本語の使用率は低下する傾向にあった。日本語の使用は学校だけでなく、官公署、各種団体、商店などの職場でも半強制されたが、朝鮮民衆の使い分けを禁止する方途などあろうはずがなかった。当然各方面で「国語」普及運動への反発が生じるに至ったが、一時は日本語に十分習熟している朝鮮人官公吏の中にあってさえ、同僚間であえて朝鮮語を使用する風潮が見られた〔趙景達二〇〇八ａ〕。

神社参拝も「日本精神」体得の要諦のひとつであるが、これも形式的に行われたに過ぎない。神宮大麻は各家庭に配布されていたが、ほとんどの家ではこれを箪笥にしまったり、あるいはただ壁に貼り付けるだけで、「倭奴の神」として他者化していた。神観念の違う朝鮮人に「日本精神」など内面化できるわけがなかった（大蔵省管理局『日本人の海外活動に関する歴史的調査』朝鮮篇第三分冊、一九五〇年）。

このことは当然、同じく内面化を強いられた天皇の存在についてもいえることである。「天皇の存在については、私たち朝鮮人はそんなに偉くは思っていませんでした」（李輔金「わたしはすべてを許す」『百万人の身世打鈴』東方出版、一九九九年）とか、「朝鮮人から見ると、日本人の習慣でいちばんなじめないのは、天皇に対する度の過ぎた礼儀だった」（羅英均『日帝時代、わが家は』小川昌代訳、みすず書房、二〇〇三年）という証言を求めるのは容易い。もっとも、朝鮮語が正課からはずされ、日本語が教授用語となった第三次朝鮮教育令（一九三八年）以降にもっぱら教育を受けた者たちの中には、皇民化を余儀なくされた者も少なくない。しかし、そうした子供たちにも、なぜか日本人生徒との喧嘩で朝鮮人が勝ったという噂を聞くと痛快な気分になったり、あるいは朝鮮人を馬鹿にする日本人教師に敵意を抱いたりするような「幼稚な民族感情」があった（柳宗鎬『僕の解放前後』春風社、二〇〇八年）。

「日本精神」の体得と並んで、家庭の近代化＝「内地化」も、規律統制＝皇民化の重要な柱であった。国民精神総動員運動では、家庭の中心である「主婦」への関心は非常に高かった。しかし朝鮮女性は、学歴ある者であっても国家の非常時を自分の責任と考える者がいないと嘆かれていた。一九四一年に独ソ戦が勃発した際には、日本―欧米の戦争でないにもかかわらず、早くも食料品の買い溜めや貸家蓄牛の放売、預金の払出、地方への移住などの騒ぎが各地に広まった（「第七九回帝国議会説明資料・警務局」）。

愛国班も整然と組織されてはいたが、その活動は不活発であった。班長に対して不信任であったり、班員が班に対して冷淡であったりする不和な愛国班がある一方で、班長は富者や主婦がやるべきものだという観念を抱く者たちが多くいた。一般に班長は歓迎されない存在であり、班長が各戸を訪問するのは、物資の配給券を配布する時だけだという班も珍しくなかった。「皆、班長の役割を嫌っていた」（金昌國『ボクらの京城師範付属第二国民学校』朝日新聞出版、二〇〇八年）。京城では防空演習には男子が積極的に協力せず、中には故意に他に用事を作ったり、映画に行く者もあったが、これは「内地」とは全く違う光景であった。

総督府は実にさまざまな用語や標語を使って皇民化の内面化を強いたが、それらの意味さえ分からない民衆も多くいた。「戦時」「非常時」、果ては「皇国臣民」という語の意味さえ分からない民衆は、珍しいどころか一般的でさえあった［金英喜二〇〇三］。

志願兵も、皇軍兵士などという内面化された精神を持ち合わせていなかった。その多くは小作農出身者であり、生活上のやむを得ないせっぱ詰まった苦渋の選択として、しかも強制的に志願させられたものであった［宮田節子一九八五］。徴兵者の場合は入営即戦死と思い込み、入営を忌避したり、自暴自棄的感情から遊興、懶惰、増長、暴行などをする者が続出し、入営してからも当局がはなはだ「遺憾」と思うほどに脱走者が頻出した（「第八六回帝国議会説明資料・総督府」）。

2 さまざまな抵抗

民衆の抵抗は、まず経済事犯の増大という現象に見て取ることができる。一九四〇年頃から「厳罰主義」がとられ、「内地」では経済事犯者数の伸びはいったん停滞傾向に入るのに対し、朝鮮では検挙人数・起訴人数ともに一貫して増加傾向を示している。違反者の検事局受理人数と対全犯罪者比率は、一九三九年に三〇三一人／二・一％であったものが、一九四三年には三万六五七九人／二五・七％と急増している〔松田利彦二〇〇三〕。「朝鮮人は、戦争は日本人がしていることだから、自分たちは闇で買ってでも腹いっぱいに食べなくてはと考えていたが、日本人は政府の指示を忠実によく守っていた」（前掲『日帝時代、わが家は』）という回想があるが、日本民衆とは違って、生活者の立場から戦争に対して傍観者的な態度をとった朝鮮民衆の姿を読み取ることは難しくない。

こうした民衆の傍観者的態度は、やがて露骨な反抗の姿勢へと変わっていく。その契機をなしたのは、日本への食糧供出である。それは一九三九年の生産分から部分的に行われ、一九四三年以降総督府による一元的統制体制が築かれた。この事態に対して民衆は、厭農・怠業・離農などの消極的な抵抗はもとより、時に拷問をもともなう懲罰を覚悟の上で、生存権をかけて「反時局的言動」や「業務執行妨害」などのさまざま抵抗を試みた〔金英喜二〇〇三〕。そしてやがて、農民の不平不満は「不穏化」の様相を見せるようになり、暴力沙汰や供出拒否が多発し、反官思想が醸成された。農民の不満は労務送出に対しても深刻なものがあり、集団拒否や逃亡、暴力的抵抗がやはり多発し、治安問題にまで発展している。こうした事態に直面した総督府は、本土決戦を控えて朝鮮人が連合国側に与して自らに牙を剥きかねなくなることを恐れた（史料3）。

朝鮮民衆の協力忌避は勤労動員学徒にも及んでいた。初等学校生徒にあってすでに勤労動員を忌避したり、同盟休校をする者が現れている。中等学校にあっては、上級生以上の日本人学徒は時局が緊迫するにつれて「国民的熱情」

をもって勤労に従事する傾向があるのに対し、朝鮮人学徒は勤労の苦痛を訴えるばかりか、学科時間の短縮に不満を漏らして学業を放棄し、禁止されている朝鮮語を使用したりした（「第八四回帝国議会説明資料・総督府」、「第八六回帝国議会説明資料・司計課」）。

日中戦争以降、戦況が深刻になっていくほどに朝鮮民衆の抵抗意識は強まっていったことは間違いない。しかし、組織化された、公然とした暴力的抵抗をなすことも難しい状況であった。こうした中で民衆世界を席巻したのが、流言や救世主願望、終末思想などである。日中戦争以降流言は増え続け、アジア・太平洋戦争期に入ると日本の敗戦と朝鮮の独立を予想する流言が広く散布され、由々しき事態にまで立ち至っていく。そして戦争末期になると、動員体制の末端を担う面事務所書記や愛国班長などが「不穏言論」をなす主体にまでなっていく始末となった［水野直樹二〇〇六］。

【コラム❷】朝鮮燈台社

注目すべき終末運動のひとつに、キリスト教系教団である燈台社が行った千年王国運動がある。朝鮮の燈台社は明石順三率いる日本燈台社の指導を受けており、日本燈台社の一斉検挙に連動して一九三九年六月に摘発された。しかし、朝鮮の燈台社の活動は日本よりも執拗であり、一九四一年七月までに五次にわたって摘発されたにもかかわらず、四一年一一月には後継燈台社事件が起きている。一一月六日午後二時をもってハルマゲドンが開始されるという運動を起こしたのである。朝鮮燈台社の人々は、日本国民であることを拒否して「神国の民」であるという意識を持ち、天皇制と日中戦争を鋭く批判した。その参加者の特徴としては、他の終末教団と違って、教育ある者や非農業者、そして比較的に富裕な者などが多かったことが挙げられる。明石は燈台社の結社性を否定していたが、朝鮮人信徒は革命のための政治結社であることを自任しつつ運動を展開し、ハルマゲドンと千年王国の到来を固く信じた［趙景達二〇〇八b］。

救世主願望としては、金日成に対する流言が際立っている。金日成部隊はわずかな人数でしかなく、しかも一九四〇年八〜一〇月頃はソ連領に逃げ込んでいた。しかしアジア・太平洋戦争当時、金日成の名は伝説化していた。四三年頃朝鮮南部のある学校で、小学六年生と中学二年生の前で講演したある日本人は、現在誰が一番偉いと思っているかと質問して無記名で投票させたところ、実に六七％が「金日成」と書いたという（鎌田澤一郎『朝鮮新話』創元社、一九五〇年）。当時金日成がいかに神格化されていたかは、在日朝鮮人一世の証言からも容易く得ることができる。実像とかけ離れたその英雄譚は、当時朝鮮民衆がどれほど救世主を待望していたかを物語っている。

救世主願望は終末思想としても流布された。普天教を解散させて以来、多くの新興宗教が弾圧解散させられたが、弱小新興宗教教団は、摘発されても摘発されても雨後の竹の子のように執拗に復活し、解放の瞬間まで日本への呪詛と終末の到来を祈願していく［趙景達二〇〇二a］。

Ⅳ　独立運動とその論理

1　国外独立運動の展開

中国東北地方では、コミンテルンの一国一共産党の原則によって朝鮮人共産主義者が中国共産党に入党し、ともに活動していた。一九三〇年の間島五・三〇蜂起で多大な犠牲者を出したが、満洲国建国後も中国人の抗日運動と歩を合わせてゲリラ活動に従事した。三三年には中国共産党満洲省委員会が東北人民革命軍を組織すると、その第一軍と第二軍に朝鮮人共産主義者が多く加わった。東満の日本領事館はこうした動きに対して謀略を仕掛け、三二年二月スパイ組織民生団を創立し、在満朝鮮人の攪乱を図った。民生団自体は内部抗争により半年ほどで解散したが、しかし朝鮮人共産主義者はその亡霊に悩まされた。すなわち、満洲省委は反民生団闘争を展開し、その結果多くの朝鮮人共産主義者が民生団の嫌疑をかけられて処刑された。そこには中国人共産主義者の朝鮮人共産主義者に対する差別意識や偏見があった。

しかし、コミンテルンは三五年より反帝反ファッショ人民戦線路線に転じており、民生団問題も解消された。東北人民革命軍は東北抗日連軍に改編され、その下で朝鮮人の抗日統一戦線である在満韓人祖国光復会が三六年六月に結成された。祖国光復会は朝鮮北部の天道教勢力や満洲地域における唯一の民族主義系武装組織である朝鮮革命軍とも連携した。そして、祖国光復会の一翼を担っていた金日成部隊は、三七年六月四日夜満洲国境の町普天堡を急襲し、面事務所や駐在所、小学校、郵便局などを焼き払った。金日成部隊は翌朝には満洲に立ち去ったが、これは関東軍と、万全の体制を誇っていた総督府にとっては一大汚点と認識され、金日成の名前は新聞にも大きく報道され、一躍民族の英雄となった［和田春樹一九九二］。

しかしこれ以降、関東軍や満洲国軍の抗日連軍への攻撃は本格的となっていく。抗日連軍は徐々に守勢に立たされ、四〇年末までにはほとんどがソ連領内に移動し、満洲では小部隊活動を行うばかりとなった。先に述べたように、金日成もこの頃に逃れている。抗日連軍はそこでソ連極東方面軍歩兵第八八特別狙撃旅団に改編されたが、朝鮮人は全隊員約一五〇〇名のうち約二九〇名を占めた。金日成はそこで大尉に任命され、やがて解放の日を迎える［徐大粛一九九二］。

一方、中国関内では、三五年民族統一戦線政党である朝鮮民族革命党が成立した。しかし、中核が社会主義勢力の朝鮮義烈団であったため、すぐに右派勢力が離脱し、彼らは日中戦争後、韓国光復運動団体連合会を結成した。これは四〇年五月には韓国独立党となった。それに対して左派陣営は、義烈団中心の民族革命党が同じく左派の朝鮮青年前衛同盟や朝鮮革命者連盟と合同し、三七年一二月に朝鮮民族戦線連盟を結成し、三八年一〇月には朝鮮義勇隊も組織した。左右両陣営の領袖は、それぞれ金元鳳《キムウォンボン》と大韓民国臨時政府を率いる金九《キムグ》であったが、両者は統一戦線を模索し、三九年五月全国連合陣線協会を発足させた。これも足並みをそろえることができずやがて分裂したが、しかし統一戦線の努力は続けられ、四四年四月ついに民族戦線連盟の幹部らが臨時政府の国務委員となることによって正式に統一戦線政府が成立した。その軍事力は四〇年九月に結成された韓国光復軍であり、朝鮮義勇隊もこれに合流した。

ところが、中国関内には中国共産党の影響下にある共産主義グループが存在しており、彼らは四一年一月華北朝鮮青年連合会を組織した。これは、中国国民党占領地域から一部移動してきた朝鮮義勇軍を吸収し、四二年には華北朝鮮独立同盟に発展的に解消された。朝鮮独立同盟では統一戦線を拒んだわけではなく、臨時政府の権威を認めており、金九を孫文や毛沢東と並ぶ存在として認定していた。しかし、臨時政府との正式な統一戦線がなされる前に解放がもたらされた［姜萬吉二〇〇五］。

このことは、解放後の政局に少なからぬ影響を及ぼすことになる。また、祖国進攻を直前に控えていた韓国光復軍が、結局は祖国解放に何らの寄与もできなかったことも大きな禍根を残すことになった。

2　国内独立運動の展開

国内における民族運動は三二年五月に新幹会が解消されて以降も、共産主義者によって果敢に進められた。二八年に壊滅した朝鮮共産党の再建運動が、李載裕《イジェユ》グループによって京城帝国大学助教授三宅鹿之助などの協力も得て三三〜三六年に行われた。三〇年代には赤色労働組合や赤色農民組合、学生を中心とする反帝同盟も各々活発に展開されている。これらの運動は、民族主義系列による改良主義的なブ・ナロード運動などとは違って急進的に展開されたが、総力戦体制へ移行する中で根こそぎにされていった。

日中戦争期には転向現象が起きるのは事実だが、それでもコミンテルンの反帝反ファシズム人民戦線路線に応えるべく、なお共産主義運動は引き続いた。その中でも、朴憲永《パクホニヨン》を中心として四〇～四一年に共産党再建を目指した京城コムグループの活動は有名である。彼らは武装独立さえも計画していた。アジア・太平洋戦争期にはもはや大規模な運動体は影をひそめるが、しかし日本の敗勢が明確になっていくにつれ、共産主義者協議会をはじめとする小規模な共産主義グループが各地に結成され、解放後の人民委員会結成の原動力となった。

改良主義的な民族主義系列の運動は、日中戦争期には完封されてしまった。修養同友会事件と興業倶楽部事件がその契機となったことはすでに述べた通りである。総督府は、四二年一〇月には朝鮮語学会事件を捏造して学会を解散し、民族文化的運動も許容しないファシズム体制を敷いた。しかし、解放が近づけば近づくほどに、民衆的な流言とも相まって反戦反日の落書きやビラ散布などが行われ、やはり小規模な秘密結社が各地に結成された。また、学徒兵たちの中には、軍隊を脱出して韓国光復軍や朝鮮義勇軍、連合国軍などに参陣する者も現れた。

総力戦体制期、朝鮮内と日本にはおよそ二〇〇の小規模な秘密結社が存在していた。そうした中のひとつである大韓愛国青年党が、四五年七月に行った府民館襲撃事件は有名である。このような秘密結社の中で最も重要なのが、呂運亨が四四年八月に組織した朝鮮建国同盟である。建国同盟は統一戦線組織であり、中央組織と地方組織を整然とした形で持ち、武装闘争も視野に収めていた。また、国外の民族独立組織と連絡も取っていた。解放されるや呂運亨は、安在鴻とともに朝鮮建国準備委員会を組織するが、建国同盟はまさにその母体をなすものでもあった［姜萬吉二〇〇五］。

3　理想の独立国家

来るべき解放を前にして、どのような国民国家を作るべきかという議論が左右陣営でなされていった。共産主義陣営は当初は人民共和国を構想したが、統一戦線を志向していく中でブルジョアジーの政権参加を前提に、とりあえずは民主共和国を志向して社会民主主義体制的な方向を目指した。また金九らの民族主義者が主導した統一戦線体の全国連合陣線協会もそうであった。その基礎には、臨時政府と韓国独立党の枢要の地位にいた趙素昂《チョソアン》の三均主義がある。三均主義は、政治・経済・教育の平等を通じて個人間と国家間、民族間の均等化を実現しようとする思想であった。民族統一戦線運動は解放前、社会民主主義的方向に収斂されつつあったということができる［姜萬吉一九八五］。

このような社会民主主義的思想は、朝鮮における儒教的民本主義思想の伝統と関わって形成されたものである。儒教的民本主義にあっては、民は政治の本ではあっても主体では決してあり得ないが、しかしそれは原理的には万人平等を理想としていた。大同主義がそこから発生するゆえんである。三均主義には、孫文の三民主義の影響も認められるが、それは決して他律的に誕生した思想ではない。朝鮮の儒教的民本主義が西欧近代思想と遭遇したときに、それとの葛藤の中から独自に生成されたものである。一九四一年一一月に韓国独立党主導の臨時政府によって公布された「大韓民国建国綱領」では、三均主義がより具体化されて「智力と権力と富力の保持を均等」にすることが目指された。すなわち、土地の全面国有化・平等分配＝土地革命（相続・売買・譲渡の禁止や高利貸業・私人雇用農業などの禁止規定を含む）と大生産機関の国有化が確認されると同時に、普通選挙権、男女の権利平等、高等教育までの免費修学などが宣言された。そして重要なことは、このような平等思想が三民主義はもちろん、ましてや西欧近代思想に範を取って宣言されたものではなおさらないという点である。それらの理念は、「先民の明命」にその淵源が求められ、「聖祖の至公分授の法に遵う」ことによって宣言されている。そこでは儒教的民本主義の継承が強く意識され、それを真に具現しようと思想的葛藤をなした一八世紀以来の実学の伝統が生きている。

植民地期における近代思想の形成は、多分に植民地という苛酷な現実にも規定されている。代表的な人物が安在鴻と金九である。安在鴻は朝鮮学運動の提唱者の一人として、朝鮮後期の学問潮流に民本主義に立脚した実学なるものを見出し、それを前提に朝鮮独自の近代を構想しようとした。彼は、西欧やその亜流としての日本近代に陽画と陰画の両面を認め、帝国主義的現実の矛盾を克服すべく農本主義と大同主義を唱え、小国思想を鼓吹した。それは「開かれたナショナリズム」として評価することができる〔趙景達二〇〇二b〕。そうしたナショナリズムのあり方は、金九の思想にも認められる。もとより臨時政府の理念には、三均主義ばかりではなく、金九が独自の葛藤の末に獲得した思想も反映されている。彼は「愛の文化、平和の文化」を築かなければならないとし、「富強」思想に基づいた生産力至上主義や物質万能主義を批判した。また、最高文化の建設のために「すべての者が聖人であるような状態を作り出さなければならない」と説いた（「私の念願」『白凡逸志』梶村秀樹訳、平凡社、一九七三年）。彼は反共の右翼民族主義者として名高いが、実のところは平等主義と平均主義の主張において共産主義者にも劣らない認識を示していた。

こうした思想は解放後において実を結ぶことはなかったが、本来それこそは植民地朝鮮が苛酷な現実の中から生み出した被抑圧民族の貴重な思想であったということができる。

おわりに

一九四三年一二月一日、米英ソ首脳によってカイロ宣言が発せられ、日本の無条件降伏と満洲・台湾の中国への返還と合わせて、朝鮮独立の方針が確認された。日本の敗勢が濃厚となり、カイロ宣言への対抗も打ち出さざるを得なくなったことによって、日本は朝鮮人の戦争協力を一層引き出し、朝鮮人を日本帝国の一員にくい止めようとする方策を練っていく。四四年四月に朝鮮総督府情報課が編集した宣伝文書『新しき朝鮮』には、朝鮮人は「すべてを君国に捧げ尽し、戦争を闘ひ抜き、勝利の日を迎えたその時こそ名実共に栄誉ある大東亜の中核的指導者としての地位を与へられるであろう」とあり、その底意が読み取れる。

また、四四年一二月二四日、日本政府は朝鮮人のさらなる戦争協力を引き出すため、すでに閣議決定されていた「朝鮮及台湾同胞ニ対スル処遇改善ニ関スル件」を発表した。貴族院議員と衆議院議員の選出を盛り込んだ政治参与問題について、「有識者層ニ於テハ感激ト期待一入大《ひとしお》」であったのに対し、一般には一部特権階級の政治的野望を満足させるだけだとして反応が冷淡で、「朝鮮大衆ノ窮迫セル実生活ヲ直視シ之ニ即応スル大衆的政策改善ノ具現コソ決戦下最モ喫緊事ナリト誹謗的言動ヲ洩ス向ナシトセサル」(朴慶植編『在日朝鮮人関係資料集成』第五巻、三一書房、一九七六年)状況であったという。ここには戦争協力に対して、上層階層・知識人と民衆とでは、まるで温度差が違っていたことが示されている。民衆は生活主義に徹していたがゆえに、戦争を嫌悪することがはなはだしかったし、解放への期待を膨らませていったことが察せられる。「二等臣民」になることなど、民衆には何ら関心はなかった。解放はそうした民衆によってこそ最も歓呼された。解放後の政局では、知識人がさまざまな局面で指導的役割を果たすが、それはこのような民衆の願望に規定されていたし、親日戦争協力をした者たちは、民衆運動の高揚に怯えつつ、それに対峙していくことになる。

史料

（1）日中戦争期の朝鮮人の経済的成長

一部民族的意識濃厚ナル者ノ間ニハ以心伝心以テ朝鮮人間ノ意識的協力団結ニ依リ、故意ニ内地人ニ対シ経済的圧迫ヲ加ヘテ之ガ締出ヲ策セムトシ、（中略）内地人所有土地家屋等ノ買収ヲ目シテ失地恢復云々ト称シ、（中略）或ハ又経済的実力伸張ニ伴ヒ料理店其他ニ於テ札ビラヲ盾ニ見ルニ耐ヘザル傲慢不遜ノ態度ニ出デ、時ニハ徒ラニ内地人ニ対シ不法ナル威圧暴行ヲ加スルガ如キ事犯漸増スル等増長的傾向頓《とみ》ニ顕著トナリツツアリ」（「第七九回帝国議会説明資料・警務局」〈『朝鮮総督府帝国議会説明資料』第六巻、不二出版、一九九四年〉）

（2）尹致昊の朝鮮民族無能論

従僕は男であれ女であれ、浪費が甚だしく狡猾で、主人に感謝することを知らない。地位が高い被雇用者であればあるほど怠けて無能であり、主人に感謝することを知らない。（中略）朝鮮人が銀行など――漢城銀行と東一銀行で見るように――能力と正直性が絶対的に要求される会社を経営するのに失敗したのは、すなわちこのためである。日本人統治者が行政官署と企業体で朝鮮人を差別待遇するのも、すなわちこのためである。日本人が朝鮮人に、独立国家を運営するようにすべての現代的発展とともに政府を譲り渡してくれようとも、朝鮮人は生きようが死のうが、ひたすらすることは派閥闘争と殺戮だけだろう。長期的な観点から見るとき、朝鮮人はまだ独立する準備を整えることができないでいる（『尹致昊日記』一九四〇年四月二五日）

（3）戦争末期総督府の危機感

万一之ガ措置ヲ誤ランカ不測ノ事態発生ノ危険ナシトセザルノミナラズ、今後敵側ノ我本土ニ対スル本格的空襲其他非常事態ノ勃発ヲ予想スル時、反枢軸側ノ謀略宣伝、主義者等ノ不逞策謀ト相俟チ、治安上須臾《しゅう》モ偸安《とうあん》ヲ許サザルモノアリ」「日ト共ニ深刻化シ、遂ニ大挙増配陳情、嘆願、供出関係職員トノ暴力的摩擦衝突事案、悪質ナル供出忌避事案多発ノ傾向ヲ示シ、延テ厭農、反官思想スラ醸成セラレ」「労務送出ニ対シ忌避的傾向相当濃化ノ傾向アルノミナラズ、之ト関連シテ反官的機運亦増昂ヲ見、労務送出ニ対スル集団忌避、輸送途次ニ於ケル逃亡、労務関係官公吏ニ対スル暴行脅迫事犯、其他各種ノ非協力的乃至《ないし》反官的特殊事案相当多発シツツアリテ、治安上ヨリスルモ厳ニ警戒ヲ要スベキモノアリ（「第八五回帝国議会説明資料・司計課」〈前掲『朝鮮総督府帝国議会説明資料』第九巻〉）。

〈参考文献〉

尹海東《ユンヘドン》「植民地認識の『グレーゾーン』―日帝下の『公共性』と規律権力」（藤井たけし訳、『現代思想』三〇―六、二〇〇二年）
エッカート、カーター・エッカート『日本帝国の申し子』（小谷まさ代訳、草思社、二〇〇四年）
韓国基督教歴史研究所（韓皙曦・蔵田雅彦監訳）『韓国キリスト教の受難と抵抗』（新教出版社、一九九五年）
姜萬吉《カンマンギル》『韓国民族運動史論』（水野直樹訳、御茶の水書房、一九八五年）
姜萬吉編『朝鮮民族解放運動の歴史』（太田修・庵逧由香訳、法政大学出版局、二〇〇五年）
金賛汀《キムチャンジョン》『炎は闇の彼方に―伝説の舞姫・崔承喜』（日本放送出版協会、二〇〇二年）
徐大粛《ソデスク》『金日成』（林茂訳、御茶の水書房、一九九二年）
趙景達《チョキョンダル》『朝鮮民衆運動の展開』（岩波書店、二〇〇二a）
〃「近代朝鮮の小国思想」（菅原憲一・安田浩編『国境を貫く歴史認識』青木書店、二〇〇二b）

〃『植民地期朝鮮の知識人と民衆』（有志舎、二〇〇八a）
〃「植民地朝鮮におけるキリスト教系終末運動の展開と民衆―燈台社事件を中心に」（『メトロポリタン史学』第四号、二〇〇八b）
ピーティー、マーク・ピーティー『植民地―帝国五〇年の興亡』（浅野豊美訳、読売新聞社、一九九六年）
閔庚培《ミンギョンベ》『韓国キリスト教会史』（金忠一訳、新教出版社、一九八一年）
松田利彦「植民地末期朝鮮におけるある転向者の運動―姜永錫と日本国体学・東亜連盟運動」（『人文学報』第七九号、京都大学人文科学研究所、一九九七年）
〃「総力戦期の植民地朝鮮における警察行政―警察官による『時局座談会』を軸に」（『日本史研究』第四五二号、二〇〇〇年）
〃「総力戦期の植民地朝鮮における経済統制法令の整備と経済『犯罪』」（『世界の日本研究 二〇〇二』国際日本文化研究センター、二〇〇三年）
水野直樹「戦時期朝鮮の治安維持体制」（『岩波講座 アジア・太平洋戦争』七、二〇〇六年）
宮田節子『朝鮮民衆と「皇民化」政策』（未来社、一九八五年）
林鍾国《イムジョングク》『親日文学論』（高麗書林、一九七六年）
〃『親日派』（コリア研究所訳、御茶の水書房、一九九二年）
和田春樹『金日成と満州抗日戦争』（平凡社、一九九二年）
＊金英喜《キムヨンヒ》『日帝時代農村統制政策研究』（景仁文化社、二〇〇三年）
＊方基中《パンギジュン》「朝鮮知識人の経済統制論と〝新体制〟認識」（方基中編『日帝下知識人のファシズム体制認識と対応』ヘアン、二〇〇五年）
＊李承烈《イスンヨル》「日帝ファシズム期朝鮮人資本家の現実認識と対応」（同上）
＊李俊植《イジュンシク》「文化宣伝政策と戦争動員イデオロギー―映画統制体制の宣伝映画を中心に」（方基中編『日帝ファシズム支配政策と民衆生活』ヘアン、二〇〇四年）

第九章　朝鮮の「解放」と日本

宮本正明

はじめに

昭和天皇を通じてポツダム宣言の受諾が公表された一九四五年八月一五日、朝鮮においてもこの「玉音放送」は伝わった。八月一五日はあくまでも日本側がポツダム宣言の受諾を主に日本人に向けて告知した日であって、正式な戦闘状態の終結を意味するものではなかった。また、どの時点を戦争あるいは支配・占領の終結として受けとめるのかは、連合国に属した国々のみならず、東アジアの諸国・諸地域によっても異なっている［佐藤卓己・孫安石二〇〇七］。しかし、日本と同様に八月一五日に象徴的な意味合いを持たせているのが南北朝鮮である。南北朝鮮においては、八月一五日を境にそれまでの日本との関係が確実に変容したことを実感していたといえる。

ポツダム宣言は、「朝鮮の人民の奴隷状態に留意し軈《やが》て朝鮮を自由且独立のものたらしむるの決意」を表明したカイロ宣言を承継するものと位置づけられていた。しかし、八月一〇〜一一日にかけての協議にもとづきアメリカ側が北緯三八度線を境界とする米ソの朝鮮分割を提起し、ソビエト連邦（ソ連）側がこれに同意したことによって、南北朝鮮は米ソによる分割統治のもとに置かれた。「統一」された「独立」朝鮮を求める様々な努力にもかかわらず、米ソの対立、国づくりをめぐる朝鮮側の路線対立などもからみあい、一九四八年八月に南部朝鮮で大韓民国、九月に北部朝鮮で朝鮮民主主義人民共和国という分断国家が成立するに至る。日本の敗戦は確かに日本の植民地支配からの「解放」を意味したが、当時の世界情勢は朝鮮に本来の「解放」を許さなかった。

本章では、日本が敗戦を迎えた一九四五年から、南北朝鮮の地に大韓民国・朝鮮民主主義人民共和国が成立する一九四八年までの時期を念頭に、日本の敗戦、朝鮮の南北分断に伴う日朝間の諸問題のうち、朝鮮の植民地状態からの脱却をめぐるいくつかの事項にしぼって概観することとしたい。

Ⅰ　日本の敗戦と朝鮮分割占領

1　米・ソ軍の進攻と日本の降伏

八月一五日のうちに結成された朝鮮建国準備委員会が「朝鮮民族解放」を宣言し、日本人への冷静な対処も含めて政治・経済・社会的混乱の防止を呼びかけるとともに、新たな国づくりに向けた活動が朝鮮人側で始動した。日本の統治権は依然動かないとする朝鮮総督府・朝鮮駐屯日本軍（朝鮮軍）はこうした動きに牽制を加えつつ、南部朝鮮の占領担当となるアメリカ第二四軍との接触を開始した。総督府・朝鮮軍は第二四軍との無線電信を通じて朝鮮における「共産系赤色分子」の脅威増大を伝え、アメリカ軍の早期の来着を求めた［李圭泰一九九七］。第二四軍は九月八日に仁川に上陸、翌九日には朝鮮総督の阿部信行および陸海軍司令官が降伏文書に調印し、アメリカ軍による直接統治（米軍政）の実施が布告される。アメリカ側は当初、暫定措置として総督府機構の利用と日本人官吏の留任方針を打ち出したが、朝鮮人側の反発により撤回を余儀なくされた。建国準備委員会はアメリカ軍の朝鮮到着に先立ち、九月六日に「朝鮮人民共和国」の樹立宣言をおこなったものの、自身以外の政権主体を認めない米軍政庁によって否認されている。

一方、八月八日に日本に宣戦布告したソ連は「満洲」・樺太（サハリン）等への進攻を開始した。北部朝鮮に派兵された第二五軍は雄基・羅津をはじめ占領地を拡大、戦闘は八月一五日以降も続行され、一三日から一六日にわたる市街戦を経て清津が、一七日には羅南が制圧された。停戦命令が出されたのは八月二〇日であり、第二五軍の本隊は八月二五日から平壌に到着、当地にソ連軍司令部が置かれた。ソ連側は占領地域ごとで個別に日本軍の武装解除をおこなう一方、当初は日本側による当面の行政執行を認める姿勢を示していたが、朝鮮人側からの権限移譲の要請の高まりに応じ、社会主義者と民族主義者との合作組織に対する行政権の移譲を進めた。しかし、最終的な決定権はソ連側が掌握した［和田春樹一九八一、森善宣一九九二］。

2　八・一五と朝鮮人

「玉音放送」を受けた八月一五日のソウルは、街の一部で朝鮮人のデモ行進が見られたとする証言（しかたしん「童話作家からみた朝鮮」、［仲村修ほか一九八九］）があるものの、「無気味なほどの静かさ」で「その夜は静かに更けた」（村山知義「八月一五日の記」〈『随筆集・亡き妻に』桜井書店、一九四七年〉）など、静寂のうちに打ち過ぎたとする記録が多い［太田修二〇〇九］。とはいえ、朝鮮の各地では、「玉音放送」直後より、いちはやく「解放」を悟って歓喜につつまれる状況が既に見られはじめていた。平壌の陸軍造兵廠兵器製造所では放送終了後の午後二時に工場の「解散」が宣言されると、朝鮮人作業員のあいだで「ざわめきが起り、だんだん大きくなり終にはなだれの様な勢で彼等を興奮のルツボに投げこ」み、「広い大空に向つて何かわめき散ら」したり「手足をふり乍ら躍る様に」しながら「正門より押合ひ乍ら走り出た」〔加藤聖文二〇〇二。〈史料1〉参照〕という。一五日当日は静寂であったとされるソウルでも、西大門刑務所に収監されていた政治犯の釈放をみた一六日には街中が興奮につつまれた。「ワーッワーッと潮騒を思はせるざわめきが、全城の隅々に湧き上る。それが、やがて万歳々々の聲に形を整へ出すと、人々は争つて街頭へ出た。どの通りからも、弾かれたやうに男も女も飛び出して来る。（中略）それが、忽ちにして人間の大河となり、奔流となつてしまつた。いや、長い間の鬱水が堤を決して激発する大洪水となつたのである。誰も彼もが瞳を光らせ、息せき切つて吼えるやうに『万歳』を怒号してゆく」（中保与作『新朝鮮の政治情勢』協同出版社、一九四六年）。

しかし、その一方で、「藪から棒に蒸し餅を受ける形で解放を迎えた」（朴憲永《パクホニヨン》の言。コ・シムベク「各党各派の人物記」〈『民心』一九四五年一一月〉）形になったことにより、独立運動家や知識人を中心に、将来への不安や懸念も抱かれていた。中国で対日戦の準備を進めていた大韓民国臨時政府主席の金九《キムグ》は、今後の国づくりにあたって朝鮮人側の発言力が弱くなることを懸念した〔金九一九七三〕。平壌にいた呉泳鎮《オヨンジン》はその日の日記に「両手を挙げて朝鮮独立万歳を叫ぶこともでき」ず、人と会うたびに握手はするものの「どういうわけかしっくりこず、大きな穴が開いたように一隅がぽっかりと空っぽだった」と記し、喜びと同時に「見通しの立たない不安」にとらわれていた（呉泳鎮『ソ軍政下の北韓』。〈史料2〉参照）。また、「皇民化」教育が徹底されていた子どもたちはその眼に涙をためながら「日本が負けたつて、本当？うそでせう？日本負けやしないでせう？」と大人に問いかけ、周囲が躍起になって日本の国旗をひきずりおろす様子を「ただ呆気に取られて眺めて」いた（前掲『亡き妻に』）。朝鮮人の間でも、世代・階層・立場の相違によって「八・一五」の受けとめかたは一様ではなかった。

こうした多様な心情を含みつつも日本の敗戦を「解放」ととらえ、「八・一五」を機に激変した朝鮮人の姿について、理解を示すことのできた日本人は極めてまれであった。日本の敗戦前後に「満洲」・朝鮮をめぐった朝日新聞社南京支局員は、敗戦直後のソウル近郊で歓喜にわく朝鮮人集落の様子を見て「独立への不安と日本へ対する真の反省もなくただお祭り騒ぎに酔ひ痴れて笛、太鼓に浮かれてゐる」と感じ、ソウル到着後も「お祭り騒ぎの熱狂から覚め切つたときに始めて日本への感謝が湧き上ることだらう」という感想を吐露している（『朝日新聞』一九四五年九月四日付）。日本の敗戦は、多くの日本人にとって、植民地統治を前提としたそれまでの日朝間の関係性や社会構造の問い直しを促す契機とはならず、従来の支配意識が動揺することはあまり見られなかった。「解放」の時点から、朝鮮人と日本人との認識の間に大きなズレを抱えたまま、「解放」後の日朝関係は出発せざるを得なかった。

Ⅱ　日本の敗戦に伴う人口変動

戦前・戦時期における対外膨張を通じて日本の植民地・勢力圏や占領地には敗戦当時、約七〇〇万名（軍人約三五〇万、一般約三五〇万）の日本人が存在したとされる。一方、朝鮮人側でも、日本の「内地」のみならず、植民地・勢力圏・占領地への移動が見られ、一九四三年段階で約四〇〇万名、総人口の約一一％が朝鮮域外で生活していた［外村大二〇〇四］。第二次世界大戦が日本の敗北で終結を迎えたことにより、アジア・太平洋地域を中心に大規模な人口移動が起こることになる。日本へは三一八万名が、朝鮮へは二三八万名の民間人が数年をかけて移動していく。敗戦段階で、民間人として朝鮮には約七〇万名の日本人が、日本「内地」には約二〇〇万名の朝鮮人が在留していた。日朝間では朝鮮在留日本人・日本在留朝鮮人双方において、本国へと向かう人の流れが戦時末期から見られたが、日本の敗戦はこうした人流をさらに加速させるものとなった。

日本人「引揚者」の総体（三一八万五九八八名）のうち、南部朝鮮からの帰国者は四一万六一〇九名、北部朝鮮からの帰国者は二九万七一九四名とされている〔若槻泰雄一九九五〕。朝鮮からの帰国者約七〇万名は、地域別では中国東北部（「満洲」）からの帰国者約一〇〇万名についで多く、全体の二割を占める。日本人のなかには朝鮮残留が可能と考えていた向きもあったが、米軍政庁は日本人の存在が朝鮮人に与える影響を考慮して、一九四六年一月に「総引揚」の方針が確定され、翌四六年四月までにほぼ引揚が完了した。これに対し、北部朝鮮では、日本軍や総督府・警察関係者を中心にソ連領への抑留の対象となるかたわら、一般の日本人についてもソ連側が一九四六年一一月まで公式的な引揚を認めず、「満洲」からの避難者とともに各地の収容所での生活を余儀なくされた。そのため、四六年二月から一〇月までの間に自力での脱出があいついだが、北部朝鮮において抑留・収容中に、また脱出過程で命を失う人々が約三万五〇〇〇名以上に達したという。ソ連側は一九四八年七月の船便をもって、一部を除き日本人への帰国命令を発した〔森田芳夫一九六四〕。

これに対し朝鮮人は、南部朝鮮の場合、日本からの帰国者が一一〇万名以上で地域別の比率でも約五割にのぼるほか、北部朝鮮・「満洲」地域からの流入者の多さも目立つ（北部朝鮮からの人流は、「満洲」から郷里を目指す移動者も多数含まれると考えられるが、社会主義勢力の主導権掌握や土地改革等の諸政策への反発、社会主義批判に対する抑圧の回避などから、南部朝鮮へ向かった人々も少なくなかった。その数値については約二〇万を

南部朝鮮への朝鮮人帰国者数

「北朝鮮」〔北部朝鮮から南部への移動者〕	85 万 9930 名
中　国	7 万 1611 名
「満洲」	30 万 4391 名
日　本	111 万 0972 名
オーストラリア	3051 名
台　湾	3449 名
ハワイ	2646 名
香　港	302 名
フランス領インドシナ	28 名
フィリピン	1406 名
沖　縄	1755 名
太平洋諸地域	1 万 3986 名
その他	7294 名
計	238 万 0821 名

出典：『朝鮮経済年報 1948 年版』(朝鮮銀行調査部 ,1948 年)

妥当とする指摘がある［金哲一九六五］）。

日本と「満洲」はともに植民地期において一〇〇万人以上の居住者を抱えていた地域であったが、それまでの生活形態や、日本敗戦後における居住先の政治権力側の対応などには相違が見られる。日本在留者の帰国の場合、戦時動員体制のもと鉱山・土木などでの重筋労働が強要された単身者を主体としていたこと、「治安」上の懸念からGHQ／SCAP・日本政府による朝鮮人の「送還」圧力が強かった、などの要素があった。これに対し、「満洲」在住者は、農業従事者が主体であったうえ、国民党政権が当初朝鮮への「送還」を企図したものの、朝鮮人を支持基盤として取り込むために中国共産党が定住策を打ち出したことを受けて在留容認に転換した［田中隆一二〇〇八］こともあり、残留者の割合が相対的に高くなっている。

北部朝鮮からの流入者も含めて短期間の内に二〇〇万以上が朝鮮域外から帰国してきたこと（当時こうした人々は「戦災民（同胞）」「罹災民」と呼ばれていた）は、南部朝鮮に急激な人口膨張をもたらした。都市部では人口滞留が起こり、住居不足をはじめ、様々な問題に帰国者は直面した。生産活動の縮小・停滞や運輸・流通機能の低下により、都市部では物資不足に悩まされていた。インフレーションの抑止という観点から連合国側は、帰国者の携行品を一〇〇〇円以内の現金と手荷物に一律制限した（所持金をめぐっては日本在留者の帰国促進との関係で、日本と南部朝鮮の占領軍当局の間に角逐があった。例えば、一九四六年二月には、米軍政庁側が帰国者の困窮化や軍政への反発増大を避けるために所持金を一万円とすべきとしたのに対し、GHQ側は所持金増額による南部朝鮮の経済混乱や日本からの資産流出を懸念してこれに反対している［金太基一九九七］）が、南部朝鮮で「解放」直後から進行するインフレ（一九四五年八月を基準として南部の物価指数は四六年末で二五倍。ちなみに北部朝鮮では四六年末で一〇倍であった［方善柱一九九二］）のなか、帰国後に窮乏生活へ陥るまで時間はかからなかった。失業も深刻で、朝鮮域外からの帰国者で失業状態にあるのが一九四六年一一月段階で約六四万名（南部朝鮮の失業者全体の約五八％）にのぼった［カミングス一九九一、李淵植一九九三］。地域別の失業者のうち帰国者が占める割合が約七割・九割に達した慶尚南道・済州島は、とりわけ多くの日本渡航者をかつて輩出した地域であった。職業難に苦しむ帰国者に対し、東洋拓殖会社を引き継いで新たに設立された新韓公社では「開墾」用地を提供して農業入植を促す方策なども実施されたが、実質的な効果を挙げるには至らなかった［李淵植一九九三］。

このような状況も一因となり、朝鮮から日本や「満洲」への移動の流れを再び生み出した。特に日朝間においては、植民地期を通じて日本と朝鮮との双方に生活拠点を持ち、ヒト・モノ・カネ・情報が行き交う、「国境をまたぐ生活圏」（梶村秀樹）が形成されていた［外村大二〇〇四］。日本の敗戦後、日朝間の移動が連合国・日本によって〝非合法〟化されたとはいえ、すぐにこの「生活圏」が消え去るわけではない。日本側（警察・海上保安庁）による「密入国者」の検挙数は一九四六年で一万七七三三名、四七年で五四二一名、四八年で七八一三名にのぼる（武野義治「密入国の概況」〈『警察学論集』七―五、一九五四年五月〉）。日本占領軍を構成していたイギリス連邦軍の把握によれば、一九四八年に日本への渡航で検挙された朝鮮人の渡日動機は、日本にいる親戚に会うこと、朝鮮情勢の不安定、職業や教育の機会を求めて、病気治療、済州島の「四・三蜂起」、戦時期の貯蓄債券の償還など、多岐にわたっている［モーリス・スズキ二〇〇五、オーガスティン二〇〇六］。新たな朝鮮情勢のなかで脅かされる生活・生存危機の回避のほかに、日本の敗戦・日朝分離に伴う家族離散や戦時債権の処理など、植民地統治にも関わる要素を含んでいることも見逃せない。

Ⅲ　日朝分離の経済的意味

1　「賠償」「補償」をめぐる日朝での動き

日本政府は敗戦直後より、朝鮮の分離について主に経済的観点から関心を寄せていた。一つは朝鮮を含めた植民地・勢力圏の喪失が今後の日本経済の復興に及ぼす影響であり、一つはかつて植民地・勢力圏で日本の官民が有していた「在外財産」の処置のゆくえである。そしてこれらは、連合国側から敗戦国の日本に要求されることが予想された賠償問題との関連で意識されていた。経済復興への工程表は賠償負担の多寡や植民地等の失陥に左右される面があり、在外財産の没収や植民地等の分離は対日賠償額の〝値引き〟を求める根拠となりうるものであった。

戦前・戦時期の日本は植民地・勢力圏・占領地から農産物や資源を調達したが、米の二割、硫安の約二割、金の約五割が朝鮮での生産・産出分であった（『日本経済と生産の輪郭について』復興建設技術協会、一九四六年）ように、農産物や鉱物の朝鮮への依存が一定程度みられた。経済復興にあたり、朝鮮をはじめとする植民地・勢力圏の喪失が戦後の日本経済にどのように作用するのか。こうした問題意識から、その具体的な計測作業が求められ、敗戦直後の時期から外務省などを中心に調査が進められている。

在外財産については、連合国側は賠償の一環として差し押さえの方針を当初から打ち出していた。南部朝鮮の米軍政庁は、軍政法令第三三号（一九四五年一二月）によって、軍政管轄領域の日本・日本人財産は私有財産を含めて軍政庁に帰属するものとされ（大韓民国成立後の四八年九月、アメリカとの協定により韓国政府に移管）、北部朝鮮でも「北朝鮮臨時人民委員会の産業、交通、運輸、逓信、銀行等の国有化に関する法令」（一九四六年八月）により日本・日本人所有の諸財産の無償没収・国有化が宣言された。

さらに南部朝鮮では、「解放」直後より、日本から帰国した戦時期の軍事・労働動員の当事者や、死亡者・未帰国者の家族による団体から、未払い賃金などの清算や被害補償を求める声があがっている。また、経済再建との関係もあって対日賠償への関心が南部朝鮮の政財界で高かったが、一九四七年に入り、極東委員会が南部朝鮮の賠償取得資格を否認するとともに、アメリカ側の対日賠償方針も緩和の方向に転じた。これに対し、同年二月に軍政下で設置された「南朝鮮過渡政府」は「対日賠償問題」の調査をおこない、懲罰的意味合いを持つ「賠償」ではなく、「被害回復」という「補償」の論理のもと、一九四八年四月に四一〇億九二五〇万七八六八円という要求額を算定している［太田修二〇〇三］。

一方、日本側では、朝鮮に残された日本人の国有・私有財産の算出作業が、朝鮮引揚同胞世話会や海外事業戦後対策中央協議会（植民地・勢力圏に経営基盤を置いていた企業の連携組織）などの引揚者団体や、政府部内に設置された在外財産調査会（一九四六～四九年）によっておこなわれた。一九四八年九月にGHQ民間財産管理局がとりまとめた報告書によれば、朝鮮における政府所有資産は約一〇億ドル（南部朝鮮四五％・北部朝鮮五五％）、民間企業資産は約三五億ドル（南部約三八％・北部約六二％）、このうち主要企業（一五〇〇社）が南部約三五％・北部六五％、小企業（三八〇〇社）が南部八〇％・北部二〇％、個人資産は約七億ドル（南部七〇％・北部三〇％）、総計約五二億ドル（南部約四三％・北部約五七％）であった［韓国学中央研究院二〇〇五］。日本側での在外財産の集計作業にあたっては、企業・引揚者団体が資産の返還もしくはその政府補償を求める前提作業として意識していたのに対し、日本政府では賠償負担軽減の可能性を託した賠償対策の一環として位置づけており、政府補償の要求には応じない姿勢を一貫して崩さなかった。企業側は補償を認めない政府の資金融資措置などを甘受することにより、日本の国内経済への復帰を目指すことになる［宣在源二〇〇二］が、一九五二年のサンフランシスコ条約により在外財産の没収が確定した後も引揚者団体による日本政府への補償運動は継続された（なお、日本政府は日韓交渉の際に米軍政のもとで接収された日本人の私有財産に対する「請求権」を主張する一方、引揚者に対しては一九五七・一九六七年の二度にわたり、一時金の支給を実施している）。

2 朝鮮における経済再建の前提条件

「解放」に伴う南北朝鮮の経済再建はどのような形で出発したのか。この点を考える上では、植民地統治下で構築された経済構造のありかた、戦時期におけるインフラ設備の酷使、朝鮮の南北分断、という前提条件を少なくともふまえる必要がある。

鉄道の問題を一例として挙げる。戦時期には朝鮮の鉄道を通じた物資輸送の重圧が増し、機関車や枕木の損耗が激しくなった。南部朝鮮では一九四六年一月段階で機関車の五〇%が修繕不可能、枕木の半分は交換が必要な状況にあった［林采成二〇〇五］。北部朝鮮でも保有機関車五八〇両のうち稼働可能は九六両であり（「北朝鮮の破壊の程度と経済再建の経過」［木村光彦二〇一一］）、「日帝最後の発悪として無理に使用したために余地なく破壊された線路状態」の復旧が一九四七年度の「人民経済計画」において課題として掲げられている（許南熙「鉄道運輸事業の企画」〈『人民』一九四七年四月〉）。しかし、一九四〇年の段階で機関車や車両・部品の朝鮮全体での自給率は〇%（『朝鮮経済年報一九四八年版』朝鮮銀行調査部、一九四八年）で、これらは従来日本から移入されており、日本の敗戦後は車両の補充や部品の調達が困難となった。また、車両の修繕工場がソウルと釜山に限定され、補修品がソウルの鉄道局を介して必要に応じて各地に送られるシステムであったため、補修面で北部朝鮮は南部以上に困難な状況にあったと見られる（民主主義民族戦線『朝鮮解放年報』一九四六年。［金南植ほか一九八六］）。一方、石炭生産の九割弱は北部朝鮮に集中しており、特に機関車用の有煙炭は南部では自給がほぼ不可能であった（九九％が北部）。とはいえ、北部でも敗戦に伴う日本側の操業停止等により「解放」直後には部分的被害を含め二四二ヵ所の炭鉱・鉱山が浸水・破壊状態にあり（金日成《キムイルソン》「一九四七年度北朝鮮人民経済発展に関する報告」一九四七年二月一九日、『北朝鮮人民経済計画の実態』朝鮮経済研究所、一九四八年）、石炭の確保に苦心する状態がしばらく続いている。

植民地期の朝鮮の経済は日本「内地」と連動関係にあった。主要な機械製品では「内地」からの移入が多いほか、生産工程の一部を朝鮮の工場施設が担う形態をとるなど、工業部門では「内地」への依存度が高かった。また、資源・農産物・工業生産額などの面で南北朝鮮間の偏差が大きかった。鉱物・発電量ともに北部が約七九％・九六％、農産物では米・麦類は南部が約七六％・八八％で粟は北部が約七八％、工業生産は紡織・印刷製本・機械器具などの約七～八割が南部、金属・化学の約八割が北部に集中していた（前掲『朝鮮経済年報』、鈴木武雄『『独立』朝鮮経済の将来』外務省調査局、一九四六年）。さらに、戦時体制下での諸設備の酷使に加え、平時には需要のない軍用品や総督府の援助に依拠した産品は日本の敗戦によって生産継続の意義を失った〔伊地知紀子・村上尚子二〇〇八〕。こうした経済構造が植民地期につくられたため、日本の敗戦と、それに伴う「内地」との連関の途絶、そして米ソによる南北分断は、資源・部品・生活必需品の供給・流通の途絶をもたらし、生産活動や施設運用を停止・萎縮させる大きな要因となった。

一方、人的側面においても、南北朝鮮ともに技術者の絶対的不足を克服する必要があった。旧日本窒素肥料会社の興南工場をはじめ、重化学工業関連の工場が集中する北部朝鮮では、日本軍による破壊やソ連による設備撤去・搬出も見られたものの、工場施設は一定程度温存されたという〔安部桂司・木村光彦二〇〇三〕。しかし、施設再開にあたっては、技術者の不足がネックとなった。北部朝鮮では技術者数の総数が一二七五名、対従業員比率が一・五％という指摘がある（李秉済「産業発展に対する諸課業」〈『人民』一九四七年四月〉）。ソ連側は、言語面などから日本人の技術者をとどめおき（「留用」）、朝鮮人に対する技術指導を進める対策をとった。約九〇〇～四〇〇名の日本人技術者が家族とともに北部朝鮮に留用され、各工場で一九四八年七月まで技術継承にあたった［森田芳夫一九六四］。これは、植民地期に技術・管理職を日本人がほぼ独占して朝鮮人の技術者の養成に消極的であったことの結果であり、日本の敗戦と同時にその管理・運営が朝鮮人へスムーズに移行したわけではなかった。

南北朝鮮の経済再建はこのような状態から出発を余儀なくされた。南北分断は、南部の米・軽工業―北部の肥料・電気・セメント・鉱産物といった諸産業の相互補完すら妨げ、「自立経済」の構築を困難なものとした。各々の不足分はアメリカ・ソ連など外国からの援助によって補わざるをえなかった。鉄道の場合、南部朝鮮では、石炭・車両と部品・枕木・レール・車軸などの移入や技術指導をアメリカが［林采成二〇〇五］、北部朝鮮では、鉄道運営・管理の指導などをソ連が（「朝鮮の独立と民主化のために偉大なソ連軍の朝鮮人民に与えた経済文化上の援助」〈『人民』一九四八年一一月〉）おこなった。米ソ間で南部朝鮮の米と北部朝鮮の石炭の交換が試みられたこともあったが、米軍政の米穀取引自由化措置（一九四五年一〇月）による米不足で実現を見ず［李正熙二〇〇二］、北部朝鮮から南部へ供給されていた電気も、その後の米ソ・南北間の対立進展に伴い一九四八年五月に送電が全面停止されるに至った。このようにして、南北朝鮮は米ソ東西両陣営の経済圏に組み込まれていくことになった。

翻って、朝鮮が日本から分離されたとはいえ、日朝間には、〝正規〟および〝非正規〟ルートでの物流が存在した。南部朝鮮ではアメリカの占領当局を介して鉄道・発電に必要な機関車両・関連部品・石炭を日本から輸入する［林采成二〇〇五・車喆旭一九九八］かたわら、「密貿易」という形による物品のやりとりが見られた。先述のように、日朝間の往来が〝非合法〟化されたなかにあってもヒトの移動が引き続き見られ、それに付随してモノも行き交っていた。一九五〇年のデータではあるが、日本からの「密輸入」品としては、洋紙、鉛筆などの文房具、自動車・自転車の部品、生地、糸・縫糸、洋傘、アルミニウム製品、セルロイド製品、陶器、薬品、染料、化粧品、電球などが挙げられており〈検務局経済第一課「密貿易対策の総合的調査」〈『検察月報』一三、一九五〇年四月〉〉、その多くが日用品である。南部朝鮮では地方の小工業の早期復興を軸に地域単位での経済活動が再開される一方で、都市部の工場での生産活動が不活発であったことから、これらの「密貿易」品が、都市部や島嶼部における生活必需品の不足を補う役割を有していたことがうかがえる［新納豊一九八四］。

Ⅳ　日本の朝鮮統治に関わる対応・認識

1　南北朝鮮における「親日派」問題

日本の統治の崩壊により、南北を問わず朝鮮では政治・社会・文化の諸方面での〝脱日本化〟が自明のものとして意識されていた。しかし、日本統治の影響を断ち切ることは容易ではなかった。植民地期の「国語」であった日本語の問題にしても、日常生活の様々な場面で残存していた。戦時期に強調された「国語常用」のスローガンは、日本語から朝鮮語へとその実質を一八〇度変えながらも、標語自体は維持された。しかし、大韓民国成立以降もなお新聞紙面では、ソウル中央郵便局に掲げられる「ケイジョウポストオフィス」の看板や、「金サン、李サン、カネムラ」といった道端での会話をとりあげて「倭色」の払拭を訴えている〈「〈社説〉倭色を一掃せよ」〈『東亜日報』一九四九年三月一〇日付〉〉。学校で「没自覚」的に日本語で宿題が出されたり、貯金通帳類が「日式名義」のままであったという事例も報道されている〈『朝鮮日報』一九四七年一月一七日付〉。

一方、南北ともに総督府の行政・警察・司法関係の日本人に対する逮捕・収監・裁判が独自におこなわれたケースがあるほか、北部朝鮮ではソ連のもとでシベリアに抑留されたり、朝鮮民主主義人民共和国成立後も引き続き収監される総督府関係者もいた。しかし、日本人以上に反発・怒りが向けられたのは、朝鮮統治に積極的に協力した朝鮮人であった。「親日派」「民族反逆者」の処罰が声高に主張されるのは自然のことであった。

行政機構や警察署への襲撃は「解放」直後から始まった。一九四五年八月一六〜二五日間の朝鮮〈咸鏡南北道を除く〉で日本側が把握する限りで、警察官署への襲撃・占拠などが一四九件、神祠・奉安殿への放火・破壊が一三六件、面などの行政官署への襲撃・破壊などが八六件のほか、朝鮮人警官への暴行などが一一一件〈日本人へのそれは六六件〉、朝鮮人官公吏への暴行などが一〇九件〈日本人へのそれは八〇件〉にのぼる〔森田芳夫・長田かな子一九七九〕。「解放」直後の時期に高城・襄陽で日本人・朝鮮人に対し「民族反逆者」として「人民裁判」をおこなったり、金化では洞民の告発で植民地期の区長が留置されている〈江原道検察所「北朝鮮第二次司法責任者会議江原道事業報告書」一九四六年四月二〇日。〔萩原遼一九九六〕〉。戦時期に日本へ労働動員された朝鮮人が「解放」後、自身を日本へ送り出した面官吏への報復のため面長を襲撃しているケースもある〔平岡敬一九七二〕。

「解放」後に結成があいついだ団体・政党では、ごく一部を除いて「親日派」「民族反逆者」の排除を掲げていた。「過去日本帝国主義のもとで悪虐的行為にふけったが、今日自己の悪行に対し良心の呵責どころか、かえってその悪行を糊塗し朦朧なものとして、愛国者然と表面を取り繕おうとして事態を混乱させる者たち」という指摘〈「〈社説〉親日派と民族叛逆者」〈『朝鮮日報』一九四五年一二月三日付〉〉にあるように、「親日派」の問題は、過去となった植民地期の地位や行為を問うだけではすまされない、まさに現在進行形のものであった。公民権や公的地位から一定範囲の「親日派」を排除する法規制の実施や、「親日派」処断の立法措置の試みも見られた。しかし、朝鮮内外で抗日活動を展開してきた社会主義勢力がソ連のもとで政治的主導権を掌握した北部朝鮮と、アメリカのもとで左右両勢力が対峙した南部朝鮮との間では、その取り組みの様相は異なっていた。

北部朝鮮において「親日派」に対する姿勢は総じて厳格であったが、「解放」直後の段階では行政や共産党組織に植民地期の旧官吏が横すべりするケースも散見された。植民地期の警察署長が郡の共産党委員会秘書を務めていた事例〔金日成「北部朝鮮党工作の錯誤と欠点について」一九四五年一二月一七日、『党の政治路線及党事業総括と決定』正路社出版部、一九四六年〔萩原遼一九九六〕〕や、「粛清」のなかにあって「過去の面、区長であった人物」が依然地方行政に関与していたという平安北道の事例〔「第二回各道保安部長会議会議録」一九四六年七月。〔萩原遼一九九六〕〕が報告されている。しかし、「親日派」に対し、道・市・郡・面・里〔洞〕の各人民委員会の委員選挙における選挙権・被選挙権、司法関係での就労、起業の際の許可などを認めず〔藤井新一九九〇〕、また日本の旧所有地や一定規模以上の土地を没収して農民に配分する土地改革の実施〔一九四六年三月〕にあたっては日本に「積極協力した者」の土地も没収対象とするなど、各方面で「親日派」の排除が制度化された。警察にあたる保安員についても、咸鏡北道で「粛清工作」により労働者・農民が七五%を占めた〔前掲「第二回各道保安部長会議会議録」。〔萩原遼一九九六〕〕ように、貧農・労働者・女性・青年層に新たな担い手を求めたり〔アームストロング二〇〇六〕、「資格審査」の実施や拷問の禁止措置などを通じて、植民地期との連続性を絶つことが目指された。

これに対し南部朝鮮では、諸方面で植民地期との人的連続性が見られた。旧総督府の朝鮮人官僚・警察はアメリカの軍政や、朝鮮外から帰国して国内基盤に乏しかった李承晩《イスンマン》を支える勢力となった。一九四六年段階で軍政庁の警務部内在職者のうち八割が植民地期の警察出身者であった〔カミングス一九八九〕が、社会主義勢力との対抗という立場からすれば、植民地期の警察官吏の継続利用は充分許容される余地があった。末端行政でも、邑長・面長として「所謂日本帝国主義時代に賭博と挟雑にのみ没頭していた者たちが〔中略〕旧態依然の横暴を働いている」という声〔「〔投書〕

邑面長人選は慎重に」〈『朝鮮日報』一九四五年一二月二六日付〉があり、大韓民国成立後も、植民地期に戦争協力を主導した洞会長や「日帝時の人物のまま」の統班長が「最も熱々たる愛国者であるかのごとく」ふるまう姿が見られた〈「（投書）洞会長と統班長」〈『東亜日報』一九四九年四月一四日付〉〉。

とはいえ、こうした人的連続性を、無限定に南部朝鮮の社会が受け入れたわけではない。一九四六年一〇月に大邱で大規模な反軍政闘争である「一〇月人民抗争」が起こるが、闘争に至る様々な要因の一つに、「親日派」が日本に「仕えたのとまったく同様の手際でアメリカ人に近づ」いて引き続き利権の壟断などをおこなったという、「親日派に対する反感」が挙げられている〈「嶺南騒擾現地踏査記」〈『朝鮮日報』一九四六年一一月三日付〉〉。そうしたなか、「親日派」排除の制度化の試みもなされた。米軍政のもとで一九四六年一二月に開設された「南朝鮮過渡立法議院」は軍政庁任命の官吏に対する「資格審査」の権限を持ち、立法議院の議員には総督府官僚の経験者などに対し就任資格を認めなかった。また、立法議院は「親日派」処断のための立法措置を提起し、一九四七年七月に「附日協力者・民族反逆者・奸商輩に対する特別条例」を成立させている〈米軍政庁が認准を拒否したため施行されず〉。

しかし、この間の「親日派」の処遇をめぐる南部朝鮮での議論は混迷を極めた。例えば、旧総督府の官僚については、植民地期に培われた「知識」「能力」「技術」「経験」に対する評価が焦点となった。米軍政庁サイドは、朝鮮人の「日本政治」への参与は「生きるため」の「やむを得」ない選択であり、日本人から学んだ「能率と規律」を現在および将来の発展に結びつけるべきだと訴えた〈「過渡立法議院に対する軍政長官のメッセージ」一九四七年一月九日。『南朝鮮過渡立法議院速記録』一〈驪江出版社、一九八四年〉〉。一方、官公吏の任用について「行政のこの技術性を偏重するあまり経歴・所業での反民族的罪科の有無について果たして厳密な検討と穿鑿があっただろうか」と問い、「学力・能率などの枝葉的な点よりは民族的正義感に立脚」する必要があるとする〈「（社説）官吏資格審査と附日協力者」〈『朝鮮日報』一九四七年一一月二日付〉）など、祖国再建にあたりこうした「技術」は第一に求められるものではないという厳しい批判もあった。しかし、過渡立法議院の議員選挙において被選挙権がないとされた対象からは「技術官」が除外されたほか、大韓民国成立後に制定された「反民族行為処罰法」についても「（植民地期に）高等警察の職にあったものだからと言って全部を一度に免職する」のは、南北対立の激化とそれに伴う「治安」の動揺という状況に際して警察力の弱化を招くため得策ではない、といった主張がなされた（金俊淵《キムジュニョン》「反民法の改正を主唱する」〈『東亜日報』一九四九年二月一五日付〉）。北部朝鮮・社会主義との対決、そして「愛国」の先取り競争のなかで、植民地期の「技術」や「経験」の活用が「親日派」の追及より優先される向きがあった。さらに、南部朝鮮には、北部朝鮮における様々な改革や措置のなかで排除されたり土地・資産を失った人々が流入しており、こうしたなかから〝反共〟勢力の基盤となって南部朝鮮の社会主義者や南北分断に反対する勢力への弾圧の一翼を担う存在もあらわれた。

「親日派」に対する反発とその処罰が「解放」朝鮮の出発にあたり必要不可欠であるという認識が広く共有されていたが、実際の「親日派」処断の徹底いかんに関わらず、「親日派」とは一体誰なのか、誰がどのような基準でもって「親日派」の追及をなしうるのか、という問題は朝鮮人側に残された。南北の政治・社会勢力はそれぞれ「親日派」の定義づけをおこなっているが、その中で最も広い範囲で「親日派」を規定している前出「附日協力者・民族反逆者・奸商輩に対する特別条例」の草案では末端行政の下部に位置する区長・洞長・里長から「日本人と結婚した者」「生活用語を日本化した者」に至るまでを包含している。この「親日派」規定に対しては、日本の「暴虐」のなかで「われわれは自我の能動性を発揮することができただろうか？」（「（社説）附日協力者等処断問題を論ず」〈『東亜日報』一九四七年四月三〇日付〉）として朝鮮人全体を被害者とする見地から、そして「外部から戻ってきた若干」を除いて「朝鮮内で活動していた者はだれもひっかからない者はいない」（金俊淵「附日者等処断法案について立議諸君の猛省を促す」

〈『東亜日報』一九四七年四月二九日付〉という形で朝鮮人全体を日本への協力者とみなす見地から、反駁がなされた。しかし、これらの主張はともに、誰にも責任はない、あるいは誰にも責任があることを示すことで「親日派」の責任追及を無化する方向性を持つことになった。また、「親日派」という言葉は敵対勢力を貶める政治的レッテルとしても応酬されたが、社会主義勢力のなかにも戦時期に「転向」や戦争協力の言論活動をおこなった者が含まれており、「赤い衣をまとった親日派」（「親日派は誰か民族反逆者は誰か」〈『新太平洋』一九四七年八月一六日〉）と指弾される余地があった。こうした状況をもたらしたのは、朝鮮人社会に分断・分裂を持ち込むとともに、支配への屈従のなかで生活・生存を強いた植民地統治であり、「親日派」の存続が可能となる社会構造を維持させた米ソ・南北朝鮮間の対立であった。「それだけ植民地主義が深く入り込んでいた」ことのあらわれでもあり〔板垣竜太二〇〇五〕、「植民地時代であれ軍政時代であれ支配体制の違いにも拘らずその支配を支える不変の社会構造」〔三枝寿勝一九八六〕が問われたということでもあった。

他方、日本の支配・戦争への協力に対する自己批判は皆無ではなかった（「文学者の〈自己批判〉座談会」〈『人民芸術』第二号、一九四六年一〇月〉、蔡萬植《チェマンシク》「民族の罪人」〈布袋敏博ほか訳『太平天下』平凡社、二〇〇九年〉など）が、決して大きな声とはならなかった。しかし、「親日派」をめぐる議論のなかで、あくまでも「客在的条件のみならず、主体的心相が問題とならざるをえない」こと、そして「親日派」を「民族過去史」からの逸脱として否定・捨象すればよいとするのでなく、朝鮮人全体の内在的な問題としてとらえる姿勢もまた存在した（『親日派群像』。〈史料3〉参照）。

2 日本における「歴史認識」の形成

敗戦後、日本において朝鮮統治はどのような形で「歴史化」されていくのか。既述のように、敗戦直後から日本政府や引揚者団体によって在外財産を中心に各種の調査作業が進められているが、これらの作業は在外財産の単純な金額確定のみにとどまらない問題を含みこんでいた。在外財産の調査は、それがどのような経過で築きあげられたのか、ひいては植民地・勢力圏における日本統治の性格をどのように考えるのか、という歴史的評価の問題を必然的に伴うものであった。

政府における動きを見ると、外務省による「海外資産喪失」に関する調査（一九四五年一〇月）では、研究事項の一つとして既に植民地等に対する「我方の寄与の具体的分析」が登場している。また、一九四六年二月に植民地等に関わりを持っていた学識経験者を集めて「外地経済懇談会」が外務省の主催で開催されるが、席上では日本の朝鮮統治のありかたをめぐって「英国ノ印度統治ニ最モ代表的ニ観ラレル如キ植民地統治ノ一般的性格」が認められるとする主張と、朝鮮統治の「特殊的ナ面」も看過できず「過去ニ於ケル日本ノ大陸進出ハ凡テ帝国主義的デアリ搾取デアツタ」とは必ずしも言えないとする主張（外務省調査課「外地経済懇談会議事概要」。〈史料4〉参照）が対峙した〔宮本正明二〇〇六〕。一方、海外事業戦後対策中央協議会では一九四六年四月から「吾国海外事業本来ノ平和的性格並ニ活動状況調査」を開始する。これは、戦前期における植民地・勢力圏での企業活動がそもそも「共存共栄ノ精神」にもとづく「平和的性格」を有するものであったという認識のもと、「多年ニ亘リ相手国並ニ住民ノ経済開発、民生向上ニ貢献セルコト」を傘下の企業の資料から「実証」しようという試みであった。当該調査は「戦争中寄与シタトカ海外ニ於テ搾取ヲシタトカ日本ノ膨脹政策ニ寄与シタト云フ様ナ事ハ出来ル丈避ケ或ハ除クト云フ趣旨」でおこなわれた〔宮本正明二〇〇六〕。

そして、政府部内に設置された「在外財産調査会」では、中央協議会の協力を得ながら在外財産の算定と同時に、在外財産の「歴史的生成過程」に関する記録の作成作業が進められた。これは、「日本及び日本人の在外財産の生成

【コラム❶】「京城府」から「ソウル特別市」へ

「韓国併合」に伴い、大韓帝国における首都の行政区域名である「漢城府」は「京城府」と改称された。現在、韓国の首都として「ソウル特別市」が設置されているが、この名称変更は、公式的には朝鮮「解放」後、米軍政庁のもとで一九四六年八月一五日に発表された「ソウル市憲章」を受けてのものである。ただ、「解放」直後に発刊された書籍の奥付を見ると、「漢城市」「ソウル市」「京城市」などの表現が混在している。当時の新聞記事を通じて、この名称変更に至るまでには曲折があったことがうかがえる。

一九四五年一一月、「京城府」の顧問会議において新しい名称についての議論がおこなわれた結果、「京城府」を「ソウル市」、「京城府尹」を「ソウル市長」と正式に改め、文字として書く場合は「漢城」とすることを可決し、これを米軍政庁に申請するとともに一般にも公表したという。しかし、「漢城」という漢字表記に「ソウル」という読みをあてるやり方には「日本の『ふりがな』式」であるとして反対も多く、朝鮮語学会の李克魯《リグンノ》は漢字全廃の立場から「書くのもソウル、呼ぶのもソウルとすべき」と主張し、作家の林和《リムファ》は「古臭い封建思想・反動思想」として厳しく批判した（『自由新聞』一九四五年一一月一八日付、一九四六年五月二四日付）。

しかし、米軍政庁地方行政処は一九四六年三月、「現下の情勢からみてその時期になく」「管轄する京畿道知事の意見がない」ことからこの申請を却下し、もとの「京城府」とするよう指示を出しており、同年五月、ソウル市長の李範昇《イボムスン》の退任とともに名称が「京城府」に復されたという（『自由新聞』一九四六年五月二四日付、『中央新聞』同年五月三〇日付）。その数ヵ月後、「ソウル市憲章」が発表され、「京城府」を「ソウル市」と改め、特別市として京畿道より分離して道と同等の職能・権限を持つことを表明した。これは翌九月の軍政法令第一〇六号によって法的根拠が与えられた。

首都の名称をめぐって見解の相違や米軍政側の無理解などがあったにせよ、以上の経過から、「京城府」からの脱却は、新たな出発にあたって自明の前提とされていたことが分かる。なお、日本では戦後も「京城」の使用が続いた。一九六五年の日韓基本条約締結後、韓国に設置された日本の大使館の所在地名が「京城」から「ソウル」に変更されるのは、一九六六年四月のことである（「在外公館の名称および位置を定める法律の一部を改正する法律」一九六六年四月二六日公布）。

過程は、言わるるような帝国主義的発展史ではなく、国家或は民族の侵略史でもない」ことを謳った『日本人の海外活動に関する歴史的調査』に結実することになる［井村哲郎一九九七］。『歴史的調査』編纂時に編輯委員が交わした議論からは、日本は対外的に純粋な経済活動を積み重ねてきただけであり侵略的な要素はその本質ではないこと、従って〝自虐〟的な認識を持つ筋合いのものではないこと、「民度の向上」など植民地等に対して様々な「貢献」をしていること、日本とアジアとの経済的な結びつきが宿命的なものであることなどが表明されている［宮本正明二〇〇六］。

こうした発想が（植民地等への「貢献」などは日本敗戦以前から既に見られた主張であるが）在外財産をめぐる賠償・補償への対応や対アジア関係の再構築といった現実的な課題に規定されている面は無視できない。当時の日本政府や引揚者団体においては、賠償負担の軽減、在外財産の没収の阻止、アジア諸地域への経済的進出などを実現するうえで、植民地等での統治や諸活動に対する「侵略」「占領」「搾取」といった評価を抑止・払拭する必要があった。そのためにも日本の統治や諸活動が「平和的」であり、植民地等に裨益するところが大であったということでなくてはならなかった。後の日韓国交正常化交渉でも植民地統治をめぐる両国間の「歴史認識」の齟齬が表面化することになるが、こうした齟齬を生む日本側の認識の輪郭は一九四七年段階で整えられていたのであり［高崎宗司一九九六］、現在もなお再生産される歴史認識を構成する基本的な要素もまた日本の敗戦直後から既に出揃っていたと言うことができる。

おわりに　―サンフランシスコ講和条約と日韓・日朝関係のゆくえ

一九四五年九月の降伏文書への調印、米軍政への権限移譲を終えて実質的な終焉を迎えた朝鮮総督府であったが、形式上はしばらく存在し続けた。一九四六年に入りGHQ／SCAPからの指示により、官制廃止までの「暫定的措置」として「朝鮮総督府」という名称の使用が禁じられ（内務省管理局「『朝鮮総督府』ノ名称使用禁止ニ伴フ善後措置要領（案）」一九四六年一月三〇日）、ついで、一九四八年の「国家行政組織法」の施行に伴い朝鮮総督府という統治機関は存立の法的根拠を失った［春田哲吉一九九九］。

しかし、朝鮮に対する日本の「主権」自体については、ポツダム宣言受諾直後の段階から「朝鮮ニ関スル主権ハ独立問題ヲ規定スル講和条約批准ノ日迄法律上我方ニ存スル」ことを政府部内で確認していた（「終戦処理会議〈戦時中の最高戦争指導会議の廃止をうけて設置〉決定」一九四五年八月二四日）。一九四六年一月にはGHQ／SCAPの指令で朝鮮は日本の政治・行政上の管轄権から分離されたが、日本の外務省は、行政権以外の植民地等に関わる法制度の効力は維持されるという解釈をとった［長澤裕子二〇〇六］。南北朝鮮は米ソの占領下に置かれたため実態面では既に日本の施政権は実効性を失っていたが、日本側はこの状態をあくまでも施政権の「休止」とみなそうとした。日本在留朝鮮人に対する敗戦後の日本政府の認識・姿勢もまた、朝鮮・朝鮮人に対する「主権」意識との関連においてとらえることができる。

対日講和会議には大韓民国・朝鮮民主主義人民共和国ともに参加の意向を表明していた。前者は戦勝国の一員として講和会議に臨むことを望み、当初アメリカも理解を示していたが、イギリスおよび日本が反対し、講和会議の構成メンバーにはなれなかった［金民樹二〇〇二］。後者も、日本の侵略に対する長期間の闘争と犠牲、そして日本による朝鮮再侵略の防止という観点から、講和会議への招聘を希望していた（朴憲永「対日単独講和条約案に対する朝鮮人民の態度」一九五一年六月二三日〈『新時代』一九五一年九月〉）が、招請の対象外とされた。そして、講和会議では、植民地支配そのものを問題とする議論はなされなかった。大韓民国に対しては未清算の債権関係に限定される「請求権」という枠組みでの対日交渉が認められたにすぎなかった。

サンフランシスコ条約によって、日本政府は朝鮮の日本からの分離を正式に認め、在外財産の没収も確定した。しかし、朝鮮の二つの国家、大韓民国・朝鮮民主主義人民共和国との外交関係の樹立、請求権問題、日本在留朝鮮人の

【コラム❷】民衆信仰のゆくえ

ムーダン（巫女）による祭祀や山神信仰・卜術などの民衆信仰は戦時中においてもなお官憲の抑圧・統制を受けつつその命脈を保ち続けていた（『毎日新報』一九四四年一月一〇日付など）。こうした民衆信仰は、朝鮮の「解放」後も引き続き盛行した。『朝鮮日報』一九四七年一〇月二八日付の朴虎林《パクホリム》「解放後の農山漁村」によると、朝鮮の終末思想において象徴的な地である鶏龍山の周辺地域には、四〇～五〇にも及ぶ宗教団体が雲集していた。「無知は愚昧を意味し、愚昧は迷信を崇拝させる」という立場をとる朴記者にとって、朝鮮の「解放」は、日本統治下で抑圧されていた「邪教」の解放でもあった。

大韓民国成立後においても、大通りや公園広場には「卜術家」が軒を連ね、路地にはムーダンやパンス（占い師）を訪ねる人々で賑わうといった光景が見られたという（『朝鮮日報』一九四九年八月二三日付）。前記『朝鮮日報』記事にも指摘があるように、「生活の不安と混乱する政局」が、人々をこうした信仰に引きつける大きな要因となっていた。日本の植民地支配が終焉を迎えてもなお、事態の混迷を深める南部朝鮮において、こうした民衆信仰が絶えることはなかった。

国籍を含めた地位問題などについては、その後の二国間交渉によらなければならなかった。そして、講和条約締結直前の一九五一年に大韓民国との折衝が開始されたように、交渉の相手国は当初より大韓民国に限定され、朝鮮民主主義人民共和国は想定されていなかった。とはいえ、日韓会談は歴史認識や請求権問題などをめぐって数度にわたり決裂・中断を繰り返すなど難航した。朝鮮民主主義人民共和国も日本在留朝鮮人の受入などをめぐり日本側に働きかけをおこなうことで日韓関係を牽制し、日本側もこうした動きを韓国への外交カードとする面もあった。日韓間には一九六五年に日韓基本条約と付属協定が締結されたが、これは植民地支配の歴史と評価を棚上げする形での「国交正常化」であった。請求権問題も実質的に「経済協力」に置き換えられ、サンフランシスコ条約で示された形式、すなわち直接的なカネではなく、「役務（サービス）」と「現物」によるものとされた。朝鮮民主主義人民共和国との間には、一九九一年からようやく交渉がはじまり、数度の中断を経て二〇〇二年の日朝首脳会談で平壌宣言が発表された。ここには植民地統治に対する「反省」と「お詫び」のほか、日韓条約と同様の経済協力方式の踏襲が明記された。しかし、現在に至るまで国交の樹立は果たされていない。

史料

（1）宮田寛（陸軍造兵廠平壌製造所病院内科部長）**「平壌郊外秋乙日本人会報告」**〔加藤聖文二〇〇二〕

正午のラジオは重大放送をつたへるといふ事であつたが、電波は雑音のみなりひびいて玉音は殆んどききとれない位であつた。然し既に日本は無条件降伏したことは疑ひもない事実の様であつた。午後二時平壌製造所では、全員集合の鐘がなりひびいた。所長井上匡大佐は軍人として最後の威厳を示しつつ、五千名の従業員に対して、も早や兵器製造の無用なる事をつげ、解散を宣した。後の方で朝鮮人作業員の間にざわめきが起り、だんだん大きくなり終にはなだれの様な勢で彼等を興奮のルツボに投げこんだ。これこそ新朝鮮の誕生のうぶ声でもあつた。この城壁をはりめぐらした監獄の様な建造物　鉄鎖よりものろはしの階級　奴隷よりも悲惨な劣等感から一刻も早く逃げ出さうと彼等は正門より押合ひ乍ら走り出た。そして広い大空に向つて何かわめき散らすものもゐた。又手足をふり乍ら躍る様に走り去る者もあつた。新しい世界が開かれつつある彼等に祝福をあたへてやるだけの余裕は、日本人の誰もが持合はせなかつた。ただ死の様に静まり返つた所内には悲痛な顔をした唖《ママ》の様な日本人の群が散見され、日の落ちる頃まで誰も立上らうとする者がゐなかつた。

(2) 呉泳鎭（作家）『ソ軍政下の北韓―ひとつの証言』（中央文化社、一九八三年〈原著一九五二年〉）

かくして正午。我々は聞くべきことを聞いた。

その日（八月一五日）の日記。「私は完全に精神分離症にかかったようだ。T君のように両手を挙げて朝鮮独立万歳を叫ぶこともできなかった。書斎から居間へ、居間から書斎へ、意味なく出たり入ったりしながら、ひとり心中でつぶやくのである。喜ばしい日が来たのだ、喜ばしい日が。君も私もすべからく喜ぶべきなのだ。会う人ごとにつかまえて握手をしよう。私はにんまりと笑って、人に会うたびに引っ張って抱きかかえるように握手した。しかし、どういうわけかしっくりこず、大きな穴があいたように一隅がぽっかりと空っぽだった。日本は今や完全に破産だ。それならば、破産したのは日本だけなのか？」

この日記は誤解を受けやすそうである。私も嬉しくない道理がない。しかし、放送を聞き終えた瞬間は、嬉しさよりも不安のほうがさらに大きかった。恐怖のほうが嬉しさにまさっていた。一五日以前に抱いていた、そのような自己保存に対する不安ではなく、もっと大きな圧力ある不安――というよりは漠然とした恐怖にとらわれていたのだ。きわめて大きな歓喜と恐怖が同時にわきあがった時、私は結局、日記に率直に告白したように、無気力な自己分裂に陥るほかなかったのである。

自己分裂をこんなふうにも分析してみる。私自身、日政時代には民族主義者として、自由主義者あるいは社会主義者として自認し、反日帝的な行動と言辞を示すことをインテリゲンチャの矜持と考えていた。しかし、こうした現象は結局、外側にあらわれる表象にすぎず、内部にわけいってみれば、私自身も知らずのうちに日本的な毒素が三〇年の間に既に全身全体を浸蝕していたのではなかったろうか?

(3) 民族政経文化研究所編『親日派群像』(三葉文化社、一九四八年)の「総言」

われら朝鮮民族のなかから少なからぬ数の親日者と戦争協力者――日帝の侵略戦争への積極協力者――が生まれたという事実は、その犯行者各自に対する責を問う前に、我々はまず史的瞬間にいあわせたわれら民族の悲劇を悲しむべきである。したがって我々はこの犯行者個々人の罪を責めるよりも、この犯行者を大量に出すに至ったわが民族の歴史的・社会的諸条件を検診・加療し、もって夢にもこのような病的な部面に侵害されることのまったくない、確固たる民族の新生理体を組織していくのが緊要・正当なことである。しかし、犯罪論における責任の所在は、客在的条件のみならず、主体的心相が問題とならざるを得ないところに、犯行者各自に対する問責の論拠があるのである。ここにおいて、親日者・戦争協力者たちの各自の罪を問う所以があり、また問わねばならないのである。この犯行を問うことなく容恕する権限を持つ者は、個人としてはこの世に一人たりともいない。それは、その被害がある個人のものではなく、朝鮮民族全体のものであり、正義人類全体のものだからである。

ここに、我々は厳正に糾弾すべきである。しかし、糾弾は少しでも感情と稚拙に流れてはならない。どこまでも冷静にして民族愛的・人間愛的、そしてまた事業人間的な寛大さが欠けてはならない。それは、我々のあらゆる民族的犯行を責める第一義が民族過去史の純潔のためではなく、民族の現実とその今後のためだからである。とはいっても、罪状は明白にしなければならない。いや、寛大な処決をおこなうためには、先ず罪状を明らかにしなければならない。すなわち、罪状を明らかにしないでは、正しい寛大な処決ができないからである。

(4) 外地経済懇談会席上における鈴木武雄(元京城帝国大学教授)**の発言**(外務省調査局『外地経済懇談会議事概要』一九四六年二月)

日本の植民地統治特に朝鮮統治が所謂帝国主義的なものであつたことは之を否定し去ることは出来ないとしても日本の統治に観らるる特殊的な面も亦之を看過してはならない、殊に終戦後過去に於ける日本の大陸進出は凡て帝国主義的であり搾取であつた様に国外は勿論国内に於ても言はれてゐるが、必ずしもそうと許《ばか》りは言へないのであつて、之は現在彼の地に残留《ママ》りてゐる人達の為にも又今後どうしても平和的に再び大陸に進出せねばやつて行けぬ日本全体としても実際問題として一考を要する問題である(中略)右の様に単に搾取許りをしたのではないといふだけでなしに、より根本的には大陸進出といふこと自体も我国としては真に止むを得なかつた一面もあるのであつて戦犯容疑者等の個人は姑《しばら》く措き「日本」を弁護する為にどうしても此のことを何等かの形で、はつきりさせる必要があると思ふ、そうでないと今言はれてゐることを黙認したこととなり将来とも日本人は必要以上に肩身の狭い思ひをせねばならないであらう(原文カタカナ)

〈参照文献〈＊は朝鮮語文献〉〉
安部桂司・木村光彦『北朝鮮の軍事工業化』（知泉書館、二〇〇三年）
アームストロング・チャールズ＊『北朝鮮誕生』（金ヨンチョルほか訳、西海文集、二〇〇六年）
李淵植《イヨンシク》＊「解放直後海外同胞の帰還と米軍政の政策」（『典農史論』五、一九九九年）
李圭泰《イギュテ》『米ソの朝鮮占領政策と南北分断体制の形成過程』（信山社、一九九七年）
李正煕《イジョンヒ》「米軍政期における韓日貿易関係の形成およびその性格」（『京都創成大学紀要』二、二〇〇二年）
伊地知紀子・村上尚子「解放直後・済州島の人びとの移動と生活史」（蘭信三編著『日本帝国をめぐる人口移動の国際社会学』不二出版、二〇〇八年）
板垣竜太「植民地支配責任を定立するために」（岩崎稔ほか編著『継続する植民地主義』青弓社、二〇〇五年）
林采成《イムチェソン》『戦時経済と鉄道運営』（東京大学出版会、二〇〇五年）
井村哲郎編『一九四〇年代の東アジア―文献解題』（アジア経済研究所、一九九七年）
太田　修『日韓交渉』（クレイン、二〇〇三年）
〃　『朝鮮近現代史を歩く』（思文閣出版、二〇〇九年）
オーガスティン・マシュー「越境者と占領下日本の境界変貌」（『在日朝鮮人史研究』三六、二〇〇六年）
加藤聖文監修『海外引揚関係史料集成 国外篇』二〇（ゆまに書房、二〇〇二年）
カミングス・ブルース『朝鮮戦争の起源』一・二（鄭敬謨ほか訳、シアレヒム社発行・影書房発売、一九八九・一九九一年）
韓国学中央研究院編『解放直後韓国所在日本人資産関連資料』（先人、二〇〇五年　※英文資料）
木村光彦編訳『旧ソ連の北朝鮮経済資料集』（知泉書館、二〇一一年）
金《キム》九《グ》『白凡逸志―金九自叙伝』（梶村秀樹訳注、平凡社、一九七三年）
金《キム》哲《チョル》『韓国の人口と経済』（岩波書店、一九六五年）
金太基《キムテギ》『戦後日本政治と在日朝鮮人問題』（勁草書房、一九九七年）
金南植《キムナムシク》・李庭植《イジョンシク》・韓洪九《ハンホング》編＊『韓国現代史資料叢書』一二（トルペゲ、一九八六年）
金民樹《キムミンス》「対日講和問題と韓国参加問題」（『国際政治』一三一、二〇〇二年）

三枝寿勝「八・一五以後における親日派問題」(『朝鮮学報』一一八、一九八六年)
佐藤卓己・孫安石編『東アジアの終戦記念日』(ちくま新書、二〇〇七年)
宣在源《ソンジェウォン》「引揚企業団体の活動」(原朗編『復興期の日本経済』東京大学出版会、二〇〇二年)
高崎宗司『検証日韓会談』(岩波新書、一九九六年)
田中隆一「朝鮮人の満洲移住」(蘭、前掲編著書、二〇〇八年)
車喆旭《チャチョルク》*「米軍政期韓日貿易の性格」(『釜大史学』二二、一九九八年)
外村　大『在日朝鮮人社会の歴史学的研究』(緑蔭書房、二〇〇四年)
長澤裕子「『ポツダム宣言』と朝鮮の主権」(『訪韓学術研究者論文集』八、二〇〇六年)
仲村修ほか『児童文学と朝鮮』(神戸学生青年センター出版部、一九八九年)
新納　豊「解放初期南朝鮮における経済循環の胎動」(梶村秀樹ほか『韓国経済試論』白桃書房、一九八四年)
萩原遼編*『北朝鮮の極秘文書』上(夏の書房、一九九六年)
春田哲吉『日本の海外植民地統治の終焉』(原書房、一九九九年)
藤井　新「北朝鮮における法制度及び統治機構の形成」(桜井浩編『解放と革命―朝鮮民主主義人民共和国の成立過程』アジア経済研究所、一九九〇年)
方善柱《パンソンジュ》*「一九四六年北韓経済統計の一研究」(『アジア文化』八、一九九二年)
平岡　敬『偏見と差別』(未来社、一九七二年)
宮本正明「敗戦直後における日本政府・朝鮮関係者の植民地統治認識の形成」(『(世界人権問題研究センター)研究紀要』一一、二〇〇六年)
モーリス・スズキ・テッサ「占領軍への有害な行動」(岩崎ほか、前掲編著書　二〇〇五年)
森　善宣「ソ連軍占領下北朝鮮における『民族解放運動』の一局面」(『国際政治』九九、一九九二年)
森田芳夫『朝鮮終戦の記録』(巌南堂書店、一九六四年)
森田芳夫・長田かな子編『朝鮮終戦の記録・資料篇』一(巌南堂書店、一九七九年)
若槻泰雄『(新版)戦後引揚げの記録』(時事通信社、一九九五年)
和田春樹「ソ連の朝鮮政策―一九四五年八〜一〇月」(『社会科学研究』三三―四、一九八一年)

おわりに

本書は、近代日朝関係史研究会による共同研究の成果である。この研究会は、二年間の共同研究を経て通史的な成果を出すことを目的として、二〇〇七年二月に正式発足した。研究会はほぼ毎月開催され、合宿も二回行った。この研究会は科研費などを取ったものではなく、手弁当によるものであったが、参加者は精力的に研究活動に打ち込み、大いに議論を交わし、刺激を分かち合った。しかし、参加者は各人、他にも仕事を抱えており、脱稿までには時間がかかった。今思えば、懐かしさが込み上げてくる。

本書は共同研究ではあるが、教科書として開発されたという性格も持っている。大学の授業では、適当な教科書がないという思いを常に持っていたが、それならば主体的に開発しようではないかということになったのである。そのため、本書は通史的でなければならなかった。本書は植民地期に限定されているが、『近代日朝関係史―韓国併合への道』（新幹社）は姉妹編であり、それと併読されることによって、開国以前から解放前後までの関係史が通史的に理解できるようになっている。

朝鮮半島が解放されてから六五年が過ぎた。状況は大きく変わったかに見えるが、植民地主義の残滓はいまだに残されたままである。韓国は経済大国化の方向を目指し、もはや植民地支配に置かれていたことなど、経済大国化の道に障害ではないかのように考えている向きもある。しかし、植民地であった傷跡を癒されていない人々はなお多く存在している。また親日派問題は、今も韓国社会にくすぶり続けている。そして、北朝鮮（朝鮮民主主義人民共和国）の場合には、なお植民地問題を深刻に抱え続けている。北の体制を、単に社会主義体制の問題として捉えることはできない。北の体制は、伝統的な一君万民の儒教的支配を継承しつつも、植民地期に行われたさまざまな支配方式を継承しているし、何よりも北朝鮮の主観においては、日本はなおかつてのままである。

要するに、植民地責任は今も問われ続けられなければならない問題である。豊かさは苦しみを忘れさせるが、豊かさに取り残された者は簡単に癒されない。そのことは在日朝鮮人社会にあっても変わらない。いや、豊かになったはずの者であっても、心の傷が完全に消えるということはまずない。植民地主義とはかくも残酷なものである。

本書の内容は、今流行りの、近代を過剰に問題にし、植民地支配の問題さえ、その中で語ろうとするような議論とは一線を画している。植民地主義は、今も世界的には形を変えて進行している。本書がそうした現実に対する批判の一つの糧になれば、幸いである。

本書の刊行に当たっては、東京堂出版の堀川隆氏のお世話になった。いつもながら、迅速に対応していただき、感謝にたえない。また、執筆者には、粘り強く与えられたテーマに取り組んでいただいた。その真摯さに改めて敬意を表する。そして最後に、読者各位には、忌憚のないご批正を期待したい。

二〇一一年八月二一日

趙　景　達

付録

一、朝鮮総督府行政機構
二、植民地朝鮮関連年表
三、主要法令・史料
四、関連統計

一、朝鮮総督府行政機構(1)　一九一一年(明治四四)三月三一日現在

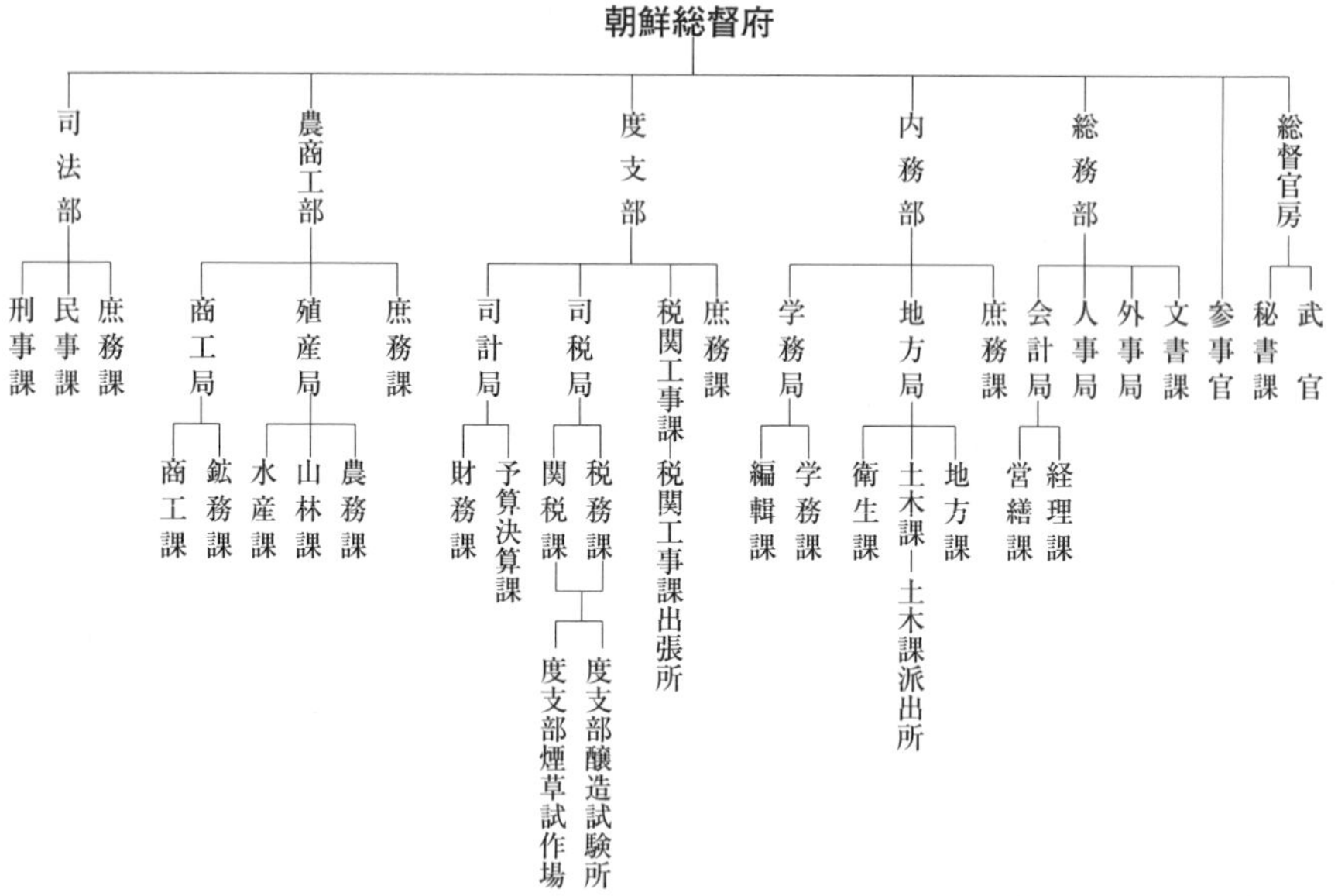
朝鮮総督府
総督官房
武官
秘書課
参事官
総務部
文書課
外事局
人事局
会計局
経理課
営繕課
内務部
庶務課
地方局
地方課
土木課
土木課派出所
衛生課
学務局
学務課
編輯課
度支部
庶務課
税関工事課
税関工事課出張所
司税局
税務課
関税課
度支部醸造試験所
度支部煙草試作場
司計局
予算決算課
財務課
農商工部
庶務課
殖産局
農務課
山林課
水産課
商工局
鉱務課
商工課
司法部
庶務課
民事課
刑事課

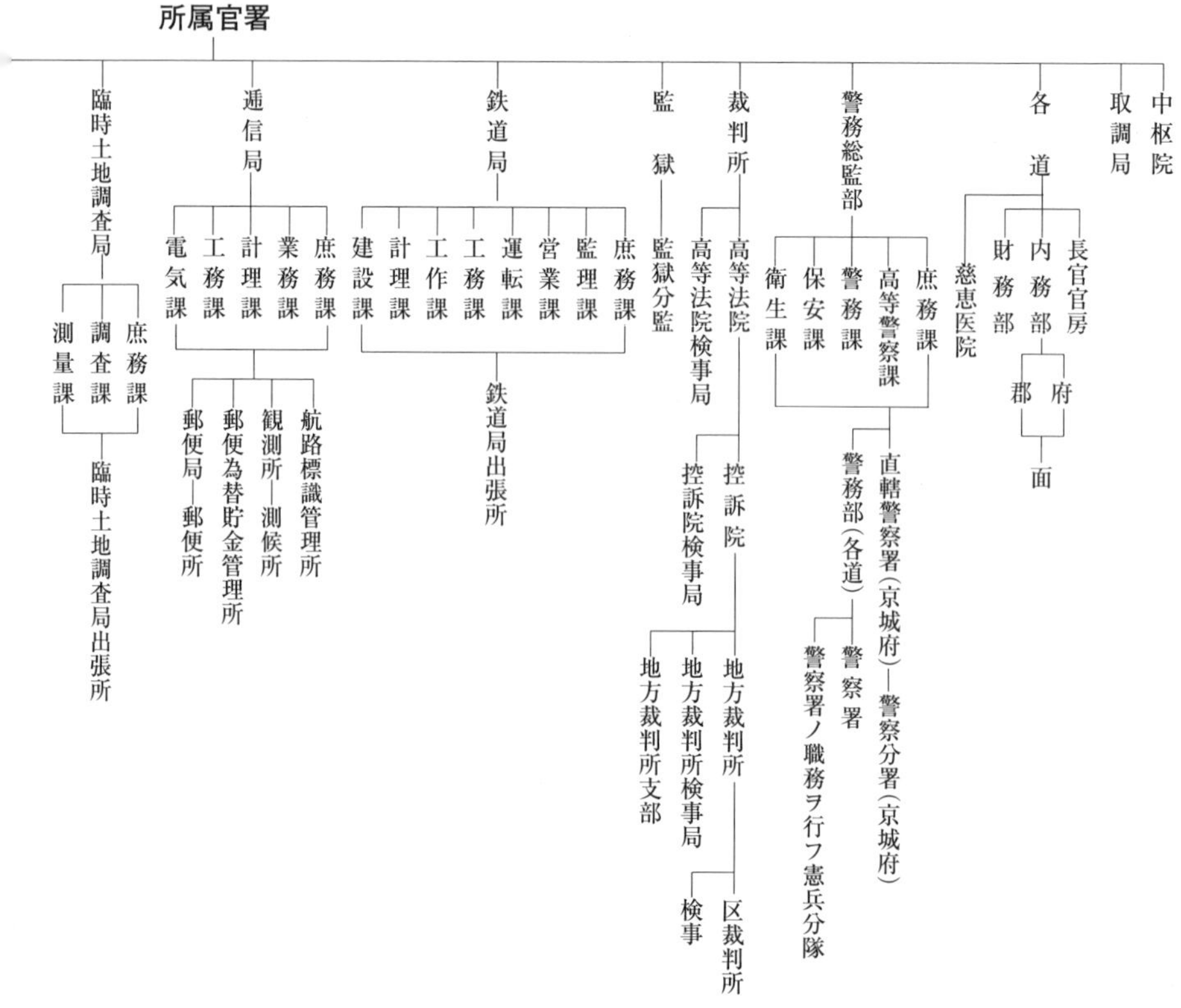
所属官署
中枢院
取調局
各道
長官官房
内務部
府
郡
面
財務部
慈恵医院
警務総監部
庶務課
高等警察課
警務課
保安課
衛生課
直轄警察署(京城府)
警察分署(京城府)
警務部(各道)
警察署
警察署ノ職務ヲ行フ憲兵分隊
裁判所
高等法院
高等法院検事局
控訴院
控訴院検事局
地方裁判所
地方裁判所検事局
地方裁判所支部
区裁判所
検事
監獄
監獄分監
鉄道局
庶務課
監理課
営業課
運転課
工務課
工作課
計理課
建設課
鉄道局出張所
通信局
庶務課
業務課
計理課
工務課
電気課
航路標識管理所
観測所
測候所
郵便為替貯金管理所
郵便局
郵便所
臨時土地調査局
庶務課
調査課
測量課
臨時土地調査局出張所

【朝鮮総督】

寺内正毅	1910.10.1 ～ 1916.10.14
長谷川好道	1916.10.14 ～ 1919.8.12
斎藤　実	1919.8.13 ～ 1927.12.10
(宇垣一成：臨時代理)	(1927.4.15 ～ 1927.10.1)
山梨半造	1927.12.10 ～ 1929.8.17
斎藤　実	1929.8.17 ～ 1931.6.17
宇垣一成	1931.6.17 ～ 1936.8.5
南　次郎	1936.8.5 ～ 1942.5.29
小磯国昭	1942.5.29 ～ 1944.7.22
阿部信行	1944.7.24 ～ 1945.9.28

【政務総監】

山県伊三郎	1910.10.1 ～ 1919.8.12
水野錬太郎	1919.8.12 ～ 1922.6.12
有吉忠一	1922.6.15 ～ 1924.7.4
下岡忠治	1924.7.4 ～ 1925.11.22
湯浅倉平	1925.12.3 ～ 1927.12.23
池上四郎	1927.12.23 ～ 1929.4.4
児玉秀雄	1929.6.22 ～ 1931.6.19
今井田清徳	1931.6.19 ～ 1936.8.5
大野緑一郎	1936.8.5 ～ 1942.5.29
田中武雄	1942.5.29 ～ 1944.7.24
遠藤柳作	1944.7.24 ～ 1945.10.24

（出典）秦郁彦編『日本官僚制総合事典』（東京大学出版会、2001 年）131 頁

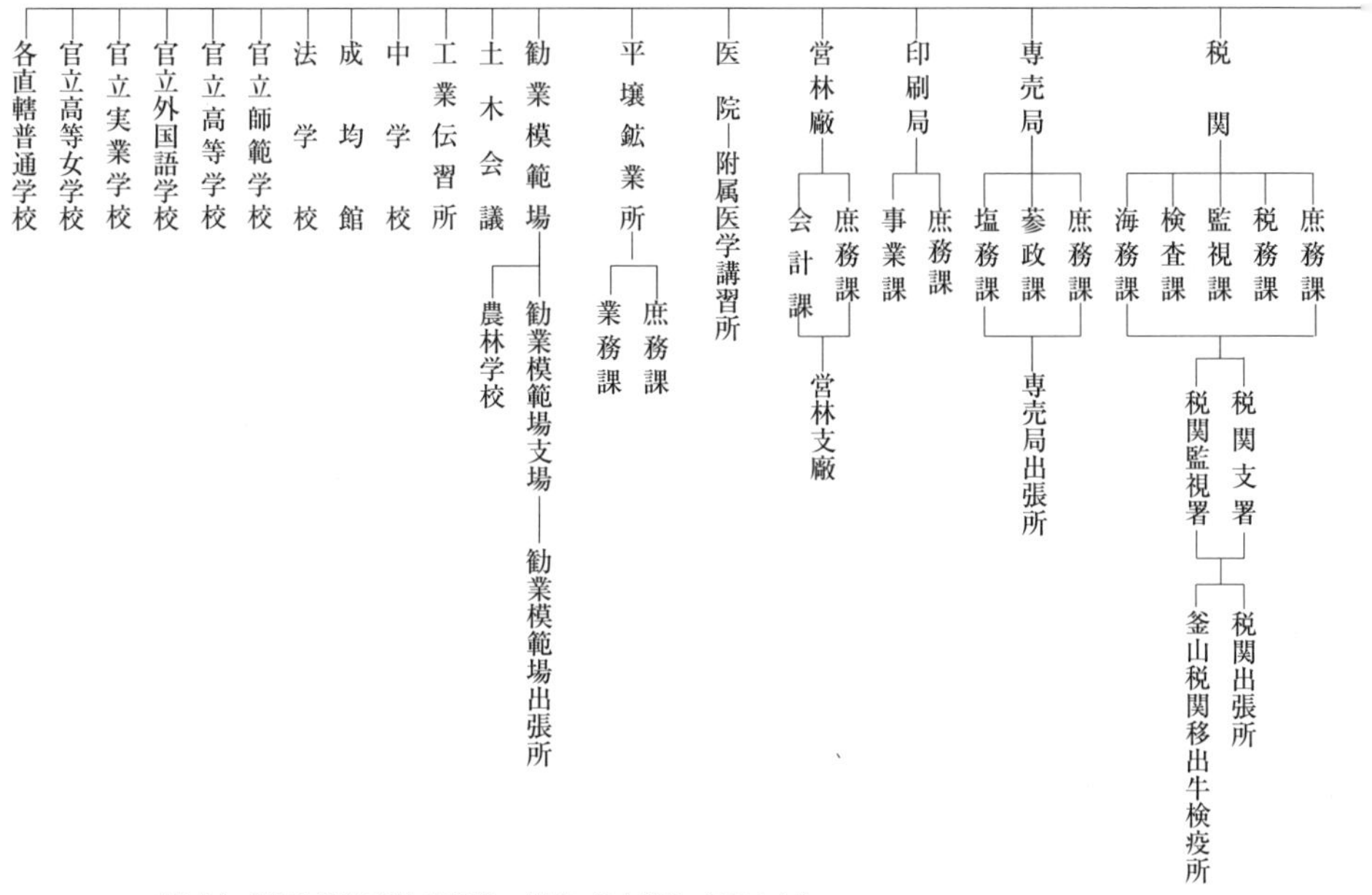

（出典）『朝鮮総督府施政年報　明治 43 年版』（1912 年）

（2）一九二三年（大正一二）三月三一日現在

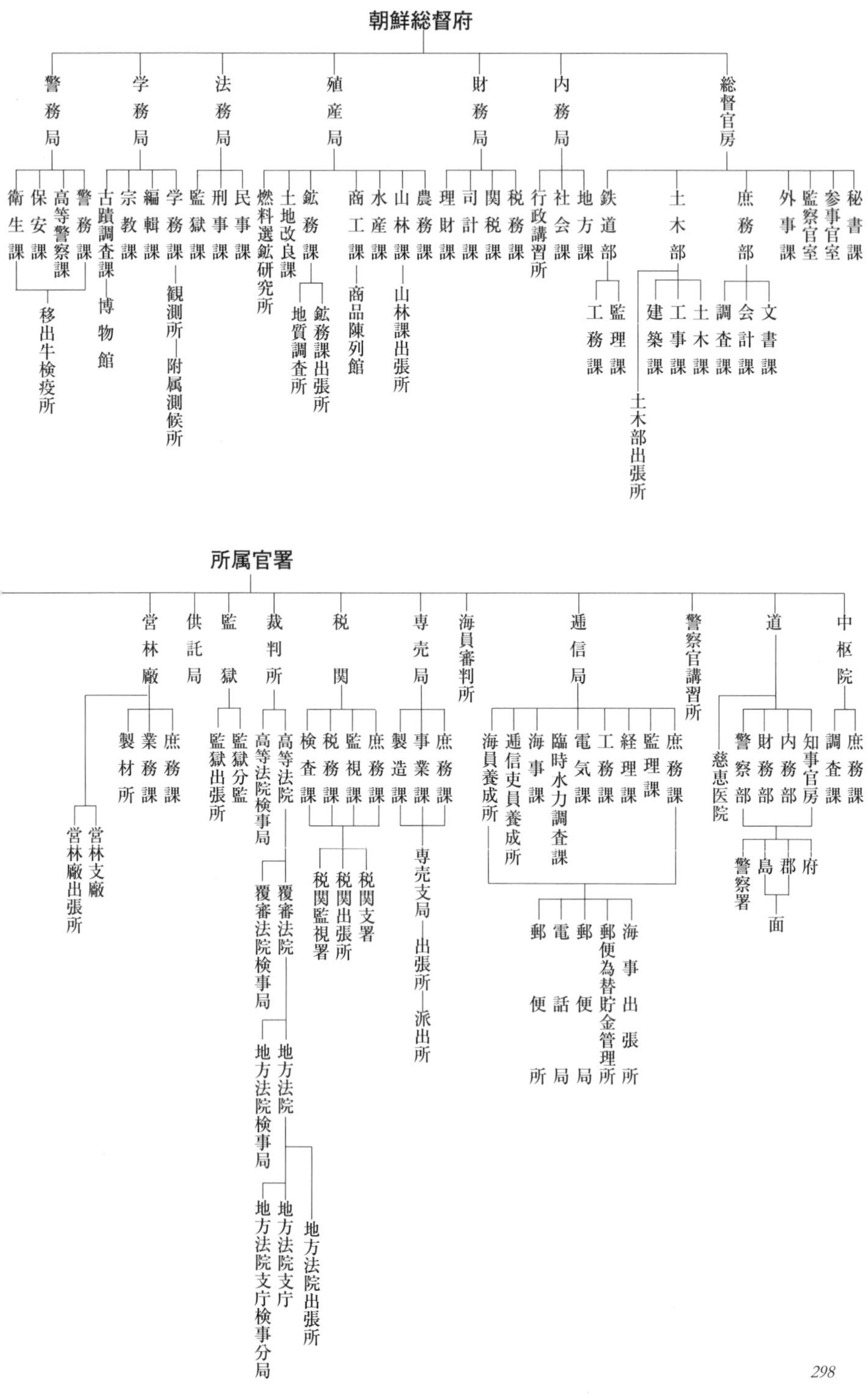

朝鮮総督府
総督官房
秘書課
参事官室
監察官室
外事課
庶務部
文書課
会計課
調査課
土木部
土木課
工事課
建築課
土木部出張所
鉄道部
監理課
工務課
内務局
地方課
社会課
行政講習所
財務局
税務課
関税課
司計課
理財課
殖産局
農務課
山林課
山林課出張所
水産課
商工課
商品陳列館
鉱務課
鉱務課出張所
地質調査所
土地改良課
燃料選鉱研究所
法務局
民事課
刑事課
監獄課
学務局
学務課
観測所
附属測候所
編輯課
宗教課
古蹟調査課
博物館
警務局
警務課
高等警察課
保安課
衛生課
移出牛検疫所
所属官署
中枢院
庶務課
調査課
道
知事官房
内務部
財務部
警察部
府
郡
島
面
警察署
慈恵医院
警察官講習所
逓信局
庶務課
監理課
経理課
工務課
電気課
臨時水力調査課
海事課
逓信吏員養成所
海員養成所
海事出張所
郵便為替貯金管理所
郵便局
電話局
郵便所
海員審判所
専売局
庶務課
事業課
製造課
専売支局
出張所
派出所
税関
庶務課
監視課
税務課
検査課
税関支署
税関出張所
税関監視署
裁判所
高等法院
高等法院検事局
覆審法院
覆審法院検事局
地方法院
地方法院検事局
地方法院出張所
地方法院支庁
地方法院支庁検事分局
監獄
監獄分監
監獄出張所
供託局
営林廠
庶務課
業務課
製材所
営林支廠
営林廠出張所

【朝鮮軍司令官】

（朝鮮駐劄軍司令官）		森岡守成	1926.3.2 ～ 1927.3.5
大久保春野	1910.10.1 ～ 1911.8.18	金谷範三	1927.3.5 ～ 1929.8.1
上田有沢	1911.8.18 ～ 1912.1.14	南　次郎	1929.8.1 ～ 1930.12.22
安藤貞美	1912.1.14 ～ 1915.1.25	林　銑十郎	1930.12.22 ～ 1932.5.26
井口省吾	1915.1.25 ～ 1916.8.18	川島義之	1932.5.26 ～ 1934.8.1
秋山好古	1916.8.18 ～ 1917.8.6	植田謙吉	1934.8.1 ～ 1935.12.2
松川敏胤	1917.8.6 ～ 1918.6.1	小磯国昭	1935.12.2 ～ 1938.7.15
（朝鮮軍司令官）		中村孝太郎	1938.7.15 ～ 1941.7.7
松川敏胤	1918.6.1 ～ 1918.7.24	板垣征四郎	1941.7.7 ～ 1945.2.1
宇都宮太郎	1918.7.24 ～ 1920.8.16	（朝鮮軍管区司令官）	
大庭二郎	1920.8.16 ～ 1922.11.24	板垣征四郎	1945.2.1 ～ 1945.4.7
菊池慎之助	1922.11.24 ～ 1924.8.20	上月良夫	1945.4.7 ～
鈴木荘六	1924.8.20 ～ 1926.3.2		

（出典）秦郁彦編『日本陸海軍総合事典（第２版）』（東京大学出版会、2005 年）360 頁

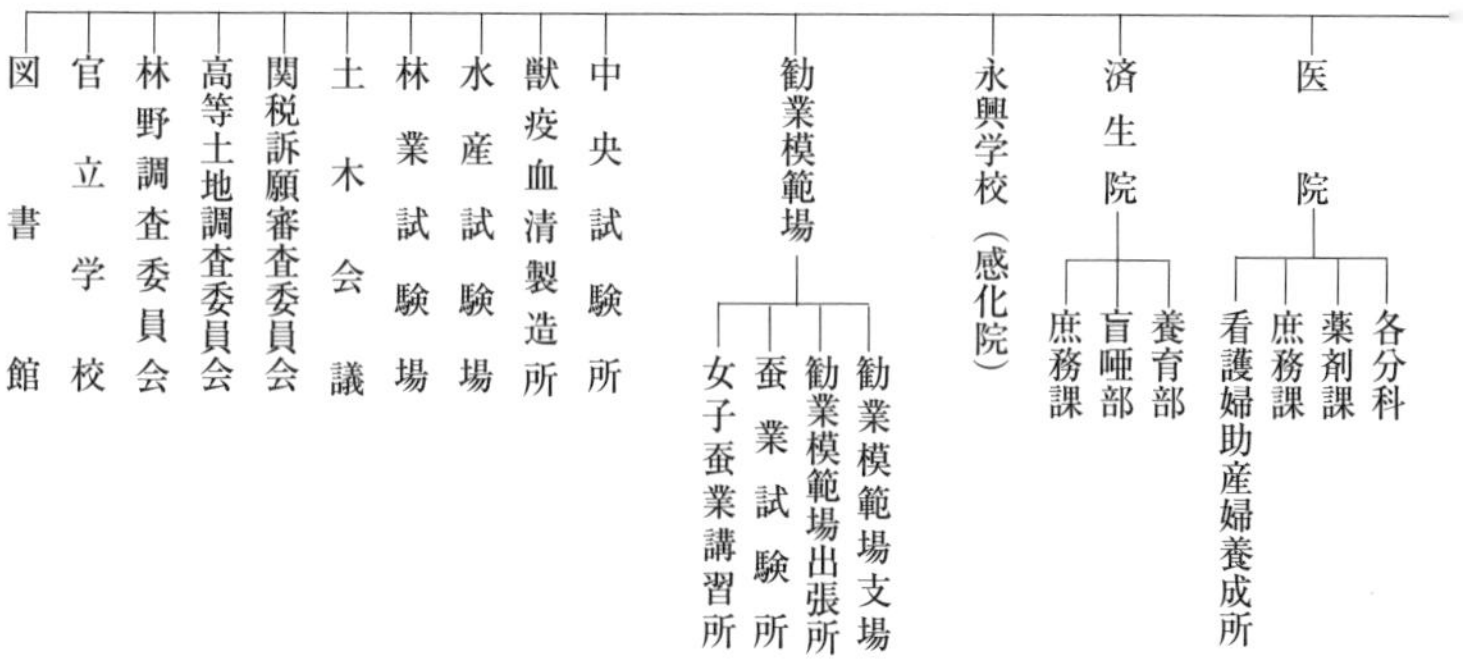

（出典）『朝鮮総督府施政年報　大正 12 年版』（1925 年）

(3) 一九四二年(昭和一七)一一月一日現在

朝鮮総督府

- 総督官房
  - 秘書官室
  - 人事課
  - 会計課
- 総務局
  - 文書課
  - 企画室
  - 情報課
  - 国民総力課
  - 監察課
  - 国勢調査課
- 司政局
  - 地方課
  - 外務課
  - 社会課
  - 労務課
  - 土木課—司政局土木出張所
  - 地方官吏養成所
- 財務局
  - 税務課
  - 土地調査課
  - 司計課
  - 理財課
  - 管理課
  - 税務官吏養成所
- 殖産局
  - 商工課
  - 物価課
  - 鉱山課
  - 鉄鋼課
  - 産金課
  - 燃料課
  - 電気第一課
  - 電気第二課
  - 燃料選鉱研究所
  - 商工奨励館
  - 鑿岩工養成所
  - 地質調査所
  - 度量衡所
- 農林局
  - 農政課
  - 畜産課
  - 農産課
  - 糧政課
  - 土地改良課
  - 林政課

所属官署

- 中枢院
  - 庶務課・調査課
- 逓信局
  - 庶務課・監理課・保険監理課・保険運用課・保険契約課・保険支払課・保険徴収課・経理課・工務課・海事課・航空課・逓信吏員養成所・高等海員養成所
  - 地方逓信局
  - 海事署—出張所
  - 貯金管理所
  - 郵便局・電信局・電話局・飛行場
- 鉄道局
  - 総務課—鉄道図書館・鉄道医院
  - 整備課・監督課・運輸課・運転課・建設課・工務課・工作課・電気課・需品課・鉄道従事員養成所
  - 地方鉄道局
  - 鉄道事務所
  - 建設事務所
  - 改良事務所
  - 工場・病院
- 専売局
  - 庶務課・経理課・収納課・販売課・製造課・塩蔘課・研究所
  - 地方専売局
    - 販売所
    - 出張所—販売所・派出所
  - 出張所—派出所
- 道
  - 知事官房
  - 内務部
  - 産業部
  - 警察部
  - 府
  - 郡
  - 島
    - 邑
    - 面
  - 府郡島小作委員会
  - 警察署
  - 消防署
  - 職業紹介所
  - 移出牛検疫所
  - 道立医院
  - 公立学校
- 税務監督局
  - 庶務課
  - 税務部
  - 経理部
  - 税務署
- 税関
  - 庶務課
  - 監視課
  - 税務課
  - 検査課
  - 税関支署
  - 税関監視署
  - 税関出張所
- 裁判所
  - 高等法院—覆審法院—地方法院
    - 地方法院支庁
    - 地方法院出張所
- 検事局
  - 高等法院検事局—覆審法院検事局—地方法院検事局—地方法院支庁検事分局
- 刑務所
  - 本所・支所

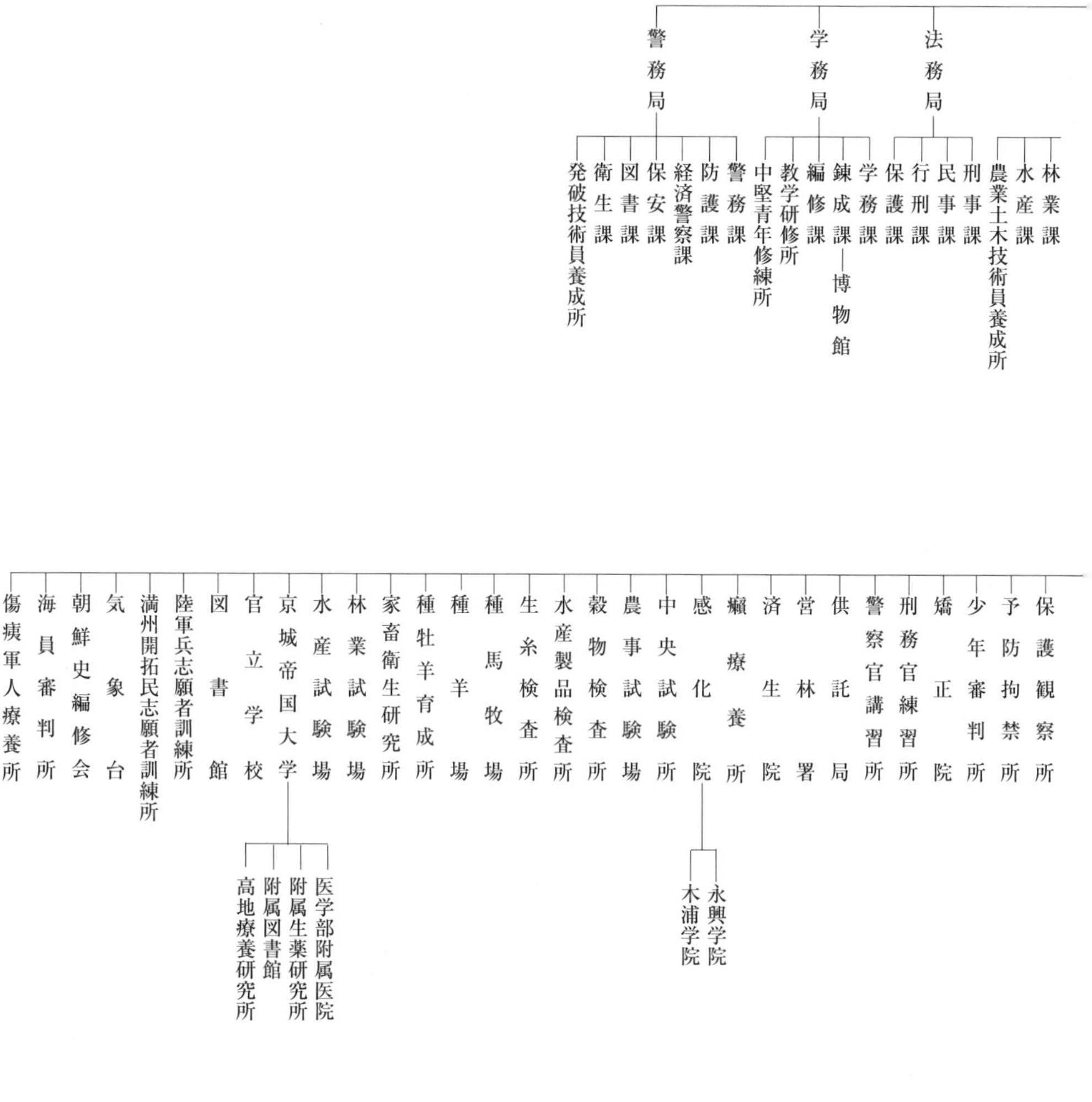
林業課
水産課
農業土木技術員養成所
法務局
刑事課
民事課
行刑課
保護課
学務局
学務課
錬成課
博物館
編修課
教学研修所
中堅青年修練所
警務局
警務課
防護課
経済警察課
保安課
図書課
衛生課
発破技術員養成所
保護観察所
予防拘禁所
少年審判所
矯正院
刑務官練習所
警察官講習所
供託局
営林署
済生院
癩療養所
感化院
永興学院
木浦学院
中央試験所
農事試験場
穀物検査所
水産製品検査所
生糸検査所
種馬牧場
種羊場
種牡羊育成所
家畜衛生研究所
林業試験場
水産試験場
京城帝国大学
医学部附属医院
附属生薬研究所
附属図書館
高地療養研究所
官立学校
図書館
陸軍兵志願者訓練所
満州開拓民志願者訓練所
気象台
朝鮮史編修会
海員審判所
傷痍軍人療養所

(出典)『朝鮮事情　昭和18年版』(朝鮮総督府、1942年)

二、植民地朝鮮関連年表

西暦	月日	事項
一九一〇年	六月三〇日	憲兵警察制度発足。
	八月二九日	「韓国併合ニ関スル条約」公表。「併合」に伴い「朝鮮」に改称、朝鮮総督府を設置。
	一〇月一日	寺内正毅、初代朝鮮総督に就任
一九一一年	八月二四日	朝鮮教育令（第一次）公布。
	一一月一日	「朝鮮人ノ姓名改称ニ関スル件」（朝鮮総督府令第一二四号）施行、朝鮮人に対し「内地人ニ紛ハシキ姓名」を禁止。
一九一二年	三月一八日	朝鮮民事令・朝鮮刑事令・朝鮮笞刑令（一九二〇年三月三一日廃止）等公布。
	六月二〇日	墓地、火葬場、埋葬及火葬取締規則発布。
	六月二五日	朝鮮総督暗殺未遂の廉で新民会の関係者等が検挙。
	八月一三日	土地調査令公布、「土地調査事業」が本格化（～一九一八年。一九一〇年三月の土地調査法より開始）。
一九一六年	一〇月一四日	長谷川好道、朝鮮総督に就任。
一九一九年	一月二一日	高宗死去。
	二月八日	在日朝鮮人留学生、東京で「独立宣言」発表。
	三月一日	三・一独立運動。
	四月一一日	上海に大韓民国臨時政府樹立（国務総理李承晩）。
	四月一五日	「政治ニ関スル犯罪処罰ノ件」公布。
	八月一三日	斎藤実、朝鮮総督に就任。
	九月二日	斎藤実、朝鮮赴任に際し姜宇奎の投弾を受ける。
	一一月一〇日	中国で義烈団結成。
一九二〇年	三月五日	『朝鮮日報』創刊。
	四月一日	『東亜日報』創刊。
	四月一一日	朝鮮労働共済会結成。
	一〇月五日	中国間島へ日本軍が進攻。
	一二月一日	朝鮮青年会連合会結成。
	一二月二七日	「産米増殖計画」策定（一九二六年に更新計画策定、一九三四年に中止）。
一九二二年	二月六日	朝鮮教育令改正公布（第二次朝

		鮮教育令）。
一九二三年	一月二一日	朝鮮物産奨励会結成。
	四月一日	朝鮮民立大学期成会結成。
	四月二五日	晋州で朝鮮衡平社結成。
	九月一日	関東大震災、朝鮮人・中国人等への殺害。
一九二四年	一月四日	義烈団員の金祉燮、東京の二重橋で投弾。
	四月一七日	朝鮮労農総同盟結成（一九二七年九月に朝鮮労働総同盟と朝鮮農民総同盟へ改編）。
	四月二一日	朝鮮青年総同盟結成。
	一二月一二日	総督府学務局長に李軫鎬就任（朝鮮人の局長は植民地期を通じて二名のみ）。
一九二五年	二月二二日	在日本朝鮮労働総同盟結成（一九二九年一二月に日本労働組合全国協議会へ解消）。
	四月一七日	朝鮮共産党結成。コミンテルンより承認（一九二五年一一月二二日の検挙で弾圧）。
	四月一八日	高麗共産青年会結成。
	五月五日	普通選挙法公布、法定要件を満たす在日朝鮮人に選挙権・被選挙権。
	五月一二日	治安維持法を朝鮮に施行。
	六月一一日	朝鮮総督府・中国奉天省間に朝鮮人独立運動勢力取締に関する協定締結。
	一〇月一五日	朝鮮神宮の鎮座祭挙行。
一九二六年	一月六日	朝鮮総督府新庁舎の竣工式。
	四月一日	京城帝国大学開設。
	四月二五日	純宗死去。
	六月一〇日	六・一〇万歳運動。第二次朝鮮共産党への弾圧（六月二一日）。
一九二七年	二月一五日	民族協同戦線の新幹会結成（～一九三一年五月一六日解消）。
	二月一六日	京城放送局、放送開始（一九三三年四月より日本語に加え朝鮮語の放送開始）。
	五月二日	朝鮮窒素肥料会社設立、興南工場建設に着手。
	五月二七日	女性運動の協同戦線の槿友会結成。
	一〇月	朝鮮プロレタリア芸術同盟（カップ）結成（～一九三五年解散）。
	一二月一〇日	山梨半造、朝鮮総督に就任。

一九二八年	二月四日	第三次朝鮮共産党への弾圧。
	七月五日	第四次朝鮮共産党への弾圧、コミンテルンの承認取消。
一九二九年	一月一四日	元山でゼネスト。
	八月一七日	斎藤実、朝鮮総督に就任。
	一一月三日	光州で学生運動。
一九三〇年	五月三〇日	間島で中国共産党所属の朝鮮人を中心に抗日蜂起。
一九三一年	二月一日	定平農民組合員検挙。
	六月一七日	宇垣一成、朝鮮総督に就任。
	七月二日	中国吉林省で中国人・朝鮮人衝突（万宝山事件）、平壌・仁川等で中国人への襲撃・殺害。
	九月一八日	「満洲事変」、朝鮮駐屯日本軍も出兵。
一九三二年	一月一八日	李奉昌、桜田門で昭和天皇に投弾。
	二月二〇日	衆議院議員選挙で朴春琴が当選。
	四月二九日	尹奉吉、上海の虹口公園で投弾。
	一二月一〇日	朝鮮小作調停令公布。
	一二月二三日	貴族院議員に朴泳孝勅任（その後、一九三九年に尹徳栄、一九四三年に李家軫鎬が勅任）。
一九三三年	三月七日	「農山漁村振興運動」始動。
	一一月四日	朝鮮語学会、ハングル綴字法統一案発表。
一九三四年	四月二八日	朝鮮農地令公布。
	一〇月三〇日	「朝鮮人移住対策ノ件」閣議決定。
一九三六年	五月五日	中国で在満韓人祖国光復会結成。
	八月五日	南次郎、朝鮮総督に就任。
	八月二七日	ベルリン・オリンピックのマラソンで孫基禎・南昇龍が金・銅メダル獲得。日章旗を抹消した表彰写真を掲載した『東亜日報』『朝鮮中央日報』に無期停刊処分。
一九三七年	二月一二日	朝鮮思想犯保護観察令公布。
	三月一〇日	重要産業統制法を朝鮮に施行。
	三月一七日	官吏の日本語使用の徹底につき総督府より通牒。五月二日に教育現場での日本語使用徹底につき政務総監通牒。
	六月四日	金日成麾下の抗日部隊、咸鏡南道の普天堡に進攻。
	七月七日	日中戦争開始。
	一〇月一日	「皇国臣民の誓詞」制定。
一九三八年	二月二三日	陸軍特別志願兵令公布。

一九三九年	三月四日	朝鮮教育令改正公布（第三次朝鮮教育令）。
	三月三一日	神社参拝拒否により平壌崇実専門学校閉校。
	五月四日	国家総動員法を朝鮮に施行。
	七月七日	国民精神総動員朝鮮連盟設立。
	六月二八日	中央協和会結成。
	七月四日	「昭和十四年度労務動員実施計画綱領」閣議決定、日本への朝鮮人労働動員を規定。「募集」形式での労働動員開始。
	七月八日	国民徴用令公布。
	一一月一〇日	「創氏改名」関連の制令第一九・二〇号公布（一九四〇年二月一一日実施）。
一九四〇年	八月一〇日	『東亜日報』『朝鮮日報』廃刊。
	九月一七日	重慶の大韓民国臨時政府、韓国光復軍創設。
	一〇月一六日	国民精神総動員朝鮮連盟、国民総力朝鮮連盟へ改組。
一九四一年	二月一一日	朝鮮奨学会設立。
	二月一二日	朝鮮思想犯予防拘禁令公布。
	一二月八日	日米開戦。大韓民国臨時政府、一二月一〇日付で「対日宣戦声明書」発表。
	一二月二六日	朝鮮臨時保安令公布。
一九四二年	二月一三日	「朝鮮人労務者活用ニ関スル方策」閣議決定（「朝鮮人移住対策ノ件」廃止）、「官斡旋」形式での労働動員開始。
	五月五日	総督府、「国語普及運動要綱」策定。
	五月八日	朝鮮での徴兵制実施につき閣議決定。
	五月二九日	小磯国昭、朝鮮総督に就任。
	一〇月一日	朝鮮語学会の会員検挙。
	一〇月一四日	朝鮮青年特別錬成令公布。
	一〇月	在日朝鮮人に対し徴用発令。
	一二月五日	朝鮮教育審議会総会で一九四六年度よりの義務教育実施を決定。
一九四三年	三月二日	兵役法中改正法律公布。
	三月九日	朝鮮教育令改正公布（第四次朝鮮教育令）。
	七月二八日	海軍特別志願兵令公布。
	一〇月二〇日	朝鮮人学徒志願兵制度実施。
	一一月二七日	カイロ宣言発表。
一九四四年	七月二四日	阿部信行、朝鮮総督に就任。

	八月八日	「半島人労務者ノ移入ニ関スル件」閣議決定、日本への労働動員に対する「徴用」実施を決定。
	八月一〇日	呂運亨、朝鮮建国同盟結成。
	八月二三日	女子挺身勤労令、朝鮮で施行。
一九四五年	四月一日	衆議院議員選挙法中改正法律・貴族院令中改正公布、制限付きで衆議院議員選挙法を朝鮮に適用するとともに貴族院議員に朝鮮人七名が勅任。
	七月二六日	ポツダム宣言発表。
	七月八日	国民総力朝鮮連盟、朝鮮国民義勇隊へ改編。
	八月八日	ソ連が日本に宣戦布告、朝鮮へも進攻。
	八月一一日	アメリカ、北緯三八度線を境界とする米ソの朝鮮分割占領を提案、ソ連側も了承。
	八月一五日	日本、ポツダム宣言受諾を公表。呂運亨を中心に朝鮮建国準備委員会結成。
	八月二四日	ソ連軍先遣隊、平壌到着。
	九月二日	日本、降伏文書に調印。
	九月六日	建国準備委員会、「朝鮮人民共和国」を宣言（同年一〇月一〇日に米軍政庁が否認）。
	九月八日	アメリカ軍、仁川上陸。
	九月九日	阿部信行、降伏文書に調印。アメリカ軍、軍政布告。
	九月一一日	朝鮮共産党再建（同年一〇月二三日に北部朝鮮分局の設置を承認）。
	九月一九日	金日成、元山上陸。
	一〇月一四日	平壌のソ連軍歓迎大会で金日成登場。
	一〇月一五日・一六日	在日本朝鮮人連盟中央総本部結成大会。
	一〇月一六日	李承晩、アメリカより帰国。
	一一月一九日	北朝鮮五道行政局設立。
	一一月二三日	新義州で共産党批判の学生デモに対し発砲。
	一二月六日	米軍政庁、日本の国・私有財産の所有権を取得（軍政庁法令第三三号）。
	一二月一七日	衆議院議員選挙法改正、附則で在日朝鮮人の選挙権・被選挙権を「停止」。
	一二月二七日	モスクワでの米英ソ三国外相会

一九四六年		議で朝鮮の信託統治案決定。
	二月八日	北朝鮮臨時人民委員会設立。
	三月五日	北朝鮮臨時人民委員会、「北朝鮮土地改革に関する法令」決定。
	三月二〇日	米ソ共同委員会開催（五月七日に休会）。
	八月一〇日	北朝鮮臨時人民委員会、日本国家・日本人所有の産業・文化施設の国有化措置を決定。
	八月二八日	北朝鮮労働党結成。
	一〇月一日	大邱で大規模な反軍政抗争。
	一〇月三日	在日本朝鮮居留民団結成。
	一〇月二三日	「朝鮮姓名復旧令」（軍政庁法令第一二二号）公布。
	一一月二三日	南朝鮮労働党結成。
	一二月一二日	南朝鮮過渡立法議院設置。
一九四七年	二月二〇日	北朝鮮人民会議成立。二月二二日に北朝鮮人民委員会成立。
	五月二日	日本、外国人登録令公布。
	五月二一日	第二次米ソ共同委員会開催（一〇月二一日に打切）
	六月三日	南朝鮮過渡政府設置。
	一一月一四日	国際連合で国連監視下での南北総選挙実施を採択。
一九四八年	二月二六日	国際連合で南部朝鮮での単独選挙実施を可決。
	四月三日	済州島で単独選挙反対の住民蜂起。
	四月二〇日	平壌で南北朝鮮諸政党・社会団体代表者連席会議開催。
	四月二三・二四日	神戸・大阪で朝鮮人学校閉鎖撤回を求める運動展開（阪神教育闘争）。
	五月一〇日	南部朝鮮で単独選挙実施。
	八月一五日	大韓民国樹立（大統領李承晩）。
	八月二五日	北部朝鮮で最高人民会議代議員選挙実施。
	九月九日	朝鮮民主主義人民共和国樹立（首相金日成）。

三、主要法令・史料

＊官制・法令は『朝鮮総督府官報』・野村調太郎編『新案朝鮮六法』（松山房、一九三三年）に拠る。また史料上の語句・表記については原文通りとしている。

◆**朝鮮総督府官制**（勅令第三五四号、一九一〇年九月三〇日）
※矢印の箇所は朝鮮総督府官制中改正（勅令第三八六号、一九一九年八月二〇日）によるもの

第一条　朝鮮総督府ニ朝鮮総督ヲ置ク
　総督ハ朝鮮ヲ管轄ス

第二条　総督ハ親任トス陸海軍大将ヲ以テ之ニ充ツ
↓　総督ハ親任トス

第三条　総督ハ天皇ニ直隷シ委任ノ範囲内ニ於テ陸海軍ヲ統率シ及朝鮮防備ノ事ヲ掌ル
　総督ハ諸般ノ政務ヲ統轄シ内閣総理大臣ヲ経テ上奏ヲ為シ及裁可ヲ受ク
↓　総督ハ諸般ノ政務ヲ統理シ内閣総理大臣ヲ経テ上奏ヲ為シ及裁可ヲ受ク
　第三条ノ二　総督ハ安寧秩序ノ保持ノ為必要ト認ムルトキハ朝鮮ニ於ケル陸海軍ノ司令官ニ兵力ノ使用ヲ請求スルコトヲ得

第四条　総督ハ其ノ職権又ハ特別ノ委任ニ依リ朝鮮総督府令ヲ発シ之ニ一年以下ノ懲役若ハ禁錮、拘留、二百円以下ノ罰金又ハ科料ノ罰則ヲ附スルコトヲ得

第五条　総督ハ所轄官庁ノ命令又ハ処分ニシテ制規ニ違ヒ公益ヲ害シ又ハ権限ヲ犯スモノアリト認ムルトキハ其ノ命令又ハ処分ヲ取消シ又ハ停止スルコトヲ得

第六条　総督ハ所部ノ官吏ヲ統督シ奏任文官ノ進退ハ内閣総理大臣ヲ経テ之ヲ上奏シ判任文官以下ノ進退ハ之ヲ専行ス

第七条　総督ハ内閣総理大臣ヲ経テ所部文官ノ叙位叙勲ヲ上奏ス

［以下割愛］

◆**朝鮮ニ施行スヘキ法令ニ関スル法律**（法律第三〇号、一九一一年三月二五日公布・施行）

第一条　朝鮮ニ於テハ法律ヲ要スル事項ハ朝鮮総督ノ命令ヲ以テ之ヲ規定スルコトヲ得

第二条　前条ノ命令ハ内閣総理大臣ヲ経テ勅裁ヲ請フヘシ

第三条　臨時緊急ヲ要スル場合ニ於テ朝鮮総督ハ直ニ第一条ノ命令ヲ発スルコトヲ得
　前項ノ命令ハ発布後直ニ勅裁ヲ請フヘシ若勅裁ヲ得サルトキハ朝鮮総督ハ直ニ其ノ命令ノ将来ニ向テ効力ナキコトヲ公布スヘシ

第四条　法律ノ全部又ハ一部ヲ朝鮮ニ施行スルヲ要スルモノハ勅令ヲ以テ之ヲ定ム

第五条　第一条ノ命令ハ第四条ニ依リ朝鮮ニ施行シタル法

律及特ニ朝鮮ニ施行スル目的ヲ以テ制定シタル法律及勅令ニ違背スルコトヲ得ス
第六条　第一条ノ命令ハ制令ト称ス

◆**保安法**（法律第二号、一九〇七年七月二七日頒布・施行）

第一条　【内部大臣】ハ安寧秩序ヲ保持ノ為メ必要ノ場合ニ結社ノ解散ヲ命スルコトヲ得
第二条　警察官ハ安寧秩序ヲ保持ノ為メ必要ノ場合ニ集会又ハ多衆ノ運動或ハ群衆ヲ制限禁止シ又ハ解散スルコトヲ得
第三条　警察官ハ前二条ノ場合ニ必要ト認ムル時ニハ戎器及爆発物其他危険ナル物件ノ携帯ヲ禁止スルコトヲ得
第四条　警察官ハ街路其他公開ノ場所ニ於テ文書、図書ノ掲示及分布、朗読又ハ言語、形容其他ノ行為ヲ為シ安寧秩序ヲ紊乱スルノ虞アリト認ムル時ニハ其禁止ヲ命スルコトヲ得
第五条　【内部大臣】ハ政治ニ関シ不穏ノ動作ヲ行フ虞アリト認ムル者ニ対シ其居住場所ヨリ退去ヲ命シ且ツ一箇年以内ノ期間ヲ特定シ一定ノ地域内ニ犯入ヲ禁止スルコトヲ得
第六条　前五条ニ依ル命令ニ違反シタル者ハ【四十以上ノ笞刑】又ハ十箇月以下ノ【禁獄】ニ処ス
第三条ノ物件カ犯人ノ所有ニ係ル時ハ情状ニ依リ之ヲ没収ス
第七条　政治ニ関シ不穏ノ言論動作又ハ他人ヲ煽動教唆或ハ使用シ又ハ他人ノ行為ニ関渉シ因テ治安ヲ妨害スル者ハ【五十以上ノ笞刑】十箇月以下ノ【禁獄】又ハ二箇年以下ノ懲役ニ処ス
第八条　本法ノ公訴時効ハ【六箇月間】トス
第九条　本法ノ犯罪ハ身分ノ如何ヲ問ハス【地方裁判所】又ハ【港市裁判所】ノ管轄トス
※「本法ハ朝鮮人ニ対シ当分ノ内朝鮮総督ノ発シタル命令トシテ尚其ノ効力ヲ有スルモノナリ」（一九一〇年制令第一号）
※「併合」後、【内部大臣】は朝鮮総督、【地方裁判所】【港市裁判所】は朝鮮総督府地方法院に読みかえ
※旧韓国法規の刑で一五年以下の【禁獄】は有期禁錮に、【笞刑】は二〇日以下の拘留または科料に変更（朝鮮刑事令第四二条）

◆**政治ニ関スル犯罪処罰ノ件**（制令第七号、一九一九年四月一五日公布・施行）

第一条　政治ノ変革ヲ目的トシテ多数共同シ安寧秩序ヲ妨害シ又ハ妨害セムトシタル者ハ十年以下ノ懲役又ハ禁錮ニ処ス但シ刑法第二編第二章ノ規定（内乱罪）ニ該当スルトキハ本令ヲ適用セス
前項ノ行為ヲ為サシムル目的ヲ以テ煽動ヲ為シタル者ノ罰亦前項ニ同シ
第二条　前条ノ罪ヲ犯シタル者発覚前自首シタルトキハ其

ノ刑ヲ減軽又ハ免除ス

第三条　本令ハ帝国外ニ於テ第一条ノ罪ヲ犯シタル帝国臣民ニ亦之ヲ適用ス

◆治安維持法第一条判例要旨「朝鮮独立ノ目的ト本条ニ所謂国体変革ノ目的」（一九三一年六月二五日）

朝鮮ノ独立ヲ達成セムトスルハ我帝国領土ノ一部ヲ僭竊シテ其ノ統治権ノ内容ヲ実質的ニ縮少セシメ之ヲ侵害セムトスルニ外ナラサルヲ以テ治安維持法ニ所謂国体ヲ変革スルコトヲ目的トスルモノト解スヘキモノトス

（『朝鮮高等法院判例要旨類集』司法協会、一九四三年、一〇六五頁）

◆朝鮮人の「地位」（「総督施政方針及施設経営」一九二五年一一月）

又韓国併合後ニ於ケル朝鮮人ノ国法上ノ地位ヲ定ムルノ必要アルヲ以テ、明治四十三年七月八日閣議ニ於テ左ノ通リ決定セリ。

一　朝鮮人ハ特ニ法令又ハ条約ヲ以テ別段ノ取扱ヲ為スコトヲ定メタル場合ノ外、全然内地人ト同一ノ地位ヲ有ス

二　間島在住者ニ付テハ前項ノ条約ノ結果トシテ、現在ト同様ノ地位ヲ有スルモノト看做ス

三　外国ニ帰化シ現ニ二重ノ国籍ヲ有スル者ニ付テハ、追テ国籍法ノ朝鮮ニ行ハルル迄我国ノ利害関係ニ於テハ日本臣民ト看做ス

併合後ニ於ケル朝鮮人ノ待遇ニ付テハ、一ニ叙上ノ方針ニ依リ、総テ日鮮人間ニ差別ヲ置カス、特殊ノ事情アルモノヲ除クノ外平等ノ取扱ヲ為スコトトシ、民刑ニ関スル法規モ亦此ノ旨趣ヲ以テ制定シタリ。

間島ニ於ケル朝鮮人ニ付除外例ヲ設ケタルハ、明治四十二年間島ニ関スル日清協約ニ依リ、商埠地外ニ居住スル朝鮮人ハ従来ノ例ニ依リ清国法律ノ管轄ニ服スヘキ旨ヲ規定シタルヲ以テ、若シ朝鮮人ヲ日本臣民ト看做スノ主義ヲ之ニ適用スルトキハ、他ノ純然タル帝国臣民ト均シク我カ治外法権ニ服スルコトトナリ、該協約ノ旨趣ニ反スル結果ヲ来スヘキカ故ナリ。又帰化ニ付テハ、従来旧韓国ニ於テハ之ニ関スル法令ナキヲ以テ、韓国人カ外国ニ帰化スルモ本国ノ国籍ヲ失ハサルニ依リ、帰国スルトキハ依然韓国人トシテ取扱フヲ例トセリ。而シテ依然此ノ旧例ヲ認メタル所以ハ、韓国人中米国又ハ露領ニ在ル者往往不逞ノ企画ヲ起シ、内外相呼応シテ治安ヲ害スルノ言動ニ出ツル者尠カラス。故ニ若シ此等ノ韓国人ニシテ帰化ノ後チ、本国ニ帰テ外国人タル権利義務ヲ行使スルトキハ、其ノ取締上不便尠カラサルヲ以テ、総テ韓国人ノ外国帰化ハ本国ニ於テ之ヲ認メサルヲ得策ト認メタルニ由ル。

（山本四郎編『寺内正毅関係文書 首相以前』京都女子大学、一九八四年、一八〇－一八一頁）

◆内務省警保局長「朝鮮人識別資料ニ関スル件」（庁府県長官宛、一九一三年一〇月二八日）

近時断髪和洋装ノ鮮人増加ニ伴ヒ形貌漸次内地人ニ酷似シ来リ殆ンド其甄別ニ苦ムモノ有之ニ至リ候処、今回其筋ヨリ別紙写ノ通識別資料送付越シ候条御参考迄

鮮人識別資料　骨格及相貌上

一、身長内地人ト差異ナキモ、姿勢直シク腰ノ跼ムモノ及猫背少ナシ
一、顔貌亦内地人ト異ナラザルモ、毛髪軟ニシテ且少ナク髪ハ下向ニ生ズルモノ多シ、顔面ニ毛少ナク俗ニ「ノッペリ」顔多シ、髭鬚髯ハ一体ニ薄シ
一、眼瞼ハ濁リテ鋭カラズ
一、頭部ハ結髪ノ為用フル綱巾（元服後（幼時）額部ヨリ後頭部ニ引回シ緊縛シ髪ノ乱レヲ防グニ用フ）ノ為甚シキハ頭骨ニ変形ヲ来セル八巻形ノ痕形ヲ止ムルモノアリ、又幼時（総角時代）頭髪ヲ後ロニ組ミ垂ラスニヨリ前頭部ハ左右ニ真中ヨリ分クルヲ以テ、熟視セバ痕跡ヲ止ムルモノ多キヲ見ル、尚後頭部ハ木枕ヲ用ユル為概ネ平タシ
一、歯ハ幼時ヨリ生塩ヲ以テ磨クガ為白クシテ能ク揃ヒ齲歯等少ナシ
一、足ハ足袋及靴ヲ穿ツニ堅ク緊リ用フル為細クシテ小ナリ、就中指先ニ至リテ最モ細シ、足裏ニハ縦ニ筋ヲ生ズ、下流労働者ハ草鞋ヲ用フル為踵ニ瘤ヲ生ジ居レリ
一、常ニ外面ヲ装フノ癖アリ、殊ニ頭部ノ装飾ニ最モ重キヲ置キ従テ装飾品ハ華美ニシテ光沢アルモノヲ用フ
一、中流以上及儒生ハ支那人ト同ジク小指ノ爪ヲ長クスル習慣アリ

言語上

一、発言ニ抑揚頓挫アリ流暢ナリ
一、中流以下ハ音声高調ナリ
一、発音ニ濁音（ガギグゲゴ）ハ最モ困難トス
一、発音ノ際ラ行「ラリルレロ」ハ判明セズ、例ヘバ「ラ」ハナ「リ」ハイ「ル」ハルトヅノ混合音ノ如ク「ト」ハネニ近ク「ロ」ハノニ発音ス、蓋シ鮮音「羅」ハナ李ハイナルヲ以テナラン乎
一、口論其ノ他高音ヲ発スルトキハ唾沫ヲ飛スコトアリ

〔以下、「礼式及飲食上」、「風俗上」、「習慣上」については割愛〕

（朴慶植編『在日朝鮮人関係資料集成』第一巻、三一書房、一九七五年、二七－二八頁）

◆**「諺文〔ハングル〕新聞紙差押事項」**〔事例については適宜割愛〕

一、朝鮮民族独立思想を鼓吹宣伝し又は朝鮮民族独立運動を煽動する虞ある記事
例一、朝鮮独立の必要又は可能を論したる記事
ロ、在上海排日鮮人は太平洋会議に対し朝鮮独立案を提議せり之に関して李承晩曰く　日本は朝鮮問題を国内問題なりと主張すれとも実は是れ国際問題なり朝鮮か諸国と締結したる諸条約は何国も之を破棄したるものなし然るに日本は之を無視して諸国の保証したる朝鮮の独立を侵害せり　朝鮮の自由独立と門戸開放は東亜のために為されるへ

からす　云々（大正十年九月四日朝鮮日報）
例二、独立運動を賞讃又は煽動したる記事
二、金祉燮は厳然として起ちて　六年前の独立運動は日本に対する宣戦布告なり敵に捕へられたる余としては決して降伏を為さす正義を考ふれは放免せよ然らされは死刑より外なしと云ひ日本魂を嘲笑し朝鮮民族と朝鮮魂を叫ひ敵の求刑は当然なりと少しも死を恐るる色なし云々（大正十三年十月十八日朝鮮日報）
二、排日思想を宣伝し又は排日運動を煽動する虞ある記事
例一、日本の朝鮮統治政策を批難する記事
イ、君等は恒に同化主義内地延長主義何主義と云ふも之は朝鮮人を侮辱するも甚しきものにして又君等の誤も甚しきものなり　君等如何に破廉恥なりとは言へ四千年の歴史を持てる文明人をは他国の文化に同化せよとは無礼なり云々（大正十一年四月一日東亜日報）
例二、排日的直接行動を煽動したる記事
イ、独立万歳の聲は何時にても発し得られさるにあらさるも之れか十年目に朝鮮人は日本人の統御に甘伏せすてふ真情として発したるものにして五臓六腑四肢ある以上何人と雖他人の奴隷となるを欲せさるを以てなり（大正九年七月三日朝鮮日報）
例三、日本を呪咀したる記事
ロ、日本は震災により一朝にして多大のものを烏有に帰せしめたり而して黙然として佇立する日本民族の悲痛なる心事に対しては深く同情を寄する処なりされと今や国際政局の風雲逐日激甚なる今日に在りて如何に不可抗力の天災なりとは言へ深刻なる打撃を受けたるは竊かに日本国運の消長に対して関係なしと云ひ得す吾人は盛衰の常無きを驚嘆するのみなり（大正十二年九月四日東亜日報）
三、社会主義を宣伝し又は社会革命を煽動する虞ある記事
例一、資本家の搾取を呪咀し階級争闘を煽動したる記事
ロ、他国にありては中産階級没落して資本階級発生するとも其は国内的現象に過きす即ち朝鮮の如く外来の資本階級に産業権か移動するものにあらす他国に於ては産業革命ありて後に産業の増殖あるも朝鮮には二重に搾取せらる
即ち民族的搾取の地位に陥れる朝鮮の大衆は朝鮮資本階級に搾取せられ且つ又外来の資本階級に搾取せらる　之か為めに朝鮮民族は滅亡しつつあり之を覚らは奮起して此の現象を排徐し朝鮮人の産業権を回復せさるへからす（大正十三年九月五日時代日報）
例二、社会革命を諷刺したる記事
ロ、曰く産業―曰く交通―曰く教育曰く警察―皆昔日の批政時代より面目一新せりと誇張するも之か果して吾人に対し誠意ある施設なりや否な否な其れは吾人を窮迫に陥し入れたる日本人の為めにせる施設なり人心の離散せる処には政治は偶像的にして屈従は強圧的征服に過きす吾人は力弱く殊に武力に抗拒する何物も無し　されと吾人の涙は吾人の寃恨を拭ふの日あるへく吾人の血は吾人の後裔に伝はるなり此の二千万の民衆の呪咀には如何なる応報あらむやも知れす自由を失ひ生命の保証なき二千万民衆には残り

居れるまのは寃恨と呪咀のみなり　赤裸々に言はむ冷静に冷静を加へて言はむ「是の日曷んそ表はさる」の聲二千万民衆の口々より出つる事を知るや否や（大正十三年八月八日時代日報）

四、其他治安を紊す虞ある記事

　例一、時事に関し無稽の風説を流布し人心を動揺せしむる虞ある記事

　イ、震災に乗し鮮人虐殺せらる云々（震災当時各新聞）

　例二、国家に対する義務を否認する如き記事

　イ、納税は人民か国家より享くる利益の代価なり故に国家より利益を享けす保護を受けさるときは納税を拒絶するを得るなり　然らは朝鮮人は総督政治によりて利益保護を受け居れりや今日の朝鮮人の悲境は皆日本より利益保護を享けさりしのみならす却りて経済上に破滅せしめられたり故に問はんとす朝鮮人に果して納税の義務に対する保護は何々ありや（大正十三年十月三十一日時代日報）

五、風俗を壊乱する虞ある記事

例無し

（田中武雄〔朝鮮総督府警務局高等課長〕述『朝鮮事情』警察協会福岡支部、一九二五年、二〇―三〇頁）

◆ソビエト連邦軍司令部の布告（一九四五年八月）

朝鮮人民に

朝鮮人民よ。ソ連軍隊と同盟国軍隊は、朝鮮から日本略奪者を駆逐した。朝鮮は自由国になった。しかし、これはただ新朝鮮の歴史の第一ページにすぎない。華麗なる果樹園は人の努力と苦心の結果である。これと同じく朝鮮の幸福も、朝鮮人民の英雄的な闘争と、勤勉な努力によってのみ達成される。

日本統治下にくらしてきた苦痛の時日を追憶せよ。土塀の上にのせてある石ころまでも、苦しい努力と血と汗を語っているといえないだろうか。誰のためにあなたたちは働いたのか？倭奴らは、高いところの広い家で、きれいな着物を着、うまいものを食べ、朝鮮人を蔑視し、朝鮮の風俗と文化を侮辱したことをあなたたちはよく知っている。このような奴隷的な過去は、もう来ることはない。苦悩にみちた悪夢のようなその過去は、永遠になくなったのである。

朝鮮人よ　記憶せよ。幸福はあなたの手中にある。あなたたちは、自由と独立を求めたが、今はすべてのものがあなたたちのものになった。

ソ連軍隊は、朝鮮人民が自由に創作的努力に着手するに足りるあらゆる条件をつくりあたえた。朝鮮人民自体が、かならず自己の幸福を創造するものにならねばならない。

工場・製造所および工作所の経営主、商業家または企業家たちよ。倭奴が破壊した工場と製作所等を回復せよ。新しい生産企業を開始せよ。ソ連軍司令部は、すべての朝鮮企業所の財産保護を確保し、その企業所の正常的作業を保証することに百方援助するであろう。

朝鮮労働者達よ。労力による英雄心と創作的努力を発揮

せよ。朝鮮人の立派な民族性の一つである労力に対する愛着心を発揮せよ。真正な事業によって朝鮮の経済的および文化的発展を計ろうとするものだけが、母国朝鮮の愛国者となり忠実なる朝鮮人となる。

解放された朝鮮人民万歳！

（森田芳夫『朝鮮終戦の記録』巌南堂書店、一九六四年、一九二一－一九三頁）

◆朝鮮人民共和国中央人民委員会の政綱・施政方針
（一九四五年九月一四日）

政綱

一、われわれは政治的、経済的に完全な自主独立国家の建設を期する。
一、われわれは日本帝国主義と封建的残滓勢力を一掃し、全民族の政治的、経済的、社会的基本要求を実現できる真の民主主義に忠実であることを期する。
一、われわれは労働者、農民、その他すべての大衆生活の急進的向上を期する。
一、われわれは世界民主主義諸国の一員として、相互に連携して世界平和の確保を期する。

施政方針

一、日本帝国主義の法律制度の即時廃棄
二、日本帝国主義者と民族反逆者たちの土地を没収し、農民に無償分配すること
三、日本帝国主義者と民族反逆者たちの鉱山、工場、鉄道、港湾、船舶、通信機関、金融機関およびその他一切の施設を没収して国有とすること
四、民族的商工業は国家の指導下で自由経営を許すこと
五、工業の急速な発達のための諸政策の実施
六、言論、出版、集会、結社および信仰の自由
七、一八歳以上の男女人民（民族反逆者は除外）の選挙権の享有
八、あらゆる特権の抹殺と全人民の絶対平等
九、婦人の完全な解放と男女同権
一〇、八時間労働制の実施、満一四歳以下の少年就労の禁止、満一八歳以下の青年労働は六時間制に
一一、最低賃金制の確立
一二、標準生活による最低生活の確保
一三、労働者、農民、都市小市民の生活の急進的向上
一四、失業防止とその救済対策の確立
一五、平和産業の迅速な復旧と生活必需品の確保
一六、生活必需品の公正平等な配給制度の確立
一七、米穀その他一切の強制供出制の廃止
一八、徴用、強制賦役、強制貯金の撤廃
一九、通貨政策および物価安定対策の確立
二〇、一切の共歛雑税の撤廃
二一、高利貸金業制度の撤廃
二二、扶養、保健、衛生、娯楽、文化施設の大拡充と社会保障制度の実施
二三、一般大衆の文盲退治

二四、国家負担による義務教育制の実施
二五、民族文化の自由発展のための新文化政策の樹立
二六、国家公安隊と国防軍の即時編成
二七、民主主義陣営である米国、ソ連、中国、英国との緊密な提携のために努力し、一切の外来勢力の内政干渉に絶対反対すること
(『朝鮮問題戦後資料』第一巻、日本国際問題研究所、一九七六年、一二一一一三頁。原典は『毎日新報』一九四五年九月一九日)

◆若干の外かく地域の日本からの政治上及び行政上の分離に関する総司令部覚書 (SCAPIN-六七七、一九四六年一月二九日)

1．日本帝国政府は、日本の外のいかなる地域に対しても又は右地域内のいかなる政府の職員及び使用人に対しても若しくはいかなる他の者に対しても、政治上又は行政上の権力を行使すること又は行使しようと企てることを停止するよう指令される。

2．この司令部によって許可される場合を除き、日本帝国政府は、許可されている船舶の運航、通信及び気象業務の日常の運営以外のいかなる目的のためにも、日本の外にいる政府の職員及び使用人又は他のいかなる者とも通信をしてはならない。

3．この指令に関しては、日本は、日本の四主要島(北海道、本州、九州及び四国)と約一〇〇〇の隣接諸小島を含むものと定義される。隣接諸小島には、対馬諸島及び北緯三〇度以北の琉球(南西)諸島(口之島を除く)が含まれ、(い)鬱陵島、竹島及び済州島、(ろ)北緯三十度以南の琉球(南西)諸島(口之島を含む)、伊豆諸島、南方諸島、小笠原諸島及び硫黄列島並びに他のすべての外かく太平洋諸島(大東諸島、沖ノ鳥島、南鳥島、中之鳥島を含む)並びに(は)千島列島、歯舞群島(水晶島、勇留島、秋勇留島、志発島及び多楽島を含む)及び色丹島が除かれる。

4．日本帝国政府の政治上及び行政上の管轄権から除かれる右以外の地域は、次のとおりである。(い)一九一四年世界戦争の開始以後において日本が委任統治の下で又は他の方法で奪取し又は占領した太平洋諸島、(ろ)満洲、台湾及び澎湖諸島、(は)朝鮮並びに(に)樺太。

5．この指令に含まれている日本の定義は、別の指定がない限り、将来この司令部から発せられるすべての指令、覚書及び命令にも適用される。

〔以下6～8は割愛〕
(外務省特別資料課編『日本占領及び管理重要文書集　朝鮮人、台湾人、琉球人関係』一九五〇年、二頁)

日本在留朝鮮人および朝鮮在留日本人・中国人の人口数推移

年	在日朝鮮人人口	在朝日本人人口	在朝中国人人口
1910年	2,246	171,543	
1911年	2,527	210,689	11,837
1912年	3,171	243,729	15,517
1913年	3,635	271,591	16,222
1914年	3,542	291,217	16,884
1915年	3,992	303,659	15,968
1916年	5,637	320,938	16,904
1917年	14,501	332,456	17,967
1918年	22,262	336,872	21,894
1919年	28,273	346,619	18,588
1920年	30,149	347,850	23,989
1921年	37,271	367,618	24,695
1922年	59,744	386,493	30,826
1923年	80,015	403,011	33,654
1924年	118,192	411,595	35,661
1925年	129,870	443,402	46,196
1926年	143,798	442,326	45,291
1927年	171,275	454,881	50,056
1928年	238,104	469,043	52,054
1929年	275,206	488,478	56,672
1930年	298,091	527,016	67,794
1931年	311,247	514,666	36,778
1932年	390,543	523,452	37,732
1933年	456,217	543,104	41,266
1934年	537,695	561,384	49,334
1935年	625,678	619,005	57,639
1936年	690,501	608,989	63,981
1937年	735,689	629,512	41,909
1938年	799,878	633,320	48,533
1939年	961,591	650,104	51,014
1940年	1,190,444	707,742	64,704
1941年	1,469,230	717,011	73,823
1942年	1,625,054	752,823	83,169
1943年	1,805,438	—	—
1944年	1,901,409	712,583	—
1945年	1,968,807	—	—

（出典）日本在留朝鮮人…田村紀之「内務省警保局調査による朝鮮人人口（Ⅰ）」（『経済と経済学』第46号、1981年２月）59頁。1921・1945年は推計値。1945年は８月20日現在、それ以外は12月末現在の数値。

朝鮮在留日本人…森田芳夫『朝鮮終戦の記録』（巌南堂書店、1964年）２頁。1925・30・35・40年は10月１日現在、1944年は５月、それ以外は12月末現在の数値。

朝鮮在留中国人…外村大『在日朝鮮人社会の歴史学的研究』（緑蔭書房、2004年）23頁。

地方制度および諮問・議決機関

<table>
<tr><td></td><td>行政区分</td><td>道〔道府県に該当〕</td><td>府〔市に該当〕</td><td>郡</td><td>島</td><td colspan="2">邑・面〔町・村に該当〕</td><td>(洞・里)</td></tr>
<tr><td rowspan="3">1910年代</td><td>各行政長</td><td>道長官</td><td>府尹</td><td>郡守</td><td>島司</td><td colspan="2">面長</td><td>(区長)</td></tr>
<tr><td>諮問機関</td><td></td><td>府協議会…道長官による任命制…任期2年</td><td></td><td></td><td colspan="2"></td><td></td></tr>
<tr><td>根拠法令</td><td>朝鮮総督府地方官官制(1910年9月30日公布・同年10月1日施行)</td><td>府制(1913年10月30日公布・1914年4月1日施行)</td><td>朝鮮総督府地方官官制(1910年9月30日公布・同年10月1日施行)</td><td>朝鮮総督府地方官官制中改正(1915年5月1日公布)</td><td colspan="2">面制(1917年6月9日公布・同年10月1日施行)</td><td></td></tr>
<tr><td rowspan="5">1920年代</td><td rowspan="2">各行政長</td><td rowspan="2">道知事</td><td rowspan="2">府尹</td><td rowspan="2">郡守</td><td rowspan="2">島司</td><td>指定面</td><td>普通面</td><td rowspan="2">(区長)</td></tr>
<tr><td>面長</td><td>面長</td></tr>
<tr><td rowspan="2">諮問機関</td><td rowspan="2">道評議会…道知事による任命制(2/3が府・面協議会員の選挙による候補者からの任命、1/3が自由任命)…任期3年</td><td>府協議会…選挙制(制限選挙)…任期3年</td><td></td><td></td><td rowspan="2">面協議会…選挙制(制限選挙)…任期3年</td><td rowspan="2">面協議会…郡守・島司による任命制…任期3年</td><td rowspan="2"></td></tr>
<tr><td>学校評議会(朝鮮人学校教育の事務・費用に関する事項の諮問)…選挙制…任期3年</td><td colspan="2">学校評議会…面協議会員の選挙による候補者から郡守・島司が任命…任期3年</td></tr>
<tr><td>根拠法令</td><td>道地方費令(1920年7月29日公布・同年10月1日施行)</td><td>府制改正(1920年7月29日公布・同年10月1日施行)</td><td colspan="2">朝鮮学校費令(1920年7月29日公布、同年10月1日施行)</td><td colspan="2">面制改正(1920年7月29日公布・同年10月1日施行)</td><td></td></tr>
<tr><td rowspan="5">1930・40年代</td><td rowspan="2">各行政長</td><td rowspan="2">道知事</td><td rowspan="2">府尹</td><td rowspan="2">郡守</td><td rowspan="2">島司</td><td>邑</td><td>面</td><td rowspan="2">(区長)</td></tr>
<tr><td>邑長</td><td>面長</td></tr>
<tr><td rowspan="2">議決・諮問機関</td><td rowspan="2">道会(議決機関)…2/3が府会議員・邑会議員・面協議会員による選挙、1/3が道知事による任命…任期4年</td><td>府会(議決機関)…選挙制(制限選挙)…任期4年</td><td></td><td></td><td rowspan="2">邑会(議決機関)…選挙制(制限選挙)…任期4年</td><td rowspan="2">面協議会(諮問機関)…選挙制(制限選挙)…任期4年</td><td rowspan="2"></td></tr>
<tr><td>学校評議会廃止(教育事務を府に統一、府会に教育部会設置)</td><td colspan="2">学校評議会(諮問機関)…朝鮮人の邑会議員・面協議会員による選挙…任期4年</td></tr>
<tr><td>根拠法令</td><td>道制(1930年12月1日公布・1933年4月1日施行)</td><td>府制改正(1930年12月1日公布・1931年4月1日施行)</td><td colspan="2">朝鮮学校費令改正(1930年12月1日公布、1931年4月1日施行)</td><td colspan="2">邑面制(1930年12月1日公布・1931年4月1日施行)</td><td></td></tr>
</table>

嘱託		雇員		合計		
日本人	朝鮮人	日本人	朝鮮人	日本人	朝鮮人	計
162	24	5,709	4,651	14,323	9,067	23,390
178	40	4,444	3,369	19,735	13,498	33,233
227	63	7,201	4,773	26,687	14,771	41,458
415	188	10,956	7,657	32,620	18,924	51,544
597	478	14,967	10,497	41,189	23,840	65,029
914	836	21,749	29,162	57,302	45,919	103,221

						朝鮮憲兵隊		
						普通警察業務従事者		
巡査		巡査補	合計			憲兵	憲兵補助員	合計
日本人	朝鮮人	朝鮮人	日本人	朝鮮人	計	日本人	朝鮮人	
2,053	181	3,131	2,265	3,428	5,693	1,007	1,012	2,019
2,137	237	2,890	2,343	3,228	5,571	3,302	4,627	7,929
9,452	7,651		10,515	7,861	18,376			
10,131	7,057		11,125	7,333	18,458			
10,346	7,137		11,398	7,413	18,811			
10,227	7,926		11,232	8,177	19,409			
13,178	8,414		14,623	8,644	23,267			
8,005	8,541		9,460	8,832	18,292			

＊「入学率」＝（各年毎の「６歳児人口（推定）」÷各年５月末現在の「第１学年」生徒数）×100
＊「入学率」に対置されるのが「完全不就学率」となる。

朝鮮総督府の官僚数の推移

	親任官及勅任官・同待遇官		奏任官・同待遇官		判任官・同待遇官	
	日本人	朝鮮人	日本人	朝鮮人	日本人	朝鮮人
1913年	44	39	700	305	7,708	4,048
1919年	44	36	725	316	14,344	9,737
1925年	48	37	817	329	18,394	9,569
1933年	75	33	1,085	322	20,089	10,724
1937年	98	39	1,350	349	24,177	12,477
1942年	129	38	1,883	404	32,627	15,479

(出典) 岡本真希子『植民地官僚の政治史』(三元社、2008年)60頁の表より抜粋・作成。

朝鮮総督府の警察官数の推移

	文官警察								
	警察(務)部長	警務官		警視		警部		警部補	
年	日本人	日本人	朝鮮人	日本人	朝鮮人	日本人	朝鮮人	日本人	朝鮮人
1910年	13	2	1	30	14	167	101		
1915年	13	2	1	26	8	165	92		
1920年	13			37	12	360	125	653	73
1925年	13			37	11	333	95	611	170
1930年	13			49	11	340	95	650	170
1935年	13			48	9	339	87	605	155
1940年	13			73	9	465	85	894	136
1944年	13			94	9	497	87	851	195

(出典) 松田利彦『日本の朝鮮植民地支配と警察』(校倉書房、2009年)24〜25頁の表より抜粋・作成。

公立普通学校への朝鮮人男女別入学率・中途退学率

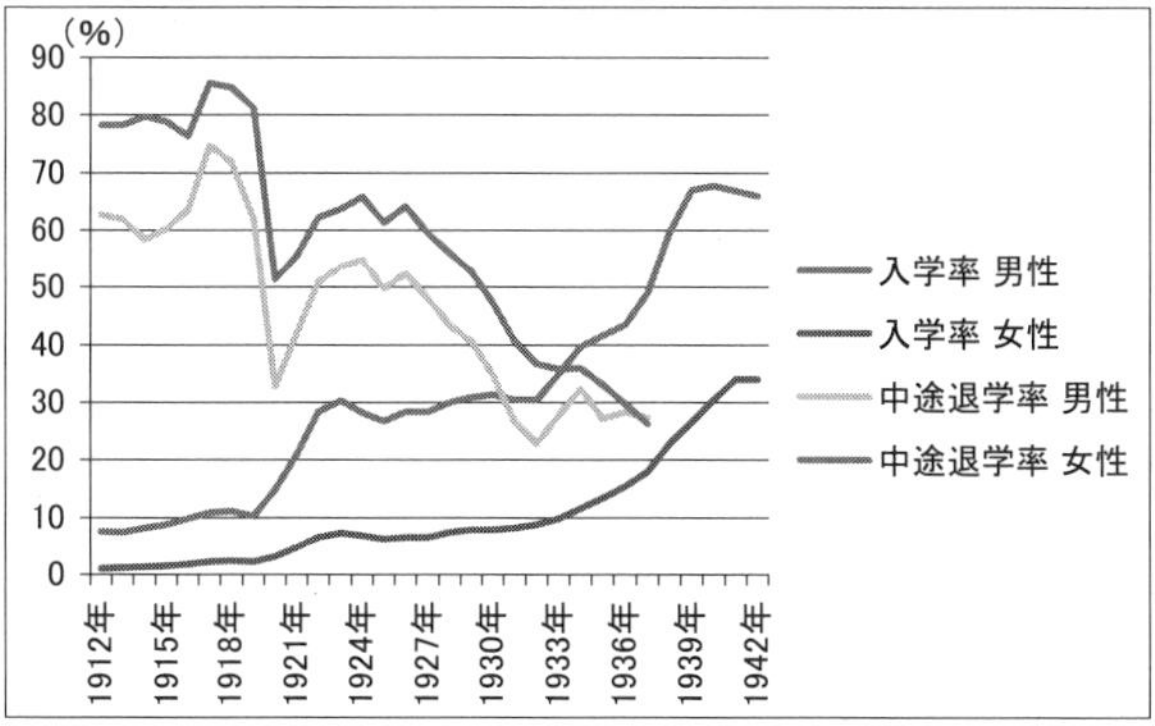

(出典) 金富子『植民地期朝鮮の教育とジェンダー』(世織書房、2005年) 65・369頁の表より作成。

戦時期の朝鮮人軍事動員

【朝鮮人軍人】

区分	陸軍現役兵	第一補充兵	海軍兵	計	摘要
1938年	300	100		400	特別志願兵
1939年	250	350		600	特別志願兵
1940年	900	2,100		3,000	特別志願兵
1941年	1,000	2,000		3,000	特別志願兵
1942年	2,250	2,250		4,500	特別志願兵
1943年	3,200	2,130		5,330	特別志願兵
	3,457	436		3,887	臨時採用特別志願兵（学徒兵）
1944年	45,000		10,000	55,000	徴兵
1945年	45,000		10,000	55,000	徴兵

＊このほか、1943年８月施行の海軍特別志願兵令により同年10月に１万人、1944年４月に２万人が海軍兵志願者訓練所に入所（内務省管理局「朝鮮及台湾ノ現況」1944年７月。水野直樹編『戦時期植民地統治資料』第６巻、柏書房、1998年、196頁）。

（出典）「朝鮮人志願兵・徴兵の梗概」（防衛省防衛研究所図書館）中の「徴集人員一覧表」より作成。

【朝鮮人軍要員】

年度	日本本土	朝鮮内	満洲	中国	南方	合計
1939年度	−	−	145	−	−	145
1940年度	65	−	656	15	−	736
1941年度	5,396	1,085	284	13	9,249	16,027
1942年度	4,171	1,723	293	50	16,159	22,396
1943年度	4,691	1,976	390	16	5,242	12,315
1944年度	24,071	13,575	1,617	294	5,885	45,442
1945年度	31,603	15,532	467	347	−	47,949
総数	69,997	33,891	3,852	735	36,535	145,010

（出典）『金英達著作集Ⅱ　朝鮮人強制連行の研究』（明石書店、2003年）67頁。原資料は『日本人の海外活動に関する歴史的調査』朝鮮篇第９分冊、71頁。

学校教員・警察官の民族別年収額（単位：円）

	1937年度			1942年度		
	警察官		学校教員	警察官		学校教員
	巡査	警部補		巡査	警部補	
日本人	1,077	1,375	1,445	1,678	2,113	2,190
朝鮮人	653	740	688	1,204	1,424	1,280

（出典）「学校教員年収額比較」「警部補・巡査年収比較」（「加俸問題」学習院大学東洋文化研究所「友邦文庫」）より作成。

戦時期の朝鮮人労働動員【日本「内地」受入の労働動員朝鮮人】

		石炭山	金属山	土建	工場他	計
1939年度	割当数	34,100	7,476	16,558		58,134
	移入実数	24279	5,042	9,379		38,700
1940年度	割当数	47,215	10,780	11,420	2,280	71,695
	移入実数	35,431	8,069	9,898	1,546	54,944
1941年度	割当数	44,743	12,618	12,880	6,830	77,071
	移入実数	32,099	8,988	9,540	2,865	53,492
1942年度	割当数	78,660	9,240	18,130	15,290	121,320
	移入実数	74,576	9,483	14,848	13,100	112,007
1943年度	割当数	77,850	17,075	35,350	19,455	149,730
	移入実数	65,208	13,660	28,280	15,089	122,237
1944年度	割当数	108,350	30,900	64,827	175,670（750）	379,747
	移入実数	85,953	30,507	33,382	130,462（750）	280,304
1945年度	割当数	17,000	5,000	12,000	16,000	50,000
	移入実数	1,000		2,000	3,000	6,000
計	割当数	407,918	93,089	171,165	235,525	907,697
	移入実数	318,546	75,749	107,327	166,062	667,684

＊1945年度の割当数は第１次（４～６月）分のみ。同年度の移入実数は推定。
＊1944年度の（　）内は朝鮮女子勤労挺身隊員の数で総数に含まれる。ただし、実数はそれ以上であったと考えられる。
（出典）山田昭次・古庄正・樋口雄一『朝鮮人戦時労働動員』（岩波書店、2005年）71頁。原資料は厚生省勤労局「朝鮮人集団移入状況調」（1945年10月10日）。

民族別のラジオ聴取者（1944年11月末現在）

	日本人			朝鮮人		
	世帯数(A)	聴取者数(B)	B/A(%)	世帯数(C)	聴衆者数(D)	D/C(%)
京畿道	47,847	42,025	87.8	544,454	69,286	12.7
忠清北道	2,496	1,502	60.2	174,283	1,421	0.8
忠清南道	6,464	4,494	69.5	293,946	4,417	1.5
全羅北道	8,058	5,948	73.8	311,408	6,094	2
全羅南道	10,555	5,929	56.2	519,845	6,570	1.3
慶尚北道	10,836	7,300	67.4	473,293	8,033	1.7
慶尚南道	23,958	15,951	66.6	445,939	9,696	2.2
黄海道	6,945	4,316	62.1	368,952	8,716	2.4
平安北道	7,954	4,698	59.1	325,419	7,959	2.4
平安南道	13,492	10,086	74.7	329,137	17,239	5.2
江原道	5,714	3,362	58.8	335,585	6,074	2.6
咸鏡北道	20,801	13,455	64.7	210,386	13,505	6.4
咸鏡南道	17,925	12,281	68.5	347,252	19,624	5.7
合計	183,045	131,347	71.8	4,679,899	178,634	3.8

（出典）「朝鮮ニ於ケルラヂオ及新聞普及状況調」（水野直樹編『戦時期植民地統治資料』第4巻、柏書房、1998年、216-217頁）より作成。

【執筆者紹介】

趙 景 達（チョ　キョンダル）総論・第八章

愼 蒼 宇（シン　チャンウ）　第一章

1971年生まれ。都留文科大学非常勤講師。

『植民地朝鮮の警察と民衆世界－「近代」と「伝統」をめぐる政治文化　1894-1919』有志舎、2008年

「武断統治期における朝鮮人憲兵補助員・巡査補の考察」（『歴史学研究』793）2004年

李 省 展（イ　ソンジョン）　第二章

1952年生まれ。恵泉女学園大学大学院人文学研究科教授。

『アメリカ人宣教師と朝鮮の近代』社会評論社、2006年

「李昇薫の思想と行動」『「在日」から考える－二〇世紀を生きた朝鮮人－』（共著）、大和書房、1998年

鄭 栄 桓（チョン　ヨンファン　）　第三章・第六章

1980年生まれ。明治学院大学教養教育センター専任講師

『「戦後革新勢力」の奔流―占領後期政治・社会運動史論1948-1950』（共著）大月書店、2011年

「日本敗戦直後における「警察権確立」と在日朝鮮人団体」（『歴史学研究』860）2009年

松田利彦（まつだ　としひこ）　第四章・第七章

1964年生まれ。国際日本文化研究センター准教授。

『日本の朝鮮植民地支配と警察―1905～1945年』校倉書房、2009年

『戦前期の在日朝鮮人と参政権』明石書店、1995年

鈴木　文（すずき　あや）　第五章

1979年生まれ。福岡市総合図書館学芸員。

「第一次朝鮮修信使来日時にみる日本人の朝鮮認識と自己認識」（『朝鮮史研究会論文集』45）2007年

「明治初期の朝鮮通信使認識」（北島万次・孫承喆・橋本雄・村井章介編『日朝交流と相克の歴史』）校倉書房、2009年

宮本正明（みやもと　まさあき）　第九章・付録

1970年生まれ。一橋大学非常勤講師。

「解題 大正時代中期の宇都宮太郎」（共著、『日本陸軍とアジア政策 陸軍大将宇都宮太郎日記』第3巻）岩波書店、2007年

「敗戦直後における日本政府・朝鮮関係者の植民地統治認識の形成」（『（世界人権問題研究センター）研究紀要』第11号）2006年

【編者紹介】

趙景達（チョ　キョンダル）

1954年生まれ。千葉大学文学部教授。

主著：『朝鮮民衆運動の展開』岩波書店、2002年
『植民地朝鮮の知識人と民衆』有志舎、2008年
『アジアの国民国家構想』（共編）青木書店、2008年
『国民国家の比較史』（共編）有志舎、2010年
『近代日本のなかの「韓国併合」』（共編）東京堂出版、2010年
『比較史的にみた近世日本』（共編）東京堂出版、2011年　ほか。

植民地朝鮮

－その現実と解放への道－

初版発行　2011年9月22日
再版発行　2015年5月15日

編　者　趙景達
発行者　小林悠一
発行所　株式会社 東京堂出版
101-0051　東京都千代田区神田神保町1-17
振替　00130-7-270
ＤＴＰ　本郷書房
印刷・製本　亜細亜印刷株式会社

ISBN978-4-490-20746-0　C3022　Printed in Japan.

東京堂出版◆既刊好評書

比較史的にみた近世日本—「東アジア化」をめぐって—
趙景達
須田努編
菊判　本体三二〇〇円

近代日本のなかの「韓国併合」
安田常雄
趙景達編
A5判　本体二〇〇〇円

近代日中関係史人名辞典
中村義ほか編
A5判　本体一五〇〇〇円

逸脱する百姓—菅野八郎にみる一九世紀の社会—
須田努編
菊判　本体六五〇〇円

一九世紀の政権交代と社会変動
大石学編
菊判　本体一二〇〇〇円

歴史教育から「社会科」へ
君島和彦編著
A5判　本体二五〇〇円

＊定価は全て本体価格＋消費税です。